哈佛最受歡迎的

幸福練習課

識別幸福盲區，讓快樂找對施力點

STUMBLING ON HAPPINESS

哈佛幸福教授
丹尼爾·吉爾伯特 Daniel Gilbert——著
郭曉燕——譯

獻給蘋果樹下的奧莉

「人無法占卜，也無法預測何種情境會帶來幸福。只能不經意地在幸運時刻、在世界盡頭的某個角落碰巧遇見幸福，並且像把握名利一樣，緊緊把握那些時光。」

——薇拉．凱瑟（Willa Cather），美國普立茲獎作家

CONTENTS

前言

我們每一天都在否定前一天

「不知感恩的孩子，比毒蛇的利齒更傷人。」

——莎士比亞，《李爾王》

如果知道自己的生命只剩下十分鐘，你會做什麼？衝上樓，打開放襪子的抽屜，拿出你從福特總統那時珍藏到現在的萬寶路香菸，點上一根？大搖大擺走進老闆的辦公室，一一數落他的缺點？還是開車去新商場附近的牛排館，點一客三分熟的丁骨牛排，外加一份壞膽固醇的附餐？當然，這很難說。但我敢打賭，你在生命最後十分鐘可能會做的所有事情之中，沒有一件是今天真正做過的事。

有些人無法接受這個事實，他們對你搖搖食指，嚴厲地說：「你應該把生命每一刻都當作最後一分鐘。」但這句話不過證明了，有些人會把生命最後十分鐘浪費在給別人愚蠢的建議。當我們知道自己的生命將突然結束，所做的事情當然不會跟還有好幾年壽命時一樣。我們平常少吃豬油、節制抽菸，對老闆的下一個冷笑話也盡責地保持微笑。我們會讀手上的這種書，而不是戴著派對紙帽、坐在浴缸裡吃開心果口味的馬卡龍。我們做這些事都是在慷慨服務自己即將成為的那個人。我們把「未來的自己」當成孩子，一天大部分的時間，都在為「他們」打造快樂的生活。我們沒有沉溺於一時幻想，而選擇扛起責任，努力讓未來的自己能幸福美滿。

如果每個月撥一些薪水存起來，將來「他們」就可以在高爾夫球場上享受退休生活；規律慢跑、定期使用牙線，以後「他們」就不用接受冠狀動脈和牙齦移植手術；只要忍受髒尿布、不厭其煩地重複講《戴帽子的貓》（*The Cat in the Hat*）這個故事，有一天「他們」就可以逗弄膝上白胖、活潑的孫子。就算只是在便利商店花幾十塊錢買海綿奶油蛋糕，也是一種對「他們」慈愛的表現，因為我們想給未來的自己享用。事實上，每當我們**想要**某樣東西（升遷、結婚、汽車、吉士漢堡），我們都期待如果擁有這些事物，那麼過了一秒鐘、一分鐘、一天或十年，那個跟我們有同樣指紋的人，收成了我們精明的投資決策與飲食控制的成果，就會享受從我們這裡繼承的一切，並感激我們的犧牲。

呵呵，想太多了。「未來的自己」就跟真實的子孫一樣，總是不知感恩。我們辛辛苦苦、揮灑汗水，全是為了奉上「他們」可能喜歡的東西。「他們」卻辭掉工作，把頭髮留長，搬到舊金山，或從舊金山搬走，還不解我們當初怎麼笨到以為「他們」會喜歡那種生活。我們自認決定「他們」的幸福，卻沒有獲得該有的讚美與回報。最後，「他們」感謝上帝沒讓事情照著我們短視、錯誤的計畫發展。我們買了海綿奶油蛋糕，但就連幾分鐘後咬一口的那個人，也一臉嫌棄，責怪「我們」買錯零食了。當然，沒有人喜歡被批評。但如果我們掙來的事物並沒有讓未來的自己快樂，或者我們試圖避開的事物反而讓「他們」快樂，那「他們」當然會不屑地回頭看，不懂我們到底在想什麼鬼（雖然很失禮）。「他們」或許認同我們的好意，勉強承認我們已經盡力，卻還是忍不住向心理師抱怨，說我們的努力對「他們」來說還不夠。

怎麼會這樣？難道我們不知道明年、甚至是下午的自己喜歡什麼口味，也不知道自己有哪些偏好、需求和渴望？難道我們不夠了解未來的自己，也無法為「他們」打造理想的生活，例如尋覓讓「他們」珍視的工作、伴侶，或事先為「他們」會珍惜多年的沙發買沙發套？否則，為什麼我們認為「他們」的住處、生活已經填滿不可或缺的事物，「他們」卻覺得那些是討厭、礙眼又沒用的東西？為什麼「他們」會批評我們選擇的伴侶，質疑我們的職涯發展策略？為什麼「他們」要付一大筆錢，除掉我們花大把鈔票才弄好的刺青？

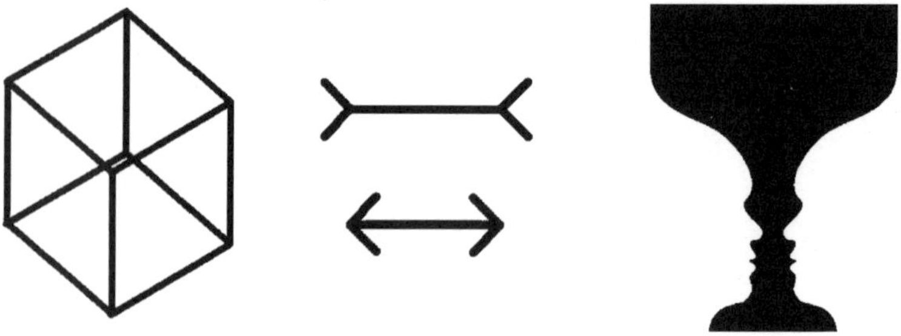

圖0-1：穆勒—萊爾錯覺

為什麼「他們」回想起我們時會覺得後悔和解脫，而不是驕傲和感激？如果根本就不管「他們」，我們或許還能理解這一切。但該死的，我們把生命中最美好的時光都給了「他們」！如果我們達成夢寐以求的目標，「他們」怎麼會失望？而為什麼當「他們」走上我們現在極力避免的道路，「他們」卻還很得意？見鬼了。「他們」到底有什麼毛病？

還是有毛病的其實是我們？

在我十歲大時，家裡最神奇的東西是一本關於視錯覺的書，讓我認識了這圖像（見圖0-1）：穆勒—萊爾錯覺（Müller-Lyer lines），末端的箭頭使這兩條線段看起來不等長，用尺去量卻一樣長；內克方塊（Necker cube），這個透明立方體有時似乎是從側面看過去，有時又可以看成是由上面俯視；還有一個花瓶的圖案，會突然變成兩張側臉的輪廓，然後一下子又變回花瓶。我會坐在父親書房的地板上，沉浸在那本書中好幾個小時。我著迷地發現：這些簡單的圖像竟然能讓我的大腦相信一些百分之百錯誤的東西。從那時起，我便發現「錯誤」其實很有趣，然後著手規畫了一個充滿錯誤的人生。但視錯覺有趣的地方不在於它讓每個人都犯錯，而在於它讓每個人都犯**同樣**的錯。如果同一件物品，我看到花瓶，你看到貓王，另一個朋友則看到一盤蘑菇雞肉，那這會是一個非常好的墨漬投射測驗[1]，卻是一個糟糕的視錯覺。視錯覺之所以如此吸引人，是因為每個人第一眼都先看到花瓶，接著看到側臉，然後不知何故又看見花瓶。視錯覺引發合法、規律、系統性的知覺錯誤。這不是愚蠢的錯誤，而是聰明的錯誤，只要了解它們，就能稍微領會視覺系統的精密設計，以及其內部運作的方式。

我們「試圖想像未來」時所犯的錯誤，也是合法、規律、系統性的。就像視錯覺告訴我們「視覺」的強大與限制，對未來的錯覺也同樣讓我們明白「預想未來」的效力與局限——這就是本書的所有內容。本書的書名雖然包含「幸福」這個詞，但它不是指導手冊，不會告訴你任何「如何幸福快樂」的有用資訊（那類書擺在隔壁的自助書區）。如果你買

＊ 本書隨頁注皆為譯注。

1 人格測驗的投射技術之一，可根據不同受試者的回答及統計數據判斷推測其性格。

了那類書，完全照書上說的去做卻發現自己還是很痛苦，那你可以回來繼續讀這本書，找出原因何在。本書從科學觀點出發，描述人類大腦想像自己的未來的方法、準確度如何，以及大腦如何預測自己最喜歡的未來、預測力又有多高。本書是關於過去兩千多年來，許多思想家持續探索的一道謎題，並試圖用他們（以及一些我個人）的觀點來解釋，這道謎題就是：為何我們似乎不太了解自己的未來感受和想法。這種現象像是不需要護照就能跨越國界的河流，不論何種科學領域都無法給出令人信服的答案。本書揉合心理學、認知神經科學、哲學和行為經濟學的事實與理論，提供我個人認為很有說服力的解釋，但其中的是非曲直你必須自己判斷。

寫書本身就是一件很有價值的事，但投入金錢與時間讀一本書，應該要有明顯的收穫。若沒有得到半點知識和樂趣，理應退還讀者浪費的金錢與青春才對。當然這是不可能的。所以我寫了一本書，希望各位感興趣、讀了會開心，前提是你沒把自己逼太緊，而且至少還能活十分鐘。沒人能告訴你讀完它會有什麼感覺，就連將讀本書的「你」也不知道。但是，如果未來的你讀到最後一頁仍不滿意，至少能明白當初你為什麼會誤以為自己喜歡這本書。[1]

第一部

追尋「幸福未來」的動物

人類是唯一具有前瞻性（prospection）的動物，所以我們不只活在當下，而是不斷思考未來，甚至希望掌控未來——這就是我們追尋幸福的方式。

第1章
讓我歡喜讓我憂——控制感

「啊，但願在一天的任務結束之前，就先知道它的結果！」

——莎士比亞，《凱薩大帝》(*Julius Caesar*)

神父宣誓要一輩子獨身，醫生宣誓絕對不會做出有害病人的事，郵差則宣誓迅速把郵件送達，不管下雪、下冰雹，或者拿到看不懂收件地址的信件。很多人不知道的是，心理學家也如此宣誓：在有生之年寫一本書、一個章節或至少一篇文章，裡面一定要有這句話：「人類是唯一會〇〇的動物。」當然，我們這些心理學家可以隨自己高興去填空，但開頭跟結尾都必須是那九個字。多數心理學家要等到職業生涯的晚期，才會慎重地完成這項任務。因為我們都知道，想被一代又一代的其他心理學家記住，主要不是靠我們畢生在學術成果中努力塞入的其他字句，而是靠我們寫的**這句至理名言**。我們也知道，寫得越爛就越容易被記住。舉例來說，從黑猩猩學會用手語溝通以來，在○○填入「使用語言」的心理學家們，就被大家牢牢記在腦海。還有，當研究者發現野生黑猩猩會用樹枝去挖土堆裡的可口白蟻（有時還會去敲同伴的腦袋），全世界的人就突然想起在○○填入「使用工具」的心理學家。所以，大部分心理學家都有拖延的好理由，晚一點才寫出那句至理名言，希望拖得越久，就越有機會在被某隻猴子打臉之前及時離世。

我以前沒寫過這句至理名言，但在各位的見證下，現在我打算寫了：**人類是唯一會思考未來的動物**。容我說明一下，我養過貓、狗、沙鼠、小鼠、金魚、螃蟹（不是煮來吃的那種），所以我知道人類以外的動物，經常表現得像是能思考未來。不過，就像戴便宜假髮的禿頭男子也老是忘記：表現得「好像擁有」跟「真正擁有」是兩碼子事，仔細觀察還是有辦法區分。舉例來說，我住在城裡的一個社區，每年到秋天，我家院子裡的松鼠，就會表現得好像知道「如果現在不藏一些食物，之後就會沒東西吃」（我家院子約可容納兩隻松鼠）。我住的這一區，居民的教育水準相對高，但大家都知道，這裡的松鼠沒有特別聰明。牠們的腦袋跟一般松鼠沒兩樣，只要進入眼睛的光線減少到一定程度，就會開始儲藏食物。日照減少會引發松鼠的貯食行為，但不會讓松鼠思考未來。如果說在院子裡藏果實的松鼠「知道」未來，那就像是在說正在落下的石頭「知道」萬有引律一樣，不是真正知道。我會永遠堅持我的那句「至理名言」，除非黑猩猩會想到自己將孤獨終老而哭泣、想到快要放暑假而微笑，或者怕夏天身材走樣而拒吃焦糖蘋果。任何其他動物都無法像人類一樣思考未來，牠們做不到、也不曾擁有這種能力。而這種簡單、普遍的一般行為，就是人類的典型特徵。[1]

青蛙、蛞蝓也能創造未來嗎？

如果請你說出人腦最偉大的成就，你可能會先想到它創造出的驚人文物：吉薩大金字塔（Pyramids of Giza）、國際太空站，或是金門大橋。這些的確是人類的偉大成就，但它們還不算最偉大的，複雜的機器也可以設計、建造出上述其中一項。因為設計與建造需要知識、邏輯和耐心，而複雜的機器具備這些特性。事實上，人腦只有一項非凡的成就，連最複雜精密的機器都望塵莫及，那就是「意識經驗」（conscious experience）。看見大金字塔、想起金門大橋或想像太空站，這些行為本身都比建造文物更了不起。而且，在這些了不起的行為之中，有一個最引人注目。「看見」是體驗現在的世界，「想起」是體驗過去的世界，至於「想像」……噢，想像是體驗**現在與過去不曾有、但未來可能會出現的世**

界。人腦最傑出的成就，就是能想像不存在真實世界的事物。正是這種能力，讓人類得以思考未來。正如一位哲學家所說：人腦是一種「預測機器」，而「創造未來」是它最重要的工作。[2]

不過，「創造未來」到底是什麼意思？大腦創造未來的方式至少有兩種，一種是所有動物共有（包括人類在內），另一種則是人類獨有。所有動物的大腦——包括人類、黑猩猩，甚至是喜歡藏食物的松鼠的大腦，都能預測**此時**、**此地**跟**自己**有關的**未來**事件。大腦在這種方式中，會利用當前事件提供的訊息（我聞到一種味道），結合過去事件的經驗（上次聞到這種味道時，有個龐然大物打算把我吃了），來預測接下來最有可能發生的事（那個龐然大物即將〇〇〇）。[3] 請注意，這裡所謂的「預測」有兩個特徵。**第一**：雖然前面的括號裡以一些搞笑旁白為例，但大腦在做這類預測時，完全**不需要任何有意識的思考**，就像算盤不需要算術也可以得出「二加二等於四」。事實上，就算沒有大腦也可以做這類預測。有一種叫做黑邊海兔（*Aplysia parvula*）的海蛞蝓，牠們只要稍微訓練，就能學會預測自己的鰓何時會被電擊並加以躲避，而不管是誰拿起解剖刀，都可以輕易證明海蛞蝓沒有大腦。電腦也沒有大腦，但如果你在紐約刷卡付午餐錢，等到晚餐刷卡時卻跑到巴黎，電腦就會拒絕你的信用卡。它使用的技巧跟海蛞蝓一樣。簡而言之，機器和無脊椎動物證明了，就算缺少聰明、有自覺和意識的大腦，也能做出能簡易地預測未來。

前述這類預測的**第二個**特徵是：**沒有特別深遠的涵義**。也因此不同於預測每年的通貨膨脹率、後現代主義對智識的影響、宇宙進入熱寂（heat death）狀態的時間，或者瑪丹娜接下來的髮色。確切來說，這類預測是關於「我在此時此地將會發生什麼事」，而之所以被稱為**預測**，不過是因為沒有更好的詞彙。但是，使用「預測」這個詞必然會有下列意涵：仔細且認真地思考在任何時間、地點會發生在任何個體身上的事件。這麼一來便掩蓋了一個事實，即大腦是在當事人沒有意識到的情況下，不斷預測此時次地、關於該個體的未來事件。所以針對這種情況，與其說大腦是在預測，不如說是在推測下一步[1]。

你的大腦現在就是在「推測下一步」。比方說，你可能正在有意識地想著剛才讀到的句子，或者褲子口袋中讓你大腿很不舒服的鑰匙圈，甚至是一八一二年英美戰爭到底合不合理。不論你在想什麼，絕對不是現在這句話的最後一個字。就算現在你的腦海中迴盪著字詞，並引出一些想法，大腦也是使用現在和剛才讀到的字，來合理推測接下來的字是什麼，這樣才能閱讀流暢。[4] 如果大腦從小被餵養好萊塢偵探片和廉價推理小說，那當它讀到「這是一個黑暗的暴風〇」時，都會預期接下來的字是「夜」，所以當大腦讀到「夜」，就已經準備好要消化這個字了。只要大腦猜對下一個字，你就能愉快地在字裡行間遨遊，照順序一直讀下去，心滿意足地把這些黑色線段轉換成一個個想法、場景、角色和概念，而沒意識到那個在「推測下一步」的大腦正以驚人的速度，預測接下來會出現什麼字詞。只有當大腦的預測失準，你才會突然感到酪梨。

驚訝，對吧？

現在，想一想那個驚訝的瞬間代表什麼。「驚訝」是遇到意料之外的事情時出現的情緒。例如，當你提著一袋雜物、強忍著尿意走進家門，卻突然看到三十四個朋友戴著派對紙帽，站在客廳大喊「生日快樂」！所以，「驚訝」彰顯了「預期」的本質。剛才那段的最後一句話帶給你的驚訝表明，讀到「只有當大腦的預測失準，你才會突然感到……」時，大腦正對即將發生的事做出合理推測：接下來的幾毫秒內，你的眼睛會看到一組黑色的線段，被編碼為一種描述情緒的語詞，像是「難過」「噁心」「驚訝」。結果你卻看到一種水果，於是從武斷的慣性思考中驚醒，揭示出你的預期的本質，任何看到這一幕的人都可以作證。「驚訝」表示實際情形不符合預期，即使我們根本不知道自己在預期什麼。

驚訝通常伴隨一些可被觀察及測量的反應（例如：眉毛上揚、眼睛瞪大、下巴掉下

1 nexting是一種連續的過程。個體根據外在刺激，不斷推測接下來最可能發生的事。

來，以及發出一連串帶有驚嘆號的聲音），所以心理學家能夠透過驚訝反應，判斷出大腦正在推測下一步。例如，當猴子看到實驗者把一顆球放進一個傾斜的溝槽，牠們會迅速看向溝槽底部，等待那顆球再度出現。如果實驗者要一些小把戲，讓球出現在另一個溝槽，猴子就會出現驚訝反應，這時便能推論牠們的大腦可能正在推測下一步。[5]

嬰兒對於奇怪的物理現象也有類似反應。例如，給嬰兒觀看大紅色方塊撞上小黃色方塊的影片，假如小黃色方塊馬上被撞離視線之外，嬰兒不會有任何反應，但如果小黃色方塊被撞上之後，過了一陣子才移動，嬰兒就會像火車事故的圍觀者一樣，一直盯著黃色方塊看，彷彿這違背了大腦的預測。[6]這類研究告訴我們，猴子的大腦「知道」重力（物體會垂直落地，而不是往旁邊掉），嬰兒的大腦「知道」動力學（移動中的物體一碰到靜止物體，就會立刻把能量轉移過去，而不是幾秒鐘後才發生），所以當實際情形跟預期不同，猴子和嬰兒就會有驚訝反應。

人腦天生就會推測下一步，而且一直都在這麼做。當我們在沙灘散步，大腦會預測腳踩在沙子上的穩定度，進而調整膝蓋的張力。當我們看見飛盤，於是一躍而起、切入飛行路線想一把接住，大腦會預測飛盤落下的位置，然後把我們的手帶到那個定點。當我們看到一隻往水裡移動的沙蟹匆匆躲到小木塊後面，大腦會預測這個小生物再次出現的時間和地點，然後把我們的目光引導到那裡。這類預測的速度和準確度都非常驚人，如果大腦不這麼做，讓我們完全「活在當下」、無法邁出下一步，實在很難想像生活會變得如何。我們在此時此地對自己的未來會進行自動、連續而無意識的預測——這類預測雖然驚人又無所不在，卻不是讓人類「離開樹上、穿上衣服，進化成不同物種」的那一種。沒離開過荷葉的青蛙其實也可以「推測下一步」，但是人類所創造（而且**只有**人類能創造）的各種未來，完全是另一種類型的預測。

你未來想做什麼？

大人很喜歡問小孩子蠢問題，這樣才能嘲笑那些笨答案。小孩最常被問：「你長大想做什麼？」小孩聽了會有點困惑，擔心這可能暗示自己會長不大。他們如果回答，通常會說「糖果人」或者「爬樹人」，大人就會被逗樂，因為他們長大後成為糖果人或爬樹人的可能性很低。等到小孩成為大人、也開始問蠢問題時，八成都不想做這些事了。但請注意，小孩的回答或許是大人的蠢問題的錯誤答案，卻是「你**現在**想做什麼？」的正確答案。小孩無法回答自己將來想做什麼，因為他們還不太理解「將來」是什麼意思。[7]

他們跟精明的政客一樣，忽略別人問的，只答自己知道的。當然，大人就有辦法回答這種蠢問題。如果問一個三十多歲的曼哈頓人，打算在哪裡過退休生活，她會說邁阿密、鳳凰城（Phoenix）之類能發展高品質社交的地區。她可能喜歡目前充滿挑戰的都市生活，卻也能想像幾十年之後的自己，比起美術館和洗車工會更重視賓果遊戲和便利的醫療環境。小孩只思考得到眼前的事，大人則能夠想到未來。我們在坐兒童餐椅到輪椅的過程中，逐漸了解「將來」是怎麼一回事。[8]

將來，多麼驚人的想法，多麼強大的概念，多麼令人難以置信的發現！人類到底如何學會透過想像，預演一連串尚未發生的事件？只要閉上眼睛、靜靜讓思緒飛到未來，就能逃離今天——最早發現這些的是哪一位史前天才？遺憾的是，想法即便偉大，也無法留下化石來進行碳定年，導致關於「將來」的自然史永遠都是個謎。不過，古生物學家和神經解剖學家都相信，這個人類演化歷程中的關鍵時刻，是在大約三百萬年前突然發生。五億年前左右，地球出現了第一批大腦，過了大約四億三千萬年，才慢慢演化成最早的靈長類動物大腦。又過了大約七千萬年，演化成最早的原人大腦。接著發生了一些事（沒有人明確知道，但大概是從氣候變寒冷到懂得用火），於是那個未來會演化成人類的大腦，出現了前所未有的快速增長：在大約兩百萬年內，重量增加了一倍多，從巧人（Homo habilis）五百六十七公克的腦，變成智人（Homo sapiens）近一千三百六十公克的腦。[9]

如果你吃巧克力增重餐，想讓體重在短時間內增加一倍，那你應該不期待每個身體部位會胖得很均勻。小腹和屁股會有最多贅肉，舌頭和腳趾則會相對保持苗條。同樣，人類大腦的急劇增長，也不是公平地讓每個區域的重量都加倍，而是不成比例地集中在一個特定部位——額葉。額葉顧名思義位在前額處，就在眼睛的正上方（見圖1-1）。人類最早的祖先原本低斜的額頭被往前推，變成陡直的形狀，讓我們因此戴得住帽子。這種頭部結

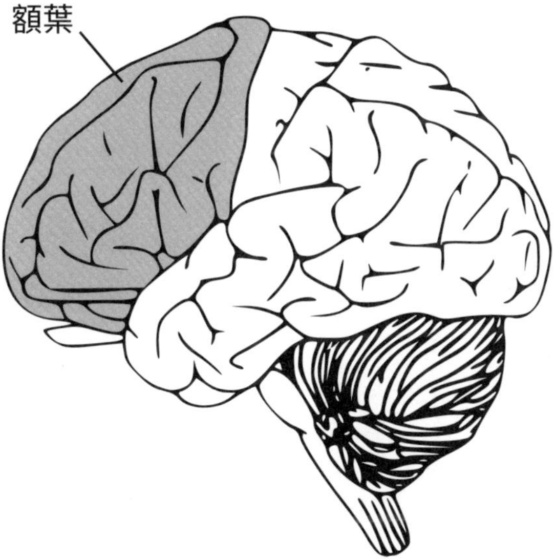

圖1-1：額葉是人類大腦最晚發展出來的部位，讓我們得以想像未來。

構的改變，主要是為了適應腦容量的激增。這個新的腦區如何證明，人類頭骨結構的徹底變化是合理的？大自然為何如此焦急，想要每個人都有更大的腦？額葉到底有什麼用處？

直到一百多年前，科學家還認為額葉沒什麼用處，因為額葉受損的人似乎沒有它也過得很好。一八四八年一個美好的秋日，拉特蘭鐵路（Rutland Railroad）的工頭蓋吉（Phineas Gage）點燃了腳邊的一小堆炸藥，結果一根約一公尺長的鐵棒被炸飛，不偏不倚地射中蓋吉的臉。這根鐵棒從他的左下臉頰穿進，再從頭殼上方穿出，把頭骨鑿出一個洞，還削掉一大塊額葉（見圖1-2）。蓋吉倒在地上躺了幾分鐘，接著不可思議的是，他竟然自己站了起來，並詢問有沒有人能陪他去看醫生，還堅持：「我可以自己走，不用坐馬車，謝謝。」醫生把蓋吉的傷口清理乾淨，同事也幫忙清掉鐵棒上殘留的腦漿，一會兒之後，他就帶著那根鐵棒回去工作了。[10]

然而，他的個性卻變得極差，這個明顯的轉變讓他至今依然名氣響亮，更驚人的是，他在其他方面都很正常。如果那根鐵棒搗爛的是大腦其他部位，例如：腦幹、視覺皮質、掌管語言的布洛卡區（Broca's area），那麼蓋吉可能會死掉、失明、喪失說話能力，或從此當個廢人。但意外發生之後他繼續照常生活了十二年，可以觀看、說話、工作，還能旅行，一點都不廢。神經學家只好斷定：人類就算沒有額葉，還是可以正常生活。[11]正如一位神經學家在一八八四年寫道：「那次美國著名的鐵棒事件發生之後，我們已經得知，破壞這些腦葉不一定會導致任何症狀。」[12]

但那位神經學家錯了。在十九世紀，要獲得腦功能方面的知識，主要是觀察像蓋吉這類人物——他們是自然界偶發、不精確的神經學實驗的不幸受試者。到了二十世紀，外科醫師改進了這種「自然研究法」的不足，並開始更精確的實驗，結果對額葉功能有了完全不同的看法。在一九三〇年代，一位名叫莫尼斯（António Egas Moniz）的葡萄牙醫生想找到方法，試圖讓極度躁動的精神病患安靜下來。他聽說有一種新手術叫做額葉切除術（frontal lobotomy），藉由注射化學物質或使用器械來破壞部分額葉，這可以讓拿不到食物而暴怒的猴子變得異常平靜。莫尼斯把這種手術應用在病人身上，發現也有類似的鎮靜效果（這讓他獲得

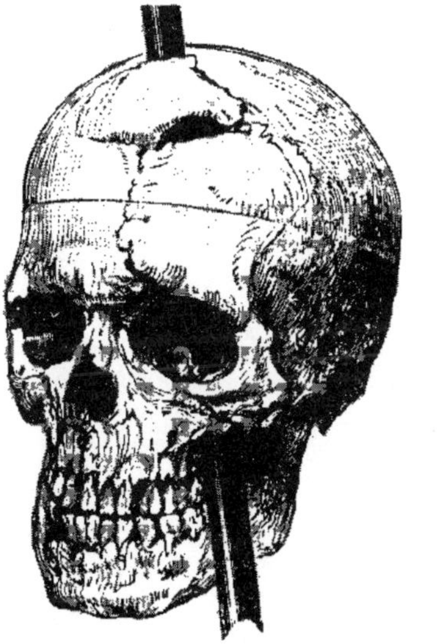

圖 1-2：鐵棒穿出蓋吉頭骨的早期醫學素描。（資料來源：J. M. Harlow, "Recovery from the Passage of an Iron Bar Through the Head," *Publications of the Massachusetts Medical Society 2:* 327–47 [1868]。）

一九四九年諾貝爾醫學獎時異常冷靜）。接下來的幾十年裡，該手術不斷改良到，可在局部麻醉下用冰錐進行，不良副作用像是智力下降、尿床也減少了。**破壞部分額葉變成了難治型憂鬱、焦慮患者的標準治療程序**。[13]不同於十九世紀傳統的醫學觀點，二十世紀普遍認為，少了額葉似乎讓一些人過得更好。

不過，在一些外科醫師大肆宣傳破壞額葉的好處時，有人卻注意到失去額葉的代價。雖然額葉受損的病人在標準智力測驗、記憶測驗等方面表現良好，但他們在任何關於「計畫」的測驗上（即使題目非常簡單）卻表現極差。例如迷宮測驗，或是要先在第一步之前考量整體、規畫好一連串行動的測驗，都會難倒這些在其他方面表現良好的病人。[14]這類病人計畫能力缺損的狀況不只發生在實驗室，他們在一般生活情境下，可能表現得很正常，喝茶不會灑出來，還可以閒聊窗簾的款式，卻說不出自己當天下午打算做什麼。一位科學家對此做出總結：「報告一致顯示，前額葉受損會導致計畫能力喪失……這個症狀似乎是前額葉皮質功能障礙所特有……（並且）和其他任何神經構造的臨床缺損無關。」[15]

現在我們知道：額葉的特定部位受損的人會較為平靜，也會失去計畫能力。這是否代表「**焦慮**」和「**計畫**」**之間有著概念上的連結**？顯然，這兩者都與「思考未來」密切相關。如果預期壞事將要發生，我們就會焦慮。我們透過「想像自己逐步展開行動」來制定計畫。「計畫」

需要展望未來，「焦慮」則是一種可能隨之而來的反應。[16]額葉受損，唯獨對計畫能力與焦慮情緒造成特定的影響，這暗示：額葉是讓正常的現代成人能夠設想未來的關鍵腦區。

人如果沒有額葉就會困在當下，無法想像明天，所以不會擔心未來發生什麼事。科學家們如今發現，額葉「讓健康的成人得以思考自我未來的狀態」[17]。因此，研究者形容額葉受損的患者：只會對眼前的刺激作出反應[18]、困在當下的時空[19]，或表現出只能考慮具體現狀的傾向[20]。換句話說，這類病患就跟糖果人和爬樹人一樣，生活在沒有未來的世界裡。

有一名不幸病例名叫NN，讓大家得以認識這種「沒有未來的世界」。一九八一年，三十歲的NN在車禍中顱內受傷，檢查發現他的額葉嚴重受損。幾年後，一位心理師對NN進行訪談，並記下他們的對話：

心理師：你明天打算做什麼？

NN：不知道。

心理師：還記得剛才的問題嗎？

NN：跟我明天要做什麼有關？

心理師：對，說說看你在思考這個問題時的心理狀態。

NN：我想是一片空白吧……就像睡著一樣……像在一個什麼都沒有的房間，有人叫你去拿張椅子，但那裡什麼都沒有……也像在湖中央游泳，抓不到任何東西，什麼都不能做。[21]

無法思考未來，就是額葉受損患者的特徵。對NN而言，明天永遠是個空無一物的房間。當他試著設想「未來」時的感覺，就好比要我們想像一個不存在或無窮盡的東西。但如果你在地鐵跟他搭話，或在郵局排隊時和他稍微閒聊，或許你不會發現他喪失如此基本的能力。畢竟，他理解「時間」和「未來」這種抽象的概念，知道「小時」和「分鐘」的意思、以及一小時有幾分鐘，也知道「以前」和「以後」是什麼。正如與NN訪談的心理師所說：「他知道很多關於這世界的事，也明白自己擁有這些知識，並且能靈活表達。就這個層面而言，他與一個正常成人沒有太大差別。但他似乎無法感受長遠的主觀時間……彷彿活在『永恆的當下』。」[22]

永恆的當下，多麼震撼的一句話。在「當下」的監獄裡服無期徒刑，永遠困在沒完沒了的「現在」，活在無止盡的世界和沒有「未來」的日子之中，那是多麼詭異又超現實的生活。大多數人很難想像、也無法體會那種生活，所以認為他們很倒楣，認為腦傷造成了這種不幸、罕見又奇怪的異常情形。但事實上，這種詭異的生活才是常態，「我們」則是例外。所有的大腦在最早出現於地球的那幾億年，都被困在永恆的當下，而且許多腦至今依舊如此。但你跟我的腦袋可不一樣，因為在兩、三百萬年前，我們的祖先展開了一場脫離「當下」的大逃亡，藉由一團高度特化的灰色組織，它既脆弱又充滿皺褶，而且還是附屬品。這個工具就是額葉，是人腦最後演化出來的部位，在一生當中最晚發展成熟，年老時又最早退化。額葉是一臺時光機，讓每個人得以跳脫當下，體驗尚未發生的未來。其他動物的額葉都做不到這一點，所以人類是唯一會思考未來的動物。但是，關於額葉的奇聞軼事只說明了：人類如何召喚想像中的未來，卻沒解釋為什麼。

活在當下何其難

一九六〇年代末，哈佛大學有位教授服用了迷幻藥（LSD）之後（在校方半鼓勵半強迫下）辭去教職，跑去印度見一位大師。他回國後寫了一本暢銷書《活在當下》（*Be Here Now*），以告誡式的書名簡潔地呈現出中心思想。[23]那位前哈佛教授認為，要獲得幸福、滿足與啟發的關鍵在於：對以後的事不要想太多。

問題是，怎麼會有人大老遠跑去印度，把時間、金錢和腦細胞花在學習「如何不思考未來」？其實，任何學過冥想的人都知道，不思考未來比當心理系教授還困難，這就跟要求心臟停止跳動一樣，等於是說服額葉停止做它應該做的事，額葉當然會違抗這項指令。大多數人跟NN不同，不用費力就能思考未來，因為對未來的心智模擬會定期、自動地出現在意識中，占據心智生活的每個角落。當一個人被問及「思考過去、現在和未來的頻率」，通常會說自己最常想到未來。[24]研究者實際計算出現在意識流裡的事物，結果發現一般人的**日常想法有一二%跟未來有關**。[25]換句話說，人類每思考八小時，就有一小時是在想還沒發生的事。如果你每八小時就有一小時住在我居住的麻州，那你就得繳稅給麻州政府了，所以在某種現實層面上，我們有一部分是活在未來的。

幹嘛不好好活在當下？金魚覺得很簡單的事，我們為什麼做不到？今天明明還有很多事要煩心，大腦為何這麼固執，偏偏要我們設想未來？

想像未來會比現在更美好

答案顯然是：想像未來是愉快的。我們幻想在公司的野餐活動上揮出一記全壘打，或拿著跟門一樣大的支票看板和彩券行老闆合照，或者跟銀行裡漂亮的櫃臺小姐談天說笑。我們做這些白日夢，並**不是期待**、**甚至渴望真的發生**，而是光想像這些可能性就很開心了。研究證實了各位的猜測：人在幻想未來時，通常會想像的是自己達成目標或取得成功，而不是自己還在摸索或最後失敗收場。[26]

說真的，幻想是如此愉快，導致我們有時候寧願想像未來，而不願實際經歷。在一項研究中，受試者被告知得到一次免費的頂級法式晚餐。研究者詢問他們打算何時兌換這項獎品。現在？今晚？還是明天？雖然吃大餐很令人享受，也很有吸引力，但多數受試者卻選擇過一段時間之後再享用，而且通常會延後一週。[27]為什麼願意延期呢？因為一週的等待之後，除了原本品嘗生蠔、啜飲一九四七年的白馬莊園紅酒的好幾個小時，還會多出整整七天，可以心懷期待迎接大餐的到來。「預先開心」是一種創新技術，**可以從水果榨出兩倍的果汁**。有些事情想像起來確實會比實際體驗更讓人開心，比如跟喜歡的人做愛、吃了豐盛的甜點之後，卻發現事實不如預期美好。在這種情況，我們可能會決定把這件事無限期延後。例如，一項研究要求受試者想像自己跟暗戀對象約會，結果幻想得最詳細、最甜蜜的受試者，在未來幾個月內反而**最不**可能有任何實際行動。[28]

看來我們喜歡想像最美好的明天，然後在那裡尋歡作樂。為何不呢？畢竟，我們的相簿裡都是生日派對、熱帶島嶼假期，而不是車禍和急診室的照片。因為我們想要開心漫步在回憶的小路上，所以何不抱著同樣愉快的心情，徜徉在想像的大道？想像幸福的未來會讓我們快樂，但也會產生一些意想不到的結果。研究者發現，如果一個人很容易想像一件事，就會高估那件事的可能性。[29]多數人經常幻想好事多過壞事，所以往往會高估好事發生的機率，因而對未來有著不切實際的樂觀。

比如說，美國大學生預期自己會比一般人更長命、維持更長的婚姻、更常到歐洲旅行。[30]他們還認為自己生下聰明後代、擁有家庭、成為名人的機率高於平均，覺得自己較不會有心臟病、性病、酗酒問題，也不太可能發生車禍、骨折和牙周病。各個年齡層的美國人都覺得，未來的生活會比現在更美好。[31]其他國家的人雖然不如美國人樂觀，但還是會想像自己的前途比同儕光明。[32]這種個人對未來的過度樂觀，其實不容易打消，例如：經歷過大地震的人會意識到自己有可能死於意外，但過了幾週，就連地震倖存者也會回到往常，重拾那種毫無根據的樂觀。[33]另外，一個人經歷了挑戰樂觀信念的事件之後，有時確實會變得更樂觀，而不是更悲觀。一項研究發現，**癌症病人對未來的看法，比健康的對照組更正面**。[34]

當然，人腦執意想像的未來不見得都是美酒、香吻或美味海鮮，常常也會出現無聊、擾人、愚蠢、不愉快，甚至是恐怖的畫面。那些無法停止思考未來而必須尋求治療的人，通常是**擔心**未來居多。人們會強迫性地想像災難和悲劇發生，就像發現牙齒鬆動時，也總是會忍不住去搖一搖。在趕去機場的路上，想像班機已經起飛，而自己將錯過跟客戶的重要會面。去赴宴的路上，想像其他人都帶了紅酒，自己卻兩手空空，只能尷尬地向女主人打招呼。去醫院的途中，腦海裡浮現出畫面：醫生看完胸部X光片，皺眉說了些暗示壞消息的話，像是「我們來談談你現在有哪些選擇」。這些可怕的念頭把我們嚇個半死，那為什麼還繼續想像呢？

有兩個原因。第一：設想**不愉快的情境能減少之後的衝擊**。在一項研究中，受試者要連續接受二十次電擊，但每次電擊的前三秒會先發出警告。[35] A組受試者（強電擊組）的右腳踝會受到二十次強烈電擊，B組（弱電擊組）則會受到三次強烈電擊和十七次微弱電擊。雖然B組受試者承受的總電壓量比A組低，但他們的心跳卻更快、流更多汗，自評害怕的程度也更高。為什麼？因為B組每次受到的電擊強度都不同，所以無法事先預期。三次意外重擊所帶來的痛苦，顯然比二十次可預期的重擊還要多。[36]

第二個原因：我們之所以忍受痛苦去設想糟糕的事，是因為恐懼、擔心和焦慮在日常生活中很管用。我們會誇大員工、孩子、配偶和寵物的不當行為所帶來的糟糕後果，刺激對方做出正確的事。我們也會用同樣的方式督促自己，想像著如果不擦防晒油並繼續吃法式泡芙，可怕的明天就會一步步靠近。預期未來（forecast）可說是「預期恐懼」（fearcast）[37]，目的不在於預測未來，而是阻止它發生。研究顯示，這種策略通常能有效驅使人們採取謹慎、預防性的行為。[38]簡單來說，我們有時候想像前途暗淡，只是為了把自己嚇得屁滾尿流。

「控制感」是快樂的泉源

我們的大腦堅持要製造大量關於未來的想法，是因為設想未來能帶來快樂、避免痛苦。但這還是其次。美國人每年都開開心心地捧著數百萬（甚至數十億）美元，獻給靈媒、投資顧問、宗教領袖、氣象預報員，還有各式各樣自稱能預測未來的商人。我們資助算命產業，想知道未來可能發生的事，不光是為了滿足期待感，也為了可以**採取相應的行動**。如果下個月利率飆升，我們會想馬上把資金轉移到債券上。如果下午會下雨，我們早上出門就會帶傘。知識就是力量，大腦之所以堅持模擬未來（雖然我們寧可像金魚一樣活在當下），最重要的原因是，它想掌控我們即將擁有的經驗。

但是，我們為什麼要掌控自己的未來經驗？請容我耍笨一下，這個問題就和「為什麼你要控制電視和汽車」一樣胡鬧。我們有一個很大的額葉，所以能展望未來。我們展望未來，就能預測未來。預測未來，就能掌控未來。但到底為何需要掌控未來？為什麼不順其自然地體驗未來就好？為何不把「**當下**」跟「**未來**」區分開來？有兩種可能的答案，一旦揭曉哪一種正確、哪一種錯誤，大家都會跌破眼鏡。

讓人訝異的正確答案是，我們發現「**掌控**」會帶來滿足——不只是因為掌控造成的未來，也包括「掌控」這個行為。具有效能（改變、影響或促成一件事）似乎是人腦天生的基本需求之一，而且我們在嬰兒期的許多行為都表現出這種控制傾向。[39]我們穿上第一片尿布前，就已經有吸吮、睡覺、排便，以及促成一件事的強烈欲望——我們要經過一段時間才可以滿足最後一項，原因很簡單，因為我們要過一陣子才會發現自己有手指。學步期的幼兒如果打翻積木、推動一顆球，或拿杯子蛋糕砸自己的額頭，都會興奮地尖叫。為什麼？因為**他做到了**，如此而已。「媽咪妳看，這是我用手做的。房間現在不一樣了，因為我在裡面。我想讓積木倒下來，然後砰一聲，它就倒了。喔耶！太棒了！」

事實是，人類帶著控制欲來到世上，離世時也是如此。研究顯示，如果一個人在任何時候（從出生到死亡）失去控制事物的能力，都會沮喪、無助、絕望和憂鬱。[40]失去控制感有時也會導致死亡。在一項研究中，研究人員發給當地一家養老院的每個老人一株植物。其中半數老人（高控制組）被告知可以自己照顧植物、澆水施肥，另一半的老人（低控制組）則被告知，工作人員會負責照料植物。[41]六個月後，低控制組的死亡率是三〇%，而高控制組只有一五%。後續一項研究也證實，控制感對養老院老人的身心安康有絕對的重要性，但最終的結果卻出乎意料而且令人遺憾。[42]

這項研究中，研究人員安排學生志工定期探訪養老院，其中高控制組的老人可以決定學生來訪、停留的時間（例如：告訴學生「請你下週四來陪我一小時」），低控制組則沒有控制權（例如：被學生告知「我下週四會去陪你一小時」）。兩個月後，相較於低控制組，高控制組的老人更快樂、健康、有活力，服用的藥物也比較少。有了這個結論之後，研究人員便結束這項研究，也不再安排學生去養老院。幾個月後，他們難過地得知，高控制組的老人死亡率特別高，事後反省才明白這場悲劇的起因：在研究結束時，那些原本被賦予控制權、並明顯從中獲益的老人，無意間被剝奪控制的權力。擁有控制權顯然對人的身心有正面影響，但**失去控制權卻比從未有過還更糟糕**。

人類的控制欲如此強烈，控制感又如此有益，以致於人們常常覺得自己能掌控一些不可控制的東西。比方說，人們玩賭博遊戲時如果發現對手看起來很弱，那就會下更高的賭注，即使他無法控制出牌機率；[43]人們也相信如果自己選號，中頭彩的機率會更高；[44]相信自己丟骰子的話就更可能贏；[45]偏愛在還沒擲出的骰子上押重注，而不是已經擲出但被蓋住、看不到結果的骰子；[46]另外，假如自己決定賭哪一個數字（而不是由別人決定），人們也會賭得更大。[47]假如同意自己無法掌控「不可控制之事」，那麼上述行為就會變得很荒謬。但如果打從心底相信自己**能夠**掌控（哪怕控制權微乎其微），那上述行為就完全合理了。多數人的確打從心底相信自己有控制權。為什麼球迷們就算不知道前一晚美式足球的比賽結果，卻還覺得看重播很無聊？因為比賽已經結束了，我們的加油聲不可能再穿過電視、沿著電線傳到球場，然後在射門時影響球的路徑！關於**這種控制錯覺**，最奇怪的地方不在於它的出現，而是**它彷彿能帶來真正控制時會有的心理效益**。

事實上，憂鬱患者似乎沒有這種控制錯覺[48]，他們通常會準確估計自己在多數情況下實際能掌控的程度。[49]這個現象再加上其他發現，讓一些研究者做出以下結論：控制感（無論真實或錯覺）是維持心理健康的要素之一。[50]所以，如果問「我們為什麼要掌控自己的未來」，讓人跌破眼鏡的正確答案就是，因為這樣做很爽快。擁有影響力是好事，主導事情的發展會讓我們開心。不管最後會停靠在哪一個港口，開著自己的小船在時間的長河裡航行，就是快樂的來源。

看到這裡，你可能心想：拜托，我不想再聽到什麼「時間長河」了。或是：就算在一條陳腔濫調的河裡，開著一艘象徵性的小船是幸福快樂的來源，但靠岸**地點**才是最、最重要的事。

當個船長雖然好玩，但我們之所以想自己開船，其實是因為這樣才可以開到夏威夷，而不是澤西市（Jersey City）。終點的性質決定了抵達時的感受，而「思考未來」這種獨特能力，讓我們能夠選擇最好的目標，並且避免最壞的結果。我們是學會設想未來的猿類，因為這樣能讓我們在許多可能的命運之中，挑選最好的那一個。其他動物則必須實際**體驗**，才能知道一件事會帶來快樂還是痛苦。我們則具備設想未來的能力，所以能想像尚未發生的事，進而避免慘痛教訓。我們不必伸手觸摸餘燼，就知道摸了會受傷。不必實際經歷遺棄、嘲諷、驅趕、降職、疾病或離婚，就知道這些不好的結果要盡量躲開。我們想要、也**應該**要掌控自己的小船，並決定方向，因為有些未來比其他未來更好。雖然未來還十分遙遠，但我們自己知道怎樣好、怎樣壞。

這概念顯而易見、甚至不值得提，但我還是會用接下來的篇幅說服你：上述的想法雖然看起來理所當然，卻是讓人訝異的錯誤答案。我們堅持自己掌舵，因為我們自認非常清楚目標在何處，但事實上，我們大部分的操縱都是白忙一場。不是因為船不受控制，也不是因為找不到目的地，而是因為未來跟我們設想的完全不同。就如同視錯覺（明明是兩條一樣長的線，看起來卻不等長？）、記憶錯覺（奇怪，我怎麼不記得自己已經倒過垃圾了？）一樣，我們也會有預測錯覺，而這三種錯覺都能用同樣的基本心理學原則解釋。

小結

這一個讓人訝異的錯誤答案，老實說我不會只提一下，而是會窮追猛打到它投降為止。它看起來非常合理，而且普遍被相信，所以只有不斷發動攻勢，才可能把它趕出傳統思維。在這場艱困的戰鬥開始之前，讓我先跟各位說明我的作戰計畫。

- 第二部〈兩種方法，釐清你的幸福條件〉會描述關於幸福的科學理論。我們都朝著理想、幸福快樂的未來邁進，但「幸福」的真正涵義到底是什麼？對於這個跟感覺一樣飄忽不定的問題，科學會給出什麼具體的答案？
- 我們用眼睛探索空間，用想像力探索時間。但眼睛有時會誤導、讓人無法看清事物真實的面貌，**想像力**有時**也會讓人預見錯誤的未來**。想像力有三個缺點，進而導致預測錯覺——這就是本書主要討論的內容。第三部〈眼見不一定為憑〉將說明第一個缺點：想像力運作時很迅速、安靜而有效率，我們因而很少質疑想像力的產物。

- 第四部〈想像力是超能力——只要你不被誤導〉將說明第二個缺點：想像力的產物……嗯，其實並不特別有想像力。這就是何以「想像中的未來」通常看起來很像「實際上的現在」。
- 第五部〈把這世界給合理化〉將說明第三個缺點：想像力無法告訴我們，未來的自己會有什麼**想法**。如果我們無法預測未來的事，就更無法預測將來的自己會如何看待那些事。
- 第六部〈當大腦看錯未來、編造過去，你可以……〉會說明，為什麼只憑個人經驗或是祖母傳承的智慧，還是很難修正預測錯覺。最後，我會告訴各位一個簡單的修正方法，但我很確定你們大概不會接受。

希望各位讀完這些章節，就能明白為何多數人花了那麼多時間在掌舵揚帆，卻發現那個香格里拉跟自己所想的有所不同。

第二部

兩種方法，釐清你的幸福條件

人有主觀性（subjectivity），因為其他人永遠無法觀察當事者的經驗。既然如此，幸福應該也是主觀的，那我們要如何談論幸福？

第2章
幸福只是你的詮釋

「唉！從別人的眼中看到幸福，自己真有說不出的酸楚！」

——莎士比亞，《皆大歡喜》（*As You Like It*）

洛莉（Lori Schappell）和瑞芭（Reba Schappell）雖然是雙胞胎，個性卻截然不同。瑞芭性格有些內向，是禁酒主義者也是一位鄉村歌手，有張專輯得過獎。洛莉則外向、幽默，非常愛喝草莓黛綺莉調酒，她在醫院工作，希望有一天能結婚生子。她們跟其他姐妹一樣，偶爾會爭吵，但大致上感情很好。她們會互相讚美，也會互相調侃，或是幫對方接話。事實上，她們只有兩個地方跟一般的雙胞胎不同。第一，她們共享一套血液循環系統以及部分頭骨與腦組織，而且兩人出生時前額就連在一起。洛莉前額的一側連接著瑞芭前額的一側，她們在生命中的每一刻都面對面地緊緊相連。第二，她們很快樂，不單純是認命或知足，而是喜悅、愉快和樂觀。[1]這種與眾不同的生活當然也充滿挑戰，但就像她們常說：誰的生活不是如此？當她們被問到是否打算做分離手術時，瑞芭代表兩人回答：「我們不會，絕對不會。幹嘛要這麼做？打死我都不要。這個手術可能會毀了我們兩個。」[2]

問題來了：如果這不是她們的生活，而是你的生活，那**你**會有什麼感受？如果你回答「喜悅、愉快和樂觀」，那表示你沒有認真回答。再給你一次機會，最誠實的回答應該是「沮喪、絕望和憂鬱」。事實上，在一般的認知裡，任何心智正常者在那種狀態下，顯然不可能真正感到幸福。傳統醫學因此認為：連體嬰應該一出生就做分離手術，即使這樣可能會讓其中之一死亡，甚至兩者都無法存活。正如一位著名的醫學史學家寫道：「許多獨立的個體——尤其是外科醫師，都無法想像以連體嬰的身分活著，也不敢相信竟然有人無論如何（失去行動能力、生殖能力、其中一人或兩人的生命）都不願意嘗試分離手術。」[3]

換句話說，大家不但認為連體嬰遠不如正常人幸福，也認為連體嬰的生活毫無價值，所以在倫理上，有必要執行危險的分離手術。我們堅信這種價值觀，但洛莉和瑞芭這一對連體嬰卻不這麼認為。當被問到對自己現狀的感受，她們表示不想改變目前的生活。那位醫學史學家徹底查閱了相關醫學文獻後，發現「大部分的連體嬰都希望保持原狀，這其實非常普遍」。[4]這樣看來有一方錯得離譜，究竟是誰？

只有兩種可能：不是洛莉和瑞芭對幸福的看法完全錯誤，就是世界上的其他人錯了。我們屬於「世界上的其他人」，所以不假思索地否定她們宣稱的幸福，接著發表意見：「喔，她們只是隨便說說而已」「她們可能以為自己很幸福，但其實不是這樣」，或更常見的「她們不知道什麼是真正的幸福」，好像我們知道一樣。有道理，但就跟我先前反駁的看法一樣，上述不過是科學與哲學的主張，只是對數千年來困擾科學家和哲學家的問題，提出了一種假設性的回答。當我們提出這些關於幸福的主張，我們**談論**的到底什麼？

別再問：幸福是什麼

在美國，每一座大型城市的圖書館裡都有成千上萬本關於幸福的書籍，其中大都是以「幸福**到底**是什麼？」作為開場白。而讀者很快就會發現，這樣問就像在這場「朝聖之旅」啟程時掉進眼前的一個坑。因為這表示，幸福其實只是一個「詞」，而造詞者可以用以指稱任何自己喜歡的東西。問題是，大家似乎很喜歡用這個詞來指稱各種事物，進而造成學術用語上的嚴重混亂——而這也是許多優秀學者賴以維生的基礎。如果你淌進這灘渾水中，久了就會發現：大多數圍繞著「幸福**到底**是什麼」的爭論，其實都是一種語義上的爭論（探討這個詞應該用來指稱X，還是Y）而不是科學或哲學的爭論（釐清X和Y的本質分別是什麼）。所以，幸福這個詞最常指稱的X和Y到底包括哪些東西？它至少代表了三種類型，大致可分成**情感式幸福**、**道德式幸福**、**評斷式幸福**。

是感受，無法言喻

「情感式幸福」在三者之中是最基本的，實際上試圖下個定義，反而不知道該怎麼解釋。就好像小孩問你「『The』這個字是什麼意思？」他只會得到一頓毒打。情感式幸福，指一種**感受**、**體驗**、**主觀狀態**，所以這在物理世界中沒有客觀的指涉對象。如果我們在街角的酒吧裡遇到一個外星人，他向我們詢問這種感受的定義，我們會指出可以帶來這種感受的物體，或用其他類似的感受去形容。當我們想給一個主觀體驗下定義時，就只**能**這樣做。

比方說，我們該如何定義「黃色」這個非常簡單的主觀體驗？你可能認為黃色是一種顏色，但並非如此，它其實是一種心理狀態。當一個人的眼球照射到波長為五八〇奈米的光線，其正常運作的視覺系統所產生的體驗，就是黃色。如果我們在酒吧遇到的外星朋友要我們形容「看到黃色」是什麼樣的感覺，我們可能會先指著校車、柳丁和黃色小鴨，然後說：「看到那些東西了嗎？它們共同帶來的視覺體驗就叫**黃色**。」我們可能也會用其他體驗來定義所謂的「黃色」體驗，例如：「黃色有點像橘色，不過沒那麼紅。」如果那個外星人說自己搞不懂校車、柳丁和黃色小鴨有什麼共同之處，也從未體驗過橘色和紅色，那你最好轉移話題，聊聊冰上曲棍球這項舉世聞名的運動，因為你已經沒有其他方法能定義黃色了。

哲學家喜歡說主觀狀態「不可化約」(irreducible)，這表示我們所指稱、拿來對照的任何東西，或者描述的任何神經基礎，都無法完全取代該體驗本身。[5]據聞音樂家扎帕（Frank Zappa）曾說：「用文字描述音樂，就像用舞蹈表達建築結構。」談論黃色也是如此。如果我們的新酒友缺乏對顏色的視覺機制，那麼無論我們舉出多麼接近的例子、描述得多麼精確，對方也永遠無法感受到我們對黃色的體驗，或者永遠都不知道他其實看過黃色。[6]

情感式幸福也是如此。我們在很多情況下體驗到情感式幸福，例如：第一次看到剛出生的小孫女的笑容、得知自己準備升遷、幫忙迷路的遊客找到美術館、品嘗美味的比利時巧克力、聞到戀人的洗髮精香味、多年以後再次聽到高中時最喜歡的歌、用臉頰蹭貓咪的軟毛、癌症得到治癒、嘗一口古柯鹼，這些體驗帶來的感受當然各不相同，但也有共同之處。就像房地產與股票、黃金不同，但三者都是財富的形式，在價值的量尺上占據不同的位置。同樣地，吸食古柯鹼的體驗當然不等於蹭貓毛的體驗，也不等於得知升遷的體驗，但這些都屬於一種感受，在幸福的量尺上占據不同的位置。上述這些例子都是遇到某個事物之後，**產生了類似的神經活動模式**[7]，也難怪每個人的體驗都有些共同之處，也就是概念上的一致性，讓人得以把這些雜七雜八的現象，歸納到同一類詞彙，而且只要有人記得，這些類別就會繼續存在。事實上，研究者分析語言中的詞彙是如何連結在一起時，都毫無例外地發現了詞彙的「正向性」（即指涉快樂或不快樂的程度）。這個唯一且最重要的因素，決定了該詞彙與其他詞彙的關聯性。[8]所以，托爾斯泰雖然寫出一部偉大巨作《戰爭與和平》，但多數的語言使用者還是認為，跟「戰爭」最相關的應該是「嘔吐」，而不是「和平」。

這麼看來，幸福就是一種「不可言喻」的感受。如果你跟我活在同一個世紀，而且部分文化背景跟我相同，那麼我在前文的指涉與類比就是有效的，你一定知道我講的是哪一種感受。不過，如果你是完全搞不清楚「黃色」的外星人，那就更難理解「幸福」是什麼了。但別氣餒，如果你告訴我，你的星球上有一種共同感受，會出現在當你把數字除以三、用腦袋輕輕敲門把、在除了週二的時間從任何孔洞有節奏地釋放氮氣，我也同樣會很困惑。我無法體會那種感受，只能學會它的名稱，並希望自己能在對話中適當地使用那個詞彙。因為情感式幸福是一種體驗，所以定義時，只可以大致透過它的起因以及跟其他體驗的關聯性。[9] 詩人波普（Alexander Pope）在〈論人〉（*Essay on Man*）這首長詩中，花了將近四分之一的篇幅在談論「幸福」，並在結尾問道：「誰如此定義幸福，說它或多或少就是那樣，那樣的幸福就是真正的幸福嗎？」[10]

情感式幸福或許難以用文字描述，但我們體驗到它的時候，並不會懷疑其真實性和重要性。只要觀察人的行為超過三十秒就會發現，人都有強烈、根本，或堅定的動機去追求幸福。如果有一群人偏好絕望而不是愉悅、偏好沮喪而不是滿足、偏好痛苦而不是快樂，那他們一定非常擅於偽裝自己，因為我們從未見過這種人。人渴望幸福，而其他的需求通常只是為了達到這個目標。就算**暫時放棄快樂**（像是在可以吃大餐時選擇節食、在可以睡覺時繼續熬夜工作），通常**也是為了未來的更多快樂**。「偏好」這個詞在字典的解釋是：「選擇或渴望某個事物，而不是其他事物，**因為前者更令人愉快**。」這表示追求幸福快樂已經被納入「欲望」的定義。這麼看來，與其說「偏好痛苦與折磨」是一種可被診斷的精神疾病，倒不如說是一種欲望的反襯。

心理學家一直都把「追求幸福快樂」當成人類行為理論的核心，因為他們發現如果不這麼做，理論就不夠完善。正如佛洛伊德寫道：

我們不斷在問：人活著的目的到底是什麼？卻一直找不到滿意的答案。也許它根本不存在。所以我們轉而詢問另一個比較簡單的問題：人類透過自己的行為，展現出何種人生目的與意圖？人們對生活有什麼要求，又希望在人生中實現什麼？答案無庸置疑。人追求幸福、渴望快樂，並希望一直維持這種狀態。這樣的努力有積極和消極兩種面向，一方面是為了體驗強烈的愉悅感，另一方面則是為了消除痛苦與不愉快。[11]

在這個概念上，佛洛伊德無疑是很棒的闡述者，但他不是第一個提出的人。同樣的觀察也出現在其他人的心理學理論，例如下列著名思想家：柏拉圖、亞里斯多德、霍布斯（Hobbes）、彌爾（Mill）、邊沁（Bentham）。哲學家暨數學家帕斯卡（Blaise Pascal）的說法特別明確：

> 人人都在**追求幸福**，毫無例外。無論採取哪一種手段，都是為了達到這個目的。發動戰爭的人、阻止戰爭的人，都有著同樣的欲望，只是各自站在不同的立場。人的意志絕對不會違背這個目的，這**是每個人採取任何一項行動的動機**，甚至包括上吊自

殺的人。[12]

是履行道德的回報

如果所有時代的思想家一致認為「人終其一生都在追求情感式幸福」，那為何「幸福快樂」的定義如此混亂？其中一個原因是，許多人認為：對幸福快樂的渴望有點像是排便的欲望，每個人都有，但不會讓你特別驕傲。支持這種說法的人，他們腦海中的幸福既基本又廉價，以為這種空虛的「愚鈍滿足」(bovine contentment)狀態，不可能構成有意義的人生。[13]正如彌爾寫道：「與其**當一隻滿足的豬**，**不如當一個不滿足的人**。與其做個知足的傻瓜，不如做個不知足的蘇格拉底。而如果豬與傻瓜不同意前面那句話，那是因為他們只知道自己的觀點。」[14]

美國哲學家諾齊克（Robert Nozick）試著說明這種想法的普遍性，他虛構了一種可以虛擬現實的機器，讓人擁有自己想要的任何體驗，但使用者不會發現自己連著那臺機器。[15]諾齊克的結論是：沒有人會願意跟這種機器共度餘生，因為用這種方式體驗到的幸福，根本不是真正的幸福。他寫道：「如果一個人的情緒建立在錯誤且極度不合理的評估上，不論感受為何，都無法稱之為幸福。」[16]簡而言之，情感式幸福對豬來說是好事，但對於人類這種精明能幹的生物而言，並不是一個值得追求的目標。

現在，讓我們花點時間想想上述觀點帶來的困境，並猜猜支持者會如何解決。如果你認為「人生只為了追求一種虛幻、毫無意義的感受」實在很可悲，卻又不斷注意到大家每天都在尋找幸福，那你的結論會是什麼？可能是：「**幸福**這個詞所描述的不只是一種好的感受，而是特別美好的感受，只能透過非常特別的手段才能獲得，要用一種適當、合乎道德、有意義、深刻、多采多姿、蘇格拉底式，且跟豬不同的諸多方式來生活。」**這**才稱得上是讓人不恥於追求的「感受」。事實上，希臘文把這種幸福的感受稱為「eudaimonia」，字面意思是「良善的精神」，但意義也許更接近「心盛」[1]或「認真過生活」。

蘇格拉底、柏拉圖、亞里斯多德、西塞羅，甚至伊比鳩魯（這個名字常常連結到豬式幸福）都認為，人唯有履行自己的道德責任，才能獲得這種幸福感受。至於**道德**的確切定義，就留給哲學家自行探究。古雅典的梭倫（Solon）表示：如果一個人的生命還沒有結束，就不能論定他是否幸福，因為幸福是充分發揮自身潛能的成果，除非看到整體狀況，否則無從判斷。幾世紀後，這個經典概念被基督宗教（Christian）的神學家巧妙地轉換成：

1 human flourishing，高度心理健康的表徵，例如：充滿熱情活力、正向積極。

幸福不僅是道德生活的成果，更是履行道德生活的回報，而這種回報不見得會在這輩子實現。[17]

兩千年來，哲學家們一直覺得有必要將幸福和道德畫上等號，因為這才是我們應該追求的幸福。也許他們是對的。但是，道德生活如果是幸福的原因，那就不會是幸福本身。把原因和結果冠上同樣的名詞，討論會變得很混亂。假如我用針刺你的手指，或者用電流刺激你大腦的特定區域，你會感到疼痛沒錯。這兩種疼痛是一樣的感覺，只是由不同的方式造成。把第一種疼痛稱為真疼痛，第二種稱為假疼痛，這樣並沒有好處。不論原因是什麼，疼痛就是疼痛。由於把原因和結果混為一談，導致這些哲學家有時不得不捍衛一些令人震驚的主張，理由也很牽強，例如：在阿根廷的海灘上做日光浴的納粹戰犯的幸福快樂是假的，而被食人族生吞活剝的虔誠傳教士才真正擁有幸福。西塞羅在公元前一世紀寫道：「無論受到何種折磨，幸福是不會顫抖的。」[18]或許有人會讚嘆這句話的膽識，但他可能沒有考量到傳教士被選為主菜的感受。

我們常用幸福快樂這個詞來指稱一種體驗，而不是造成該體驗的行為。「法蘭克花了一整天殺死父母之後，他感覺幸福快樂。」這句話合理嗎？事實上，沒錯。我們當然希望永遠都不會出現這種人，但這句話的文法正確、結構完整，也容易理解。法蘭克這傢伙很病態，但他如果說自己很快樂，看起來也很快樂，我們要怎麼合理質疑他？「安妮很高興自己陷入昏迷。」這句話合理嗎？不，一點都不合理。安妮無論在遭逢不幸之前做了多少好事，只要失去意識就不可能感受快樂。再看看下面這句話：「嚴格遵守十誡的電腦就像蛤蜊一樣快樂。」很抱歉，這還是不合理。雖然蛤蜊有很小很小的機率有感覺能力，所以有很小很小的機率可以感受快樂，但電腦肯定沒有感覺，所以無論電腦的道德有多麼高尚、也不會看上哪個鄰居的老婆，它都永遠不可能快樂。[19]幸福快樂是一種感受，道德是一種行為。道德行為可能會帶來幸福快樂，卻不是幸福快樂的充分必要條件。

是認同，而不是你的感覺

人通常用「幸福」這個詞來表達那種「彼此心知肚明」的感受，但這種感受並不是這個詞的唯一意義。如果說哲學家混淆了幸福的道德和情緒意涵，那麼，心理學家也一樣常常混淆了這類詞彙的情緒和判斷意涵。假如一個人說：「整體而言，我對自己過去的生活很滿意。」那心理學家通常會認為這個人是幸福的。問題是，我們在表達自己對事物好壞的看法時，偶爾會使用這類詞彙，例如：「真高興，他們抓到打破我擋風玻璃的那個小混蛋了。」就算這樣說，也不代表自己有任何稱得上愉快的情緒。那麼，我們要如何知道一個人是在表達觀點，而不是主觀體驗呢？當幸福快樂這一類詞彙後面接著特定事物，或是被用在「對於……」「關於……」這類句型的話，當事人通常是想表達立場，而不是感受。例如，你的老婆興奮地告訴你，主管剛剛通知要派她去大溪地的分公司出差半年，所以你必須在家顧小孩，這時你可能會說：「我不開心，但我很開心妳這麼開心。」這種句子會讓高中國文老師抓狂，但只要不把每個「開心」都當作情感式幸福，這句話其實很好理解。基本上，第一個「開心」是讓她知道你沒有那種「彼此心知肚明」的幸福感受（情感式幸福），第二個「開心」則是**認同另一半的心情**（**評斷式幸福**）。

當你說自己「對〇〇〇感到開心」或「因為〇〇〇而開心」時，你只是注意到那個事物是快樂的潛在來源，或曾經是來源，又或者意識到它可能是來源，但你當下根本沒有開心。你的意思不是自己感受到幸福快樂之類的東西。比較恰當的說法，是告訴另一半：「我不開心，但可以理解妳很開心。甚至可以想像如果去大溪地的是我，而妳必須跟這幾個小屁孩一起待在家，那我也會覺得很開心，而不是羨慕妳可以這麼開心。」當然，這種說法表示你放棄擁有伴侶的機會，所以你會選擇那個常見的簡短說法，並表達自己**對**這件事開心，就算這讓你抓狂。沒事的，畢竟人總是口是心非。

人各有一把幸福感量尺

就算所有人都認同幸福一類的詞彙，只可以用來指稱被模糊描述為「愉快」或「舒適」的主觀情緒體驗，並且保證不再用它來形容可能產生同樣情緒體驗的道德行為，或是用來評斷某種體驗的好壞，那麼，我們還是會有下列疑問：扶瘦弱的老太太過馬路與享用香蕉奶油派，這兩種行為會不會帶來不同的情緒體驗？前者的幸福感受是否更強烈、更美好、更深刻？或許做了好事之後會感受到不一樣的幸福。甚至我們不禁好奇：吃香蕉奶油派和吃椰子奶油派，是否會有不同的幸福感受？吃「這片」香蕉奶油派跟吃「那片」香蕉奶油派一樣嗎？我們怎麼知道主觀情緒體驗是否相同？

事實是，我們不會知道。正如看著同一輛校車時，我們也不知道自己體驗到的黃色，是否跟別人體驗到的黃色一樣。長久以來，哲學家不斷試圖解答，最後卻一無所獲。[20]畢竟只有一個方法可以精確衡量兩種體驗的相似性，那就是在同一個人身上一起衡量，也就是說，同時比較兩種體驗。一個人擁有另一個人的體驗，這種情節只會出現在科幻小說。小時候，媽媽告訴我們：看到校車的體驗就叫「黃色」，而身為聽話的小小學習者，我們總是聽媽媽的話。然後我們會很高興地發現，幼稚園的其他小朋友看到校車也會說是黃色。這種共同的標籤卻掩蓋了一個事實：每個人對「黃色」的體驗都不盡相同。這也說明了為何許多人一直不知道自己是色盲，直到晚年才被眼科醫師診斷出無法跟其他人一樣區分顏色。所以，雖然難以想像，但每個人在看到校車、聽到嬰兒哭聲、聞到臭鼬氣味時的體驗截然不同，這種事**還是**有可能的。如果你認同這點，就有充分的權利主張自己的感受，而任何珍惜時間的人都不應該試圖跟你爭辯。

記憶並不是個可靠的朋友

希望各位還沒有放棄上一節探討的那個問題。要確認兩種幸福的感受是否不同，或許不應該比較不同人的體驗，而是詢問兩者都體驗過的人。就像我可能永遠都不知道我跟各位對黃色的體驗是否不同，但當我在腦海中比較自己對黃色以及藍色的體驗，絕對會知道兩者不同，對吧？可惜這種方式其實非常複雜。因為，當我們宣稱自己在腦海中比較兩種主觀體驗，我們實際上並不是同時「擁有」兩種體驗，頂多只可以先體驗其中一種，然後再體驗另一種。如果我們被詢問哪一種更幸福，或兩種幸福的感受是否相同，頂多也只能拿自己當下的體驗跟記憶中的體驗相比。要不是魔術師和科學家已經證明記憶是出了名的不可靠（尤其是跟體驗有關的記憶），不然這種比較方式還算合理。我們先來看

圖2-1：任意挑選一張牌！（資料來源：http://www.hondomagic.com。）

看魔術師是怎麼證明的。請從圖2-1那六張撲克牌中挑出你最喜歡的一張，不要說出來，自己知道就好。然後看著那張牌並默念一、兩次（或寫下來），好讓你在讀了幾頁書之後還記得它。

很好，我們現在來看看科學家如何研究跟體驗有關的記憶問題。一項研究讓兩組受試者看一張色卡（常見於雜貨店裡油漆的貨架上），每個人都看了五秒鐘。[21]接下來，實驗組要花三十秒描述那張色卡的顏色（描述者），而對照組不用（非描述者）。然後讓所有人再做一項顏色再認測驗，就是從六張色卡中，找出三十秒之前看過的那張原始色卡。結果發現兩個有趣的現象，第一：對照組（非描述者）答對的比例只有七三％。換句話說，僅僅不到四分之三的人能區辨當下這個「黃色」體驗，是否跟半分鐘前的黃色體驗相同。第二：實驗組（描述者）竟然表現更差，只有三三％正確找出原本那張色卡。很顯然，實驗組（描述者）對顏色體驗的口頭描述，已經重寫了自己對體驗本身的記憶，導致他們最後記住的不是自己的體驗，而是對體驗的「描述」。然而，他們的描述卻不夠具體、也不夠精準，所以無法幫助自己在三十秒後辨認出剛才的體驗。

多數人都有過這種經歷。我們會告訴朋友自己不喜歡市中心那家時尚小酒館推薦的白酒，或不滿意某樂團詮釋我們最愛的《巴爾托克第四號弦樂四重奏》的方式。但我們在做出這些評論時，其實已經不太記得白酒的味道，或樂團的演奏方式。反之，我們記得的可能是自己在離開演奏會時對身邊的人說：酒跟音樂都不怎麼樣。白酒、四重奏、日行一善和香蕉奶油派帶來的是豐富、複雜、多面向，且難以捉摸的體驗。語言的功能之一，就是幫助我們觸及這些體驗——即提取並記住其中的重要特徵，以便日後加以分析和表達。《紐約時報》的線上電影檔案儲存的是影片內容摘要，而不是影片本身，這樣才不會占用太多空間或難以搜尋，而且有些人喜歡不用觀看影片就知道內容，所以儲存影片實在沒什麼好處。

「體驗」就像是添加許多感官面向的影片，如果大腦儲存了我們的完整生活故事影集，而不是摘要簡介，那我們的頭必須比現在大好幾倍才行。而如果我們想告訴別人那一座雕塑公園值不值得花錢參觀，就得重播參觀過程才會知道結論，這麼一來，每次回憶將會耗去當初經歷該事件的時間。所以我們把自己的體驗簡化成「幸福」這種詞彙，雖然這不能忠實反映過去的體驗，但能夠輕鬆可靠地將體驗帶往未來。我們無法重現玫瑰的香氣，但如果體驗過玫瑰的**甜美芬芳**，下次在路上看見玫瑰時，我們就會知道要停下腳步聞一聞。

為什麼一樣的情境不能讓你幸福

由於人類對過去的記憶不完美，所以我們把新的幸福對比記憶中舊的幸福，其實無法有效判斷兩種主觀體驗是否不同。那麼，我們來試試一個微調過的方法。假如你不記得昨天吃香蕉奶油派的感受，所以沒辦法用它來對比今天做善事的感受，那你或許可以改成「比較兩種在時間上非常接近的體驗」，以便觀察兩者差異。舉例來說，如果我們再進行一次顏色再認實驗，並將辨認色卡的三十秒間隔縮短，受試者一定可以認出原本那張，對吧？就把時間縮短為二十五秒、十五秒、十秒，或一秒以內，這樣結果會如何？

乾脆我們體貼一點，讓這項任務變得更簡單，直接給受試者看原始色卡幾秒鐘之後就移走，接著在一秒鐘內馬上給予另一張色卡（而不是六張），並讓受試者判斷兩張色卡是否相同。這個過程沒有受到語言描述的干擾，不會混淆受試者的記憶，而且也沒有太多張色卡，所以不會眼花撩亂，甚至間隔還非常非常短。天啊！既然這項任務已經變得如此簡單，我們是否可以判斷所有人都將會……嗯，以「優秀成績」順利通過？

前提是我們喜歡判斷錯誤。有一項研究的概念類似於我們剛才設計的實驗，研究者讓受試者盯著電腦螢幕，並閱讀一些看起來很怪異的句子[22]。其中任何相鄰的英文字母都是大、小寫交替，例如：lOoKeD lIkE tHiS。或許你知道，人類盯著某樣東西時，目光實際上會不時偏離正在注視的物體，頻率約每秒鐘三至四次，所以如果仔細觀察，就會發現眼球在晃動。研究者利用眼動儀來追蹤受試者盯著螢幕、短暫移開視線的時刻。只要受試者的視線一離開螢幕上的句子，電腦就會耍個小花招，改變原本句子中的大小寫，例如從lOoKeD lIkE tHiS變成LoOkEd LiKe ThIs。驚人的是，受試者在閱讀過程中，並沒有發現句子每一秒都換過好幾次字型。

後續研究證明，**人類不會注意到各種「視覺不連續」**（visual discontinuities），也因此影片製作人才能在切換鏡頭時，突然改變女演員的穿著或男演員的髮色，或是讓桌上的東西消失，而不讓觀眾感到錯愕。[23]有趣的是，如果人們被問到是否會發現這種「視覺不連續」現象，所有人都很有把握自己可以注意到。[24]

人類不僅不會注意到細微變化，甚至有時也會忽略周遭的明顯改變。有一項研究與《隱藏攝影機》（*Candid Camera*）節目合作，安排研究人員A在大學校園裡詢問路人某棟建築物的方向。[25]當路人跟A拿著地圖討論時，就會突然出現抬著門板的兩名工人，粗魯地從雙方中間穿過。工人通過時，門板會擋住路人的視線，讓他暫時看不到A，同時A趁機躲在門板後面偷偷離開，而原本藏在門板後的B則站到A的位置，之後繼續詢問方向。兩位研究人員的身高、體型完全不同，聲音、髮型和穿著也明顯有差別，站在一起馬上就可以發現。那麼，那些停下來幫助迷路遊客的好心人，對於這種突如其來的變化會作何反應？答案是：沒有反應。事實上，大部分的路人都沒發現，剛才跟自己講話的人突然變成了另外一個。

那麼，我們是否能下結論：就算對世界的體驗在眼前發生變化，人類也無法察覺？當然不能。如果我們把上述研究的邏輯推到極致，最後就會陷入荒謬的泥沼，變得跟極端主義者一樣四處發送宣揚理念的小手冊。如果人類根本無法察覺自己對世界的體驗已經改變，那我們要怎麼知道物體在移動？怎麼判斷在十字路口要停下，還是繼續走？又要怎麼數出「一」以外的數字？上面的實驗說明，對我們來說，**自己的過去體驗有時就跟別人的體驗一樣難以捉摸**。更重要的是，那類實驗讓我們知道何時最可能出現這種情況、何時最不可能。

上面提到的多項研究之所以有那種結果，關鍵因素在於：這些案例的受試者都沒有**注意**到外在刺激的某種面向已經變了。在色卡實驗中，色卡的交換是在受試者等候的三十秒內。在閱讀實驗中，是趁著受試者移開視線時，立刻改變大小寫。在門板實驗中，是在大木板擋住受試者的視線時才換人問路。如果實驗是在受試者的注視下，把咖啡色變成螢光紅紫色、把「這個」變成「那個」，或是把紐約的會計師變成英國女王伊莉莎白二世，我們就不會預期受試者不會發現。

事實上，研究也顯示，如果受試者**在刺激改變的當下集中精神**，**就可以**快速準確地**發現變化**。[26]這些研究並不表示人類完全無法察覺自己對世界的體驗有所變化，重點在於：我們必須在體驗發生變化的那一刻，全神貫注於發生變化的特定面向，否則就得仰賴記憶（對照當下體驗和記憶中的過去體驗）來偵測變化。

當然，魔術師早在好幾世紀以前就知道這個概念了，而且一直用這些知識來讓我們的錢包變薄。你在前幾頁從六張撲克牌中挑選出一張，而我剛才沒告訴你，其實我有超能力，早就知道你會選哪一張牌，現在我已經把它抽走了。不信的話，看看圖2-2。厲害吧，我怎麼辦到的？當然，如果你事先不知道這是詭計，就會覺得更不可思議，也不用辛苦讀了好幾頁，才能知道這是什麼把戲。但如果你仔細比較圖2-1和圖2-2，驚訝的心情就會瞬間恢復平靜。你會馬上發現圖2-1的撲克牌（包括你選的那一張）都跟圖2-2的不一樣。不過，如果你相信魔術師可能看穿你選的牌（無論他是用某種巧妙的手法、高明的推理或讀心術），而且你不斷移動的眼球沒有看到第一組的六張是如何變成第二組的五張，那這種

圖2-2：瞧！你選的那張牌已經被我抽走了。
（資料來源：http://www.hondomagic.com）

錯覺就會更戲劇化。

事實上，當這個魔術首次出現在網路上，有幾位我認識的最聰明的科學家竟然以為：有一種新科技能使伺服器偵測手指點擊滑鼠時的速度和加速度，進而猜中當事人選的牌。我自己為了不讓手部的細微動作被偵測，甚至還刻意把手移開滑鼠。我玩了三次才發現，雖然我看了第一組的六張牌，但只記住自己選的那張，所以沒注意第二組的牌全都換了。回到本書的主題，這個撲克牌遊戲傳達了一個重點：魔術之所以能把人騙倒，邏輯就跟「為什麼一個人很難描述過去的婚姻幸不幸福」差不多。

一種幸福，各自表述

洛莉和瑞芭這一對連體嬰說自己很快樂，而我們對此不解，還很堅持她們說的不可能是真的。但似乎沒有一種絕對可靠的方法，能比較她們和我們的快樂。如果她們都這樣說了，我們憑什麼斷定她們錯了？好吧，我們或許可以借用律師慣用的策略，質疑她們了解、評估或描述自身體驗的能力，像是：「她們可能以為自己很快樂，但只是因為她們沒體驗過真正的快樂。」換句話說，因為洛莉和瑞芭從來沒有我們這些獨立個體的多種體驗，像是在草地上翻滾、在大堡礁浮潛、在大街上散步而不引人注目，所以我們懷疑她們的快樂體驗可能很貧乏，導致她們對生活的評價不同於一般人。比方說，如果我們給她們一個生日蛋糕，加上一張調查快樂程度的八點量表（可看作是「只用八個單詞表達不同快樂程度」的人造語言），並請她們評估當下的主觀感受，她們或許會說快樂程度有八分。但有沒有可能是這樣：她們的八分跟我們的八分代表了完全不同的快樂程度，那種一點都不令人羨慕的**處境**，**扭曲了她們對這種人造語言的用法**，導致她們根本無法體會人

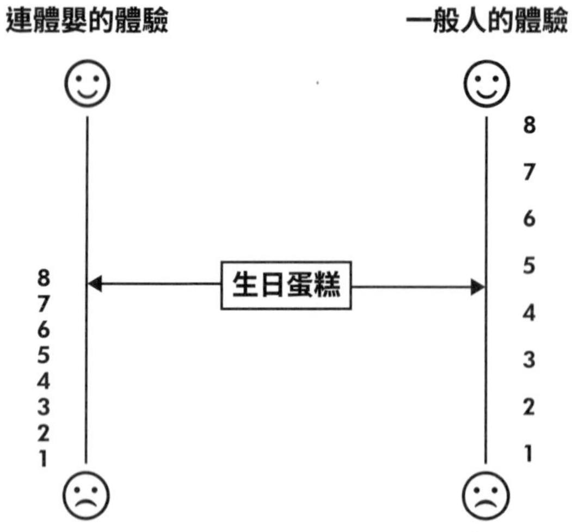

圖 2-3：依據「語言壓縮假說」，連體嬰收到生日蛋糕時的感受跟一般人相同，只是語言不同。

類到底可以多快樂？

洛莉和瑞芭使用這種人造語言的方式跟我們不同，是因為她們覺得生日蛋糕已經是快樂的極致，所以自然會用該語言中最快樂的單詞來表達自己最快樂的體驗。但我們不會因此忽略一個事實：她們稱之為八分的體驗，對我們來說可能只有四．五分。簡而言之，她們對快樂的定義跟我們對快樂的定義不同。圖2-3顯示出，貧乏的體驗背景會「壓縮」語言，用所有同一類的詞彙來描述有限的體驗。根據上述的假說，當那對連體嬰說自己「欣喜若狂」，她們的感受其實只相當於一般人的「滿意」。

語言壓縮假說——他有一樣的感受，卻詞不達意

「語言壓縮假說」（language-squishing hypothesis）有兩個優點。第一：它主張無論是誰在何時何地收到生日蛋糕，雖然描述方式可能不同，但主觀體驗都是相同的。這麼一來，生活和烘焙就會變得很簡單。第二：它讓我們繼續相信，不管洛莉和瑞芭如何評價生活，她們其實一點都不快樂，這樣我們就可以理所當然地認為自己的生活比較好。不過，這個假說有很多漏洞。如果我們擔心洛莉和瑞芭因為沒有過翻跟斗的快感，所以她們那張「只有八個單詞」的人造語言會與我們不同，那要擔心的事可多了。例如：我們也應該擔

心自己是否真的體驗過那種極大的平靜與安全感——這種體驗來自於當你知道親愛的手足會永遠陪著你；無論我們在苦日子裡有過怎樣的言行，都永遠不會失去的情誼；永遠都會有個人跟你一樣懂你，可以分擔喜悅與憂愁……諸如此類。

如果洛莉和瑞芭不曾擁有我們的體驗，那我們當然也沒有過她們的體驗，所以**我們**很有可能**才是被壓縮語言的一方**。

我們說自己欣喜若狂，其實根本不知道自己在說什麼，因為我們沒體驗過洛莉和瑞芭的友伴之愛、幸福連結，以及那種純粹且無私的情誼。而不論你、我、洛莉或瑞芭，所有人都應該擔心自己還沒有過的更美好的體驗，像是不用搭飛機就能遨遊天際、親眼見到自己的孩子獲得奧斯卡或普立茲獎、遇見上帝然後學會跟祂打手勢暗號。這麼說來，**所有人在**那個「八個單詞」的**快樂量表上都有缺陷**，沒有人知道幸福到底是什麼。照此推論，我們應該遵循梭倫的建議，到死之前都不能說自己是幸福的，否則等到出現真正幸福的那一天，我們可能已經用完所有適合的詞彙，沒辦法向報章媒體形容那種感受。

這些只是剛開始，我們要擔心的事還有更多。比如萬一有魔法可以一下子讓洛莉和瑞芭無痛地分開，而兩人在擁有自己的軀體後，也認同這樣比較開心。這不就能證明她們最初把四分、八分搞混了？我們都遇過一種人，他們改變宗教信仰、經歷過離婚，或者在一次心臟病發後倖存下來，然後宣稱自己終於頓悟——不論先前的想法和說法是什麼，他們在經歷那些轉變之後才真正找到幸福快樂。他們的經歷如此不可思議，而他們的說法可信嗎？

不一定。有一項研究讓兩組受試者觀看一些益智節目中的題目，並要他們估計自己答對的機率。A組只看到題目，B組則同時看到題目和答案，像是「法恩斯沃斯（Philo Farnsworth）是什麼東西的發明人？答案：電視機」。結果A組認為題目非常困難，而B組則認為題目很簡單，就算不事先知道也能輕易回答。顯然，受試者只要先知道答案，題目就會看起來很簡單（當然是電視機啊，誰會不知道！），而且再也無法判斷這些題目對不知道的人來說有多困難。[27]

這類研究顯示：人類只要有過一種體驗，就無法輕易擱在一旁，用「從未擁有該體驗」的角度看世界。正如法官常無奈地發現，陪審團就是沒辦法忽略檢察官的嘲諷。當下的體驗，會立刻變成我們看待過去、現在與未來的一部分濾鏡，這跟其他的濾鏡一樣，會塑造並扭曲我們所見之物。但它不像一般的眼鏡，可以隨時放到床頭櫃，而像是被強力膠黏死在眼球上的隱形眼鏡。人類只要學會閱讀，就再也不會把字詞看成一堆墨水的線條。只要了解自由爵士樂風，就再也不會把柯曼（Ornette Coleman）的薩克斯風當成噪音。

只要知道梵谷是精神病患，或著名詩人龐德（Ezra Pound）是反猶太主義者，就再也無法用原本的眼光看待他們的作品。

如果洛莉或瑞芭分開幾週之後，說自己目前的生活比過去更幸福，她們可能是對的，但也可能錯了。她們或許只是在表達：「我現在已經是獨立個體，跟一般人一樣，認為連體嬰的生活非常痛苦。」就算她們記得身為連體嬰的想法、言談和行為，但成為獨立個體的經驗，會影響她們對過去那段體驗的評價，因此無法確切說出沒分離過的連體嬰的真實感受。在某種意義上，分離的體驗讓她們成為一般人，所以在試圖想像連體嬰的體驗時，就會陷入一般人的困境。成為獨立個體必然會影響她們對過去的看法，而這種影響無法輕易擺脫。這一切都表示：如果一個人有了新體驗，並因此說自己以前自認很快樂、也這樣說過，但其實不是真正快樂。那他可能搞錯了。換句話說，他說自己以前錯了，但其實**錯的可能是現在的自己**。

體驗延伸假說——他較容易快樂

很多事在快樂量表上會被一般人評為高分，例如：翻跟斗、潛水、一個人去酒吧。洛莉和瑞芭卻沒有做過那些事，所以一定會跟一般人有很大差異。如果貧乏的體驗不一定會壓縮語言，那會造成什麼影響？假設洛莉和瑞芭的體驗真的比一般人貧乏，而且她們要在這種背景下衡量一個簡單的體驗，像是有人在她們生日當天送上一塊巧克力蛋糕，這時有兩種可能：一、缺乏體驗會壓縮她們的語言。二、**缺乏體驗不會壓縮她們的語言**，**反而會延伸其體驗**。意思是她們的「八分」與我們的「八分」在感受上完全相同。因為她們收到生日蛋糕時的感受，跟一般人在大堡礁海裡翻跟斗的感受一模一樣。圖2-4說明了「體驗延伸假說」（experience-stretching hypothesis）。

「體驗延伸」是種奇怪的說法，但其中概念並不陌生。當我們認為一個人的處境不可能讓他宣稱自己快樂，我們會說：「他不知道自己錯過了什麼，才會認為自己很快樂。」是的，當然，而這就是關鍵。「不知道自己錯過了什麼」代表目前的處境不會讓

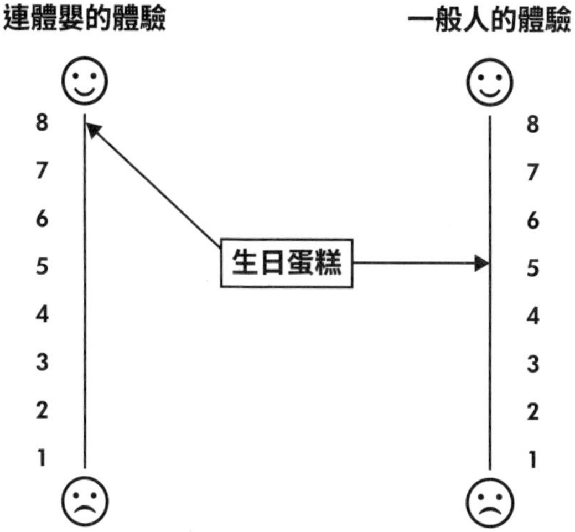

圖2-4：根據「體驗延伸假說」，連體嬰評論收到生日蛋糕的感受，相當於一般人評論其他事物帶來的感受。

他快樂，他只有體驗到那個錯過的東西才會真正快樂。但這**不**代表：不知道自己錯過了什麼的人，快樂程度**就比不上**擁有那些東西的人。生活中有很多例子，那就來談談我的吧。

我偶爾會抽雪茄，並從中感到快樂，但我太太有時無法理解，為什麼我一定要抽雪茄才會快樂，而她不抽也很快樂（我不抽她會更快樂）。但根據體驗延伸假說，如果我在任性的少年時代沒有體驗過雪茄的藥理學奧祕，那我不抽雪茄也可以很快樂。**但我體驗過了**，而且正因如此，現在的我知道如果不抽雪茄就會錯過什麼。所以，當我趁著美好假期躺在夏威夷金色沙灘的躺椅上、喝著泰斯卡威士忌、看夕陽慢慢沉入平靜無波的海面，這時嘴裡如果沒有一點濃烈的古巴味，那就不怎麼完美了。

如果我賭上自己的運氣和婚姻，用前面提到的語言壓縮假說，來對我太太解釋：妳沒有體驗過蒙特克里斯托四號雪茄的辛辣泥土味，所以妳的體驗貧乏，不知道什麼才是真正的快樂。那我當然會輸，因為我每次都輸，但這次是我活該。如果我說自己因為學習「享受雪茄」而改變了體驗背景，結果不小心毀掉了所有不包含雪茄的未來體驗，這樣不是更有道理嗎？夏威夷的夕陽原本是八分，直到有雪茄的夏威夷夕陽取而代之，讓沒有雪茄的夕陽只值七分。[28]

美好假期的事談得夠多了，現在來談談吉他吧。我彈吉他很多年了，已經沒辦法從三和弦藍調裡得到樂趣。但我在十幾歲剛學吉他時，都會坐在樓上的房間快快樂樂彈著三個和弦，直到我爸媽猛敲天花板回擊，並主張《日內瓦公約》賦予他們的人權。如果用語言壓縮假說來解釋，我可以說因為我的音樂能力進步，進而提升了眼界，所以現在發現，十幾歲的自己其實不是真正快樂。但如果我用體驗延伸假說來看，是這個體驗已經不如以前有趣，難道不是更合理嗎？有個人在加州的沙漠迷路，過了一週終於喝到了一杯水，當下他可能認為自己的快樂程度爆表。但是一年後，同樣一杯水帶給他的快樂可能不到兩分。難道我們可以說，他一年前喝了生鏽水壺裡的救命之水，其實他當時錯估了快樂程度？還是應該採取更合理的說法：一個人的體驗背景決定了「喝一口水」會帶來幸福還是水分。

如果貧乏的體驗背景會壓縮我們的語言，而不是延伸體驗，如此一來，說自己愛吃花生醬和果凍的孩子就大錯特錯了，他們將來吃到第一口鵝肝醬時就會承認錯誤，那時的他們是對的。等到他們變老，開始因為吃太油而胃痛，又會發現自己當初對鵝肝醬的評價也錯了。隨著對幸福快樂的**體驗越來越多**，**我們每一天都在否定前一天**，直到現在才真正發現自己過去是在自欺欺人。

哪一個假說才正確呢？我們並不清楚，只**能**確定所有人宣稱的幸福其實都是出自個人觀點。每個人看事情的角度不同，獨特的過去體驗會形成一種背景、濾鏡、脈絡，用來評估當下的體驗。無論科學家如何想找到標準，任何觀點都不可能獨立存在。我們一旦有了一種新的體驗，就再也無法用過去的角度看世界。一旦失去最初的天真單純，就再也回不去了。我們可能記得住過去的想法、說過的話，也可能記得做過的事，但我們絕對不可能重現自己的體驗，並且像當初那樣看待它。在某個層面上，現在抽雪茄、彈吉他、吃鵝肝醬的你就像個局外人，沒有資格代表過去的自己發言。分離的連體嬰或許可以說說自己現在對連體的感受，卻無法說出「沒有分離過的連體嬰」的感受。沒有人知道洛莉和瑞芭的「八分」是否等於一般人的「八分」，未來的洛莉和瑞芭也不會知道。

小結

一九一六年五月十五日清晨，極地探險家夏克頓（Ernest Shackleton）展開了史上最艱困的冒險之一。在最後一段旅程中，他的「堅毅號」探險船在南極洲的威德爾海（Weddell Sea）沉沒，導致他跟船員困在象島（Elephant Island）。七個月後，夏克頓跟五名船員登上一艘小救生艇，花了三週橫渡將近一千三百公里冰冷、險惡的海洋。當他們一抵達大西洋的南喬治亞島，那些飢餓、受凍的船員立刻下船，打算徒步穿越這座島嶼到另一側的捕鯨站。經過這種長途跋涉，幾乎沒有人可以活下來。那個早晨，夏克頓明明知道這趟路途大概必死無疑，卻這樣寫道：

> 我們穿過兩邊都是奇岩怪石、海草叢生的狹窄灣口，然後轉向東方，愉快地在海灣上航行。陽光穿透薄霧，將海面映射得波光粼粼。在這個晴朗的早晨，我們雖然看起來很狼狽，卻都非常快樂，甚至放聲高唱。如果我們沒有看起來像《魯賓遜漂流記》的主角，那旁人看到我們時，可能會以為我們是航行在挪威峽灣或紐西蘭西岸最美麗的海灣，而且正在船上舉行野餐派對。[29]

夏克頓真的這麼認為嗎？他筆下的「快樂」等於我們的快樂嗎？是否有任何方法可以判斷？正如我們討論過的，快樂是一種主觀體驗，難以向自己與他人描述，所以看待一個人主張的快樂其實很麻煩。但別擔心，因為在說清楚之前，接下來的內容只會更麻煩。

第3章

當情緒被歸錯類……

「走進你的內心，在那裡敲一敲，問它都知道些什麼。」

——莎士比亞，《一報還一報》(*Measure for Measure*)

關於心理學教授的笑話並不多，所以特別珍貴。以下是其中之一：兩位心理學教授在走廊上會怎麼打招呼？「嗨，你很好，我好嗎？」好吧……我知道不太好笑，要覺得好笑，要先**假設**人類不知道其他人的感受，但是知道自己的感受——這就是大家常說「你好嗎？」，而且覺得「我好嗎？」聽起來很怪的原因。然而弔詭的是，人有時似乎不了解自己。當連體嬰說自己很快樂，我們一定會懷疑她們只是自以為快樂。這表示她們或許相信自己的說法，但那也可能是錯的。我們是否要接受一個人說自己幸福快樂，必須先知道人類是否會誤判自身的感覺。人類會搞錯很多東西，例如黃豆的價格、塵蟎的壽命、絨布的歷史，但我們真的會搞錯自己的情緒體驗嗎？你相信自己的感覺不是真正存在嗎？真的有人不能回答「你好嗎」這個世上最常見的問題嗎？

當然有，照照鏡子你就會發現一個。繼續讀下去吧。

情緒不是你懂的那樣

等等，暫停一下，繼續往下讀之前，我要給你一項挑戰：請花一段時間仔細盯著自己的大拇指。現在，我敢賭你沒有照做、直接繼續往下讀。因為看大拇指太簡單也沒有意義。就像一場比賽如果每個人打擊率都是十成，比賽就會因為太無聊而喊停，如果你覺得大拇指沒什麼好看的，不妨想一想，人類看見環境中的物體要經過多少過程，像是看見大拇指、甜甜圈，或是凶猛的狼獾。光線照在物體表面並反射進入眼睛，我們就能瞬間辨認出那個物體。大腦必須在極短的時間內提取、分析物體的特徵，並且跟記憶中的訊息比對，才能判斷是什麼物體，以及要用什麼行動應對。

這個過程很複雜，是一種連電腦也無法模擬的特技，科學家至今仍無法確切理解它到底是怎麼發生的，大腦卻能以驚人的速度和準確度進行分析。事實上，大腦對這項任務非常熟練，我們的體驗可能是：不經意把頭轉向左邊，突然看到一頭狼獾，馬上感到害怕，迅速分析周遭事物的安全性，包括旁邊的槭樹。

現在思考一下，「看」的過程應該包含什麼。如果要從零開始設計一顆大腦，你可能會讓它**先**辨識環境中的物體（一口利牙，棕色毛皮，細微又怪異的鼻息聲……啊，是一頭凶猛的狼獾！）接著找出對應的行動（馬上離開是個好主意）。但人腦不是憑空設計出來的，最重要的功能早就內建在其中，過了幾千年才慢慢出現比較不重要的附加功能。所以人腦真正重要的部分（例如控制呼吸）在底部，而你可能缺乏的部分（例如控制脾氣）則疊在上面，就像甜筒的餅乾與冰淇淋。事實證明，「快速逃離凶猛的狼獾」會比「知道牠是什麼」更重要。基本上，「逃跑」對於陸上哺乳類動物（例如我們的祖先）的生存至關重要，所以演化謹慎地將大腦設計成先思考「該怎麼做？」然後才想「這是什麼？」[1]實驗證明，當我們看到一個目標物，大腦只會立刻分析該目標物是否具備幾個關鍵特徵，並據此快速判斷：「那是我應該要馬上作出反應的重要東西嗎？」[2]

凶猛的狼獾、哭鬧的嬰兒、飛過來的石頭、誘人的伴侶和畏縮的獵物，這些東西在生存遊戲中非常重要，一旦遇到就該立刻行動，不能浪費時間去思考其細微特徵。所以，大腦被設計成**先**判斷物體是否重要，接著才判斷物體到底是什麼。這表示當你把頭轉向左邊的那一瞬間，大腦並不知道自己看到狼獾，只知道那個東西很可怕。

怎麼會這樣？如果我們不知道那個東西是什麼，又怎麼知道它很可怕？為了理解這是怎麼發生的，請試著想像，有個人正穿越一片廣闊的沙漠朝你走來，而你如何辨認？首先，吸引你目光的是地平線上一個小小、晃動的物體，當你盯著看，很快就會發現它正朝你移動。當它越靠越近，你會發現那是一個生物，然後看出那個生物是兩足動物，接著又認出那是一個人、一個女人、一個穿著百威T恤而且深色頭髮的胖女人，然後……天啊，梅布爾阿姨跑來撒哈拉沙漠幹嘛？你認出梅布爾阿姨的過程是漸進的：一開始的認知很籠統，然後越來越具體，最後以家人團聚畫下句點。同樣地，你認出一旁的狼獾的過程，也是漸進的（雖然只有幾毫秒），先形成籠統的概念，然後越來越具體。

研究證明，我們在辨識過程最早期、最籠統的階段，就已經有足夠訊息來判斷物體是否可怕，但訊息還不足以讓我們知道物體是什麼。一旦大腦判斷自己面對著可怕的東西，就會命令腺體分泌荷爾蒙，進入高度生理喚起狀態。這時我們會血壓上升、心跳加快、瞳孔收縮、肌肉緊繃，準備採取行動。大腦在完成所有分析，並告訴我們那是狼獾之前，就已經把我們的身體設定成隨時可以逃跑的模式，也就是完全戒備、等不及要開溜。

在不知道是什麼讓自己亢奮的狀態下，我們就可以感到亢奮。上述這個事實在我們識別自己的情緒上有重要意義。[3]例如，有個研究讓兩組年輕男性穿越一座又長又窄的吊橋，並測量他們的反應。這座吊橋是由木板和纜線組成，在北溫哥華卡皮拉諾河（Capilano River）上方約七十公尺處搖搖晃晃。[4]研究過程中，會有一名年輕女性去邀請受試者做問卷調查，並且在完成後，把自己的電話號碼給受試者，表示如果打電話來，她就會詳細解釋調查的內容。重點來了：A組是在吊橋上遇到這個女生，B組則是走完吊橋才遇到。結果，A組在幾天內打電話給那個女生的機率更高。為什麼？A組在搖晃又危險的吊橋上遇到年輕女性時，正在體驗強烈的生理喚起狀態，正常情況下，他們會認為這是害怕的反應。但因為眼前這一名有魅力的女性，所以錯誤地把自己的亢奮歸因於受到性吸引。顯然，面對陡峭河谷時的恐懼，也可能被解讀為看到一件薄紗時產生的欲望。以上清楚說明了，人類會誤判自己的感受。[5]

為什麼他能矇對答案

小說家葛林（Graham Greene）曾寫道：「恨意激發的腺體，似乎跟愛差不多。」[6]確實，研究顯示：生理喚起可以有很多種解讀方式，而且人會以自己認定的原因來解釋其生理喚起。我們的恐懼可能被誤判為欲望，憂慮可能被誤判為內疚[7]，羞愧可能被誤判為焦慮。[8]我們有時候確實不知道如何命名自己的情緒體驗，但這並不能證明我們不知道那種體驗感覺如何，不是嗎？我們或許說不出某種情緒的名稱，也不知道造成的原因，但我們還是知道那是什麼感覺，對吧？有可能我們體驗到的某種感受其實不存在嗎？哲學家丹奈特（Daniel Dennett）的看法是：

> 如果一個人接受催眠指令「你醒來時手腕**真的**會痛」，並且成功被催眠，那麼這個人的疼痛是催眠引起的，還是被誘導才**相信**自己會痛？受試者如果覺得是前者，那如果把指令換為「你醒來的時候會**相信**自己手腕痛」，而且也成功催眠了，那不就跟上個狀況一樣嗎？相信自己手痛不就是真的在痛嗎？[9]

「人會誤以為自己感到疼痛」，這個概念乍看之下很荒謬，因為要說「**感到疼痛**」跟「**相信自己感到疼痛**」不同似乎有點牽強，像是個文字遊戲。但請你先試想下列情景，再回頭想一想上述的概念：一個晴朗的週日早晨，你坐在露天咖啡座喝著一杯香濃的espresso，一邊愜意地翻閱報紙。路人悠閒地漫步經過，隔壁桌有一對年輕情侶正在卿卿我我，證明了春天不朽的美好。紅鶯鳴唱的歌聲不絕於耳，伴隨著麵包店飄來陣陣現烤可頌的酵母香味。而你正在讀的是一篇關於政治獻金改革的報導，內容很有趣，一切都很美好——直到你突然發現自己雖然看到文章的第三段，但其實在第一段的某個地方，你就被麵包香和鳥鳴給吸引，結果現在完全不知道剛才讀了什麼。你心想：「我真的讀了第二段嗎？還是只是在作夢？」於是你趕快回顧，沒錯，每一句話都很眼熟。你重讀一遍時，甚至還能記得幾分鐘前腦海裡有默念的聲音。那個聲音就像是你自己的聲音，但念到其中一、兩段時，就淹沒在春天讓人分心的美好事物了。

現在有兩個問題：一、你第一次讀第二段時，是否有體驗到它？二、如果有，你當下是否知道自己正在體驗它？這兩個問題的答案分別為「是」「不是」。你確實有體驗到第二段，所以回顧時才會覺得眼熟。如果桌上有一臺眼動儀，它會顯示你一直都在閱讀沒錯。事實上，你正在流暢地閱讀那段文字時，突然發現自己……發現自己……發現自己**怎麼了**？答案是，在沒有覺察到的情況下體驗了那段文字。現在請容我暫時放慢速度，仔細解釋一下幾個詞，以免你分心聽藍雀高唱。

「**體驗**」（experience）這個詞源自拉丁文的「**嘗試**」（experientia），而「**覺察**」（aware）則源自希臘文的「**看到**」（horan）。體驗是指參與某件事，覺察是指觀察某件事。我們在一般對話時可以交替使用這兩個詞，也不會造成太大的誤解，但它們的意涵其實不同。前者讓我們擁有參與感，後者讓我們意識到自己正在參與。前者意謂著「反映」，後者意味著「被反映的東西」。事實上，「覺察」可以視為自身經歷的其中一種體驗。[10]當兩個人在爭論狗是否具有「意識」，其中一人會將這個已經被嚴重扭曲的詞解讀成「有體驗的能力」，另一人則解讀成「有覺察的能力」。一人說「狗又不是石頭，當然有意識」，另一人則反駁「狗又不是人，當然沒有意識」。這兩種論點可能都沒錯。雖然人類永遠無法體會狗的感覺。當然狗也許真的可以體驗黃色和甜味。當狗面對一個甜甜的、黃色的東西，確實會產生一種體驗。不過，正在體驗的那隻狗當下可能不會覺察到自己正在體驗中，也不會一邊吃一邊想著：「這蛋糕真是好吃得要命。」

我們很難區分「體驗」和「覺察」，是因為兩者在多數時候都完美呼應。我們把一小塊蛋糕放進嘴裡，體驗甜美的滋味，也知道自己正在體驗那種滋味，一切似乎沒有什麼好質疑的。但是，如果「體驗」和「覺察」的關聯如此緊密，說兩者不同還會讓人覺得是無稽之談，這時你不妨倒帶一下，想像自己回到露天咖啡座，眼睛在瀏覽報紙，思緒卻正要飄到周圍的聲音和氣味的那一刻。然後再按下**播放**鍵，想像你的思緒越飄越遠、漸漸迷茫，而且再也不會回來。對，就是這樣。現在，想像你在閱讀報紙上的新聞時，你的覺察會永遠脫離你的體驗，而你永遠不會發現自己在恍神，也就是永遠不會回到最初發現自己在看報紙的那一刻。結果這時，隔壁桌那對年輕情侶終於不再晒恩愛，走過來問你政治獻金改革法案的最新進展，而你耐心解釋：「我不可能知道。只要你們兩位稍微留意一下荷爾蒙以外的東西，就一定會發現我是在愉快地聆聽春天的聲音，而**沒有在看報紙**。」

那對情侶被你的回答搞得一頭霧水，因為你說自己沒有在看報紙，但根據他們眼前的景象，你手裡的確拿著一份報紙，眼球也確實隨著紙面上的字句快速移動。那對情侶說了些悄悄話，又接吻了一次之後，決定測試你有沒有說實話：「抱歉又打擾了，但我們真的很想知道上週有幾位參議員投票支持政治獻金改革法案，你可以猜猜看是幾位嗎？」由於你都在聞可頌香味、聽鳥兒鳴唱，沒有在看報紙，所以根本不知道答案。不過，如果要讓那對奇怪的情侶少管閒事，唯一的方法就是隨便說點什麼，所以你憑空捏造了一個數字：「四十一位？」結果答案完全正確，除了你自己以外，沒有人覺得驚訝。

這簡直太奇怪了，根本不可能是真的（畢竟，四十一位參議員投票支持政治獻金改革法案的真實性很低），但這種現象是真實存在的。我們的「視覺體驗」和「對體驗的覺察」由不同的腦區負責，所以特定類型的腦損傷（具體來說，就是被稱為V1的初級視覺皮質接收區受損），只會破壞其中一個功能，導致「體驗」和「覺察」失去正常的緊密連結。舉例來說，罹患「**盲視**」（blindsight）的病人無法覺察自己看得見，而且會發自內心地說自己全盲。[11]腦造影顯示，這類病人負責「覺察視覺體驗」的腦區活動量減少，而這證實了他們自己的說法。但同樣的腦造影也顯示，負責「視覺」的腦區活動量相對正常。[12]

所以，如果我們在牆上的某個定點投射光線，並詢問盲視患者是否看得到，她會回答：「不，我當然看不見。你看旁邊的導盲犬就知道，我是盲人。」但如果請她猜測光線出現的位置（試試看，猜哪裡都可以），她「猜」對的次數會遠高於隨機值。如果所謂的「看」是指體驗到光線，並知道它出現的位置，那她的確「看得見」。但如果所謂的「盲」是指沒有覺察到自己看得見，那她的確是「盲人」。她的眼睛把「現實」這部電影投射在腦中的小螢幕，但觀眾卻還在大廳裡吃爆米花。

這種「體驗」和「覺察」之間的分離，也會造成情緒上的怪異現象。有些人似乎能敏銳地覺察自己的情緒和感受，甚至能像小說家一樣，細膩地描述每一種情緒的差異和特徵。另一些人則只具備最基本的情緒詞彙，像是：「好」「不好」「我已經告訴你了」，而這讓他們的伴侶非常惱怒。如果一個人的表達缺陷太嚴重且持續太久，甚至在美式足球賽結束後也不見好轉，就會被診斷為「述情障礙」（alexithymia）——字面上的意思是「無法用文字來描述情緒」。如果你問述情障礙患者：「有什麼感覺？」他們通常會說：「沒有。」如果問他們：「覺得如何？」他們則會說：「不知道。」唉，可惜這種疾病沒辦法用袖珍詞典或語文能力速成班來治療。因為述情障礙患者不是缺乏傳統的情緒詞彙，而是缺乏覺察自己情緒狀態的內省能力。

他們似乎**擁有**情緒，只是不知道自己有這些情緒。例如，當研究者展示一些會引發情緒的車禍和截肢照片，述情障礙患者的生理反應和一般人相同。但如果要求他們用口語描述不愉快的程度，那麼相較於一般人，他們顯然無法區分不愉快的照片與彩虹或小狗的照片有何差別。[13]一些證據顯示，述情障礙的起因是前扣帶迴皮質（anterior cingulate cortex）受損，目前已知該腦區負責調節我們對許多事物的覺察能力，包括內在狀態。[14]正如「視覺體驗」和「覺察」之間的分離造成盲視，「情緒體驗」和「覺察」之間的分離也造成我們常說的「麻木感」。顯然，人有可能不知道自己正感到快樂、悲傷、無聊或好奇。

如何知道一個人有多開心？

從前從前，有個留著落腮鬍的上帝創造了一個又小又平的地球，並且把它黏在天空的正中央，好讓人類成為萬物的中心。接著，物理學出現了，大爆炸、夸克、膜和超弦等理論讓情況變得更複雜，這些批判性分析帶來的結果是：在幾百年後的今天，多數人都不知道自己到底身在何處。同樣道理，心理學因為揭露了人在自我理解上的直覺缺陷，而引發了許多新問題。宇宙或許是幾個大維度，裡面塞了許多小維度，時間或許最後會靜止或倒退，又或許我們這種凡夫俗子沒有試著了解這一切。但我們絕對可以信賴一樣東西，那就是自己的體驗。

哲學家暨數學家笛卡兒總結道：「我們**唯**一能完全確定的東西就是自己的體驗，其他所有我們自認為知道的東西，都只是從體驗推論出來的。」但正如前面討論的，就算我們適當、準確地用「快樂」這種詞彙來表達自己的意思，還是無法確定：兩個自稱快樂的人是否擁有相同體驗；自己當下的快樂體驗和以前的快樂體驗，是否真的有所不同；自己是否真正**擁有**快樂體驗。如果科學的目的，是讓我們在自認很了解的事物上顯得尷尬又無知，那沒有比心理學更成功的學科了。

但是，「**科學**」這個詞就跟快樂一樣，對不同的人有不同的意涵，所以經常不具任何意義。我父親是著名的生物學家，他在思考了幾十年後，最近告訴我：「心理學不可能是真正的科學，因為科學一定會用到電。」顯然電擊腳踝不算「用電」。我個人對科學的定義抱持比較開放的態度，但是我、我父親和大多數的科學家都一致認同：我們如果無法測量一個東西，就不可能對它進行科學研究。當然，我們還是可以研究無法測量的東西，甚至有些人會說：研究不可量化的東西，比所有科學研究的總合還有價值。但那種研究不屬於科學，因為科學必然涉及量化。如果一個東西無法被測量（無法用時鐘、尺或其他東西加以比較），那它就不是科學能探討的對象。我們已經知道，要評估一個人的幸福快樂程度，而且要對評估的可信度和效度充滿信心，是件非常困難的事。我們可能不知道或不記得自己的感受，而就算知道或記得，科學家也永遠無法確知我們的描述是否能如實反映當時的體驗，所以也無法確知該如何解釋一個人的主張。這一切都表示：針對主觀體驗的科學研究一定困難重重。

很困難沒錯，但不是做不到。因為體驗之間的隔閡是可以銜接的，但不是靠鋼梁或高速公路，而是用一根相當結實的繩索，只要我們接受三項前提。

假如你「看」得見一個人有多幸福

第一項前提是每個木匠都知道的事：不完美的工具確實很惱人，但總好過用自己的牙齒敲釘子。主觀體驗的本質說明了，世上永遠不可能有「**情緒測量儀**」這種完美又可靠的儀器，有辦法讓觀察者極度精確地測量主觀體驗所具有的特徵，並加以記錄與比較。[15]如果要求測量工具都必須達到這種完美水準，那最好收起眼動儀、腦造影設備和色卡，把主觀體驗交給詩人去研究，畢竟他們在之前的幾千年裡都做得不錯。但這麼一來，幾乎所有的科學研究都得交給詩人，因為科學家在測量自己感興趣的事物時，使用的經線儀、溫度計、氣壓計、光譜儀等工具都不完美。每一種觀測儀器或多或少都有誤差，所以政府和大學每年都要花費巨額資金，只為了買精確一點的新儀器。

如果我們要排除所有不讓我們完美接近真理的事物，那不僅要放棄心理學和物理學，也得放棄法律、經濟學和歷史了。簡而言之，如果我們做任何事都堅持有完美的標準，那我們只能擁有數學和披頭四的《白色專輯》（*White Album*）了。所以，我們或許該接受一點模糊性，並停止抱怨。

第二項前提是：在所有測量主觀體驗的不完美的方法中，最精確的就是請當事人在專注狀態下，進行誠實又即時的自述。[16]當然，還有許多方法可以測量幸福快樂，其中一些**似乎**比自述更嚴謹、更科學、更客觀。例如：肌電圖能測量臉部肌肉產生的電訊號，像是測量讓人在不愉快時皺眉的「皺眉肌」，以及微笑時把嘴角拉向耳朵的「顴大肌」。生理回饋儀能測量膚電反應、呼吸、心跳等自主神經系統的活動，這些生理活動在我們體驗到強烈情緒時都會改變。腦電圖、正子放射斷層攝影、磁振造影能測量不同腦區的電位活動和血流量，像是人體驗到正、負向情緒時，分別會活化左、右腦的前額葉皮質。甚至連時鐘也是測量幸福快樂的有效工具，因為我們在驚喜時，眨眼的速度會比驚嚇或焦慮時慢。[17]

有些科學家偏愛「請當事人在專注狀態下，進行誠實又即時的自述」，而且常常覺得自己必須為此辯護，他們會說：這些自述報告和其他測量幸福快樂的指標高度相關，但在某種意義上，這幾位科學家搞混了。畢竟，我們之所以把這些生理反應（從肌肉收縮到腦血流量）當成幸福快樂的指標，原因只有一個：**當事人說自己當下是幸福的**。如果所有人都在顴骨肌收縮、眨眼速度減慢、左前額葉血流量增加時，宣稱自己非常憤怒或憂鬱，那我們就必須調整解讀這種生理變化的方式，把這當作不幸福快樂的指標。如果我們想知道一個人的感受，就必須先承認一件事實：只有「那一個」觀察者的說法才是關鍵。那個觀察者不一定記得過去的感受，也不一定每次都能覺察當下感受。他的描述可能會讓我們困惑、懷疑他的記憶是否可靠、擔心他的語言表達能力不如我們。不過，就算有這些焦慮和不安，我們還是必須承認：他才是**唯一可能**描述「當局者的視角」的人（即便精確描述的可能性很低）。所以他的描述是其他測量方式的黃金標準。我們在下列情況，對他的描述會更有信心：他的描述跟其他測量工具的結果一致、他評估個人體驗時是基於跟我們相同的背景、他宣稱自己有某種體驗時的生理反應，與大多數擁有同樣體驗的人相同……諸如此類。但是，就算所有幸福快樂的指標都很吻合，我們還是無法百分之百確定，我們已經掌握他真正的內心世界。不過，我們確實已經盡量接近觀察者最好的表現，這樣就**已經**夠好了。

收集越多越好的幸福樣本數

第三項前提是：不完美的測量確實是個問題，但只有在我們沒意識的時候，才會造成毀滅性的結果。假設我們不知道自己的鏡片上有一道很深的刮痕，可能會錯誤推論：「空間中出現一個小裂縫，無論我走到哪裡，它就會跟到哪裡」。但如果我們發現有刮痕，就能盡量在觀察時避開，並提醒自己：「那像是空間裂縫的東西，只是觀察儀器的瑕疵」。那麼，科學家要如何「看穿」主觀體驗的固有瑕疵？答案就在統計學家所謂的「大數法則」現象中。

很多人對「大數目」的概念都錯了，以為那就跟「小數目」一樣，只是比較大一點。這麼一來，就會預期「大數目」能做更多「小數目」所做的事，而不期待有不同功能。例如，我們知道神經元沒有意識，而是藉由軸突和樹突交換電化學訊號。這一種簡單的元件，不像無線對講機那麼複雜，而且只做一件簡單的事，那就是只要碰到化學物質，就釋放本身的化學物質。如果我們繼續天真地假設，一百億個簡單元件只能產出一百億件簡單的事，那我們永遠也想不到，數十億個神經元所表現出的特性是兩個、十個或一萬個神經元所沒有的，這種**突現特性**（emergent property）就是「意識」。造成這種現象的部分原因，是因為人腦神經元之間有極大量的連結，而這種現象不單獨存在於大腦的其他部分，也不存在於少數神經元的連結中。[18] 量子力學也給我們類似的啟發。我們都知道次原子粒子有一種奇特而迷人的能力，即可以同時出現在不同地方。如果假設這些粒子組成的一切都有這種特性，那所有的牛隻應該也會同時出現在不同的牛棚裡。這顯然是天方夜譚，因為穩定性也是極大量的極小元件互動之下的突現特性，而極小元件本身並不具備這種特性。簡而言之，「多」不只是數量變多，有時甚至跟「少」**完全不同**。

雖然我們無法完美測量主觀體驗，但這個問題能夠**以「大數」的魔力加上「機率法則」**來解決。你知道丟一枚公平的硬幣好幾次，大約有一半機率會出現正面朝上。那麼，你如果週二晚上沒什麼事，可以到哈佛廣場的一家酒吧，來找我玩一個不用動腦的遊戲。玩法是：我們來丟硬幣，我猜正面，你猜反面。每丟一次硬幣，輸的人就要付我們兩人份的啤酒錢給酒保。好，如果我們比四次，而我贏了三次，你一定會覺得自己運氣不好，然後說要改比射飛鏢。但如果我們比的是四百萬次的丟硬幣，而我贏三百萬次，你可能就會揩人來找我麻煩了。

為什麼？因為就算你連基本的機率原理都不懂，還是會有一種敏銳的直覺，知道如果丟硬幣的次數少，那只要一點點不完美的狀況（例如：一陣風吹來、手指上的一滴汗）就可能影響結果。但如果丟非常多次，那些不完美的狀況就沒有影響。丟硬幣時，也許有幾次沾到汗珠，也有幾次剛好有風吹。如果只丟四次，這便可以解釋正面朝上的次數比預期多一次。但是，這些瑕疵導致「正面朝上的次數比預期多一百萬次」的機率是多少？你直覺認為：無限小。完全正確。這種情形就跟「東西憑空消失」一樣，機率都趨近於無限小。

同樣的邏輯也適用於主觀體驗的問題。假設我們分別給兩位受試者不同的引發快樂的體驗（例如：A得到一百萬美元，B得到一把左輪手槍），然後要求他們各自描述快樂程度。突然變成暴發戶的A說自己欣喜若狂，持有武器的B說自己還算快樂（但可能不如志願軍快樂）。那麼他們是否可能有同樣的主觀體驗，只是描述的方式不同？有可能。新出爐的百萬富翁表現的也許只是禮貌，而不是喜悅。手槍的新主人也許體驗到狂喜，卻只說還可以，因為他沒多久前才在大堡礁附近跟上帝握過手。

這些問題很切題又實際。如果我們只憑這兩個人的報告，就會愚蠢地總結：披頭四唱過的那首〈快樂是把溫熱的槍〉（*Happiness is a warm gun*）好像有錯。不過，如果我們送出一百萬把手槍和一百萬個裝有巨款的信封，而且假設九〇％得到錢的人，比九〇％得到手槍的人更快樂，那我們**被口述風格影響的機率**就會變得非常小。同樣，如果有一個人說今天的香蕉奶油派比昨天的椰子奶油派更令人開心，我們當然可以合理懷疑此人對過去體驗的記憶有誤。但是，如果這種情況一次又一次發生在數百人或數千人身上，而且其中有些人先吃香蕉奶油派，有些則先吃椰子奶油派，那我們就可以合理懷疑：這兩種不同的派確實帶來不同的體驗，而且其中一種比另一種更令人愉悅。畢竟，**所有人**都誤以為香蕉奶油派比實際上好、而椰子奶油派比實際上糟的機率是多少？

針對「體驗」進行科學研究的根本問題是：如果語言壓縮假說和體驗延伸假說都沒錯，那麼，每一個人都可能用不同的描述方式來反映自身體驗。而由於主觀體驗只能藉由口述傳達給其他人，所以我們永遠無法完美地測量「體驗」的真實本質。換句話說，如果所有人在衡量自身體驗時，所採用的描述標準都略有不同，那**科學家就無法比較任意兩個人的說法**——這確實有問題，但問題不在「比較」，而在「兩個人」。兩個人太少了，如果是兩百或兩千人，不同個體使用不同標準的誤差才會抵消。

如果有一家工廠負責製造全世界的捲尺、直尺、碼尺，而他們的工人在假日喝得酩酊大醉，結果做出數百萬個刻度小有差異的測量工具，而如果你跟我兩個人去測量兩個物體，那我們就不敢說恐龍比蘿蔔大，因為我們可能會拿到工人喝醉之後做的尺。但如果幾百萬人拿著幾百萬把尺，去測量一種物體的尺寸，我們就能得出這些測量值的平均，並且確定暴龍真的比根莖類還大。畢竟，所有測量恐龍的人剛好都拿到刻度過大的尺，外加所有測量蘿蔔的人剛好都拿到刻度過小的尺——這種情形的機率會有多大？當然，這有**可能**發生，而且我們可以精準算出機率。但你不需要費力計算，因為我敢保證機率實在太小，如果要寫出來，恐怕全世界的「零」都不夠用。

這裡的重點在於，雖然「當事人在專注狀態下，進行誠實又即時的自述」無法完美反映個人的主觀體驗，但我們別無選擇。如果水果沙拉、情人，或爵士三重奏以我們的品味而言不夠完美，我們可以拒絕品嘗、拒絕接吻、拒絕聆聽。但大數法則告訴我們，如果一種測量方式對我們的標準來說不夠完美，那不但不應該停止測量，反而要不斷測量，直到細微誤差被大數據抵消。那些喜歡同時出現在不同地方的次原子粒子似乎彼此之間會抵銷，所以被我們稱之為牛、汽車和法裔加拿大人的龐大粒子集團，才會好好待在自己該待的位置。根據同樣邏輯，仔細收集大量的主觀體驗報告，就能讓每一次的測量誤差抵銷。

不論你、我或任何一個人的敘述，都不能被視為精準、完美的體驗指標，但可以確信的是，如果回答同樣問題的人夠多，答案的平均就會是一個大致準確的平均體驗指標。幸福的科學關乎機率，所以我們當然有可能得到錯誤資訊。但如果你還想賭一把，就再丟一次硬幣，然後打開錢包，叫酒保給我一瓶黑啤酒。

小結

在惱人的流行音樂史上，最惱人的其中一首歌曲的開頭是：「感受，不過只是感受。」我一聽到這句歌詞就會皺眉，覺得很像把讚美詩的歌詞改成：「耶穌，不過只是耶穌。」**不過只是**感受！還有什麼東西能比感受更重要？當然，你可能會想到**戰爭**與**和平**，但除了那兩者能帶來的感受之外，還有別的原因增加了它們的重要性嗎？如果戰爭不會造成痛苦和傷悲，如果和平不會帶來精神與肉體上的喜悅，那還有什麼意義？戰爭、和平、藝術、金錢、婚姻、誕生、死亡、疾病、宗教——這幾個意義重大的主題，讓我們付出了無數鮮血與墨水。而它們之所以重大，只有一個原因：引發人類強烈的情感。如果這幾個主題不會讓我們振奮、拚命、感激或絕望，我們就不會浪費無數鮮血與墨水。正如柏拉圖的提問：「這些東西的好，除了帶來愉悅、擺脫及避免痛苦，是否還有別的原因？當你說它們好，除了愉悅和痛苦，是否還有別的判斷標準？」[19]

事實上，感受不但重要，更是衡量重要與否的**依據**。任何生物只要被燙傷會痛，吃東西會開心，就會認為「燒傷」是**壞**事，「吃」是**好**事，而沒有消化道的生物則會覺得這種看法很武斷。幾世紀以來，道德哲學家一直努力想找到定義**好**與**壞**的其他方法，但沒有一個能說服大家（包括我）。除非我們能說出一個東西「好」的**原因**，否則就不能說它好。如果我們檢視所有人類所謂好的事物和體驗，並探究為什麼這些東西「好」，答案就會很清楚：因為整體來說，這些東西讓我們感到幸福快樂。

既然感受很重要，所以如果能準確描述感受，並用正確的方式測量，那就太好了。但正如先前的討論，我們在測量感受時，無法用科學家所期待的那種準確度。雖然至今發展出來的科學方法和工具，都無法非常精準地測量一個人的感受，但我們至少可以在黑暗中跌跌撞撞地拿著酒醉工人製作的尺，一次又一次地測量幾十個人的感受。我們面臨了一個非常困難、非常重要而且不能忽視的問題：為什麼我們總是不知道要如何讓未來的自己幸福？科學針對這個問題提出了一些有趣的答案。既然我們已經有了初步認識，也大致知道解決的方法，接下來將進一步探討。

第三部

眼見不一定為憑

現實主義（realism）認為，我們腦海中的一切事物都符合現實。但科學家發現，大腦其實是最高明的魔術師，而且讓我們深信不疑……

第4章

思考得越深，就越失真

「想像能以某種形式體現未知的事物，詩人的筆再將它們化為具體的形象，賦予虛無的東西一個居處和名字。」

——莎士比亞，《仲夏夜之夢》（*A Midsummer Night's Dream*）

我們可以肯定，費雪（Adolph Fischer）並沒有發起那場暴亂，他也不是煽動者。事實上，警察遇害的當天晚上，他根本不在現場。但費雪所屬的工會阻擋了十九世紀末芝加哥有權有勢的企業家，不再讓男人、女人和小孩被血汗工廠壓榨。所以這個工會需要被教訓。費雪接受了審判，又因為證人被收買且作了偽證，費雪於是被冠上莫須有的罪名，最後判處死刑。一八八七年十一月十一日，費雪站在絞刑架上，留下一句震驚世人的遺言：「這是我一生中最幸福的時刻。」幾秒鐘後，他腳下的活板門開啟，繩子立刻絞緊脖子，奪走他的生命。[1]

值得慶幸的是，費雪為美國勞工階級爭取權益的精神並沒有輕易被消滅。在他被絞死的一年後，有個優秀的年輕人伊士曼（George Eastman）改良了乾式攝影技術，推出革命性的柯達相機，並在短時間內成為全世界最富有的人之一。接下來的幾十年裡，伊士曼更發展出一套創新的管理哲學，他縮短員工的工作時數，並提供殘障福利、退休金、人壽保險、利潤分紅，最後還把公司三分之一的股票分給員工。一九三二年三月十四日，這位受人愛戴的發明家暨人道主義者坐在辦公桌前，寫了一張字條，一絲不苟地蓋上筆蓋，抽了一根菸，然後就令人震驚地自殺了。[2]

費雪和伊士曼形成了一個有趣的對比。這兩人都認為勞工有權利獲得適當的薪資與工作條件，也都是工業時代早期的社會改革先行者。費雪最後完全失敗，在窮困、聲名狼藉的處境下以罪犯的身分死去。伊士曼則極度成功，在富裕、受人尊敬的情況下以勝者的姿態結束生命。那麼，**為何一事無成的窮人在被處死時滿心歡喜，而成就非凡的富人卻渴望結束自己的生命**？這兩個人在各自的處境下，反應似乎過於矛盾，而且完全顛倒了，讓人誤以為他們只是誇大其辭或精神異常。費雪在悲慘人生的最後一天顯然很開心，伊士曼在圓滿人生的最後一天顯然不快樂。而我們看得清楚，知道如果是自己面對那兩種情境，一定會體驗到完全相反的情緒。這兩個人到底怎麼了？請各位先想想有沒有這種可能：他們沒有問題，有問題的**是**你跟我。因為我們在試圖想像「在那種處境下的感受」，就會犯下系統性的錯誤。

想像「在那種處境下的感受」聽起來像愚蠢的白日夢，但事實上，這是我們能力所及最重要的心智活動之一，而且我們每天都這麼做。我們必須決定跟誰結婚、去哪工作、什麼時候生小孩、退休之後要去哪裡，而這些決定很大程度都是基於這個信念：如果發生〇〇〇、沒發生〇〇〇，我們會感覺如何？[3]。

人生不會總是照自己的期望或計畫前進，但我們深信只要心想事成，就會永遠幸福，而所有悲傷都會煙消雲散。或許我們不一定能得到自己想要的東西，但可以確定的是，我們一開始就知道自己要什麼。我們知道幸福快樂的來源是高爾夫球場，而不是工廠的生產線；是跟麗娜在一起，而不是跟麗莎；是當陶藝家，而不是水電工；是亞特蘭大，而不是阿富汗。

我們之所以知道這些，是因為我們能展望未來，模擬一個不存在的世界。每當我們需要**做決定時**（像是：要動膝蓋手術，還是先試試物理治療？），**就會想像這些選擇所帶來的未來，進而想像自己的感受**（如果手術不成功，我一定會後悔沒有先試試物理治療）。

而我們不難想像：財星五百強企業的執行長一定會比絞刑犯快樂。因為我們是會設想未來的靈長類，不需要實際經歷費雪或伊士曼的生活，就能體會那種感受。

但問題是：當事人似乎不同意我們的說法。費雪說自己很幸福，伊士曼的行為也不像快樂的人。所以，除非那兩個人搞不清楚他們生活的感受，不然我們應該想想，有沒有可能錯的是我們，我們在想像自己面對費雪或伊士曼的處境時，就會莫名其妙地被想像力誤導。我們也必須考量這種可能性：看起來比較好的生活實際上可能比較糟，當我們想像**自己**在那個時空中，其實不見得能判斷出哪一種生活比較好。我們不得不思考，當我們設身處地站在別人的角度想像時，可能會犯下根本的錯誤，導致自己選擇錯誤的未來。

這種「根本的錯誤」可能是什麼？想像力是個強大的工具，能讓人「憑空」變出各種場景，但所有工具都有一些缺點。本章和下一章將討論其中第一個缺點。要了解「想像力」（預見未來）的缺點，最好的方法就是了解「記憶」（回顧過去）和「感知」（看見現況）的缺點。各位會發現，讓我們記錯過去和誤解現況的原因，恰好就是讓我們錯誤地想像未來的原因。這個缺點源自大腦無時無刻都在玩的小把戲，就讓我來揭開大腦這個不可告人的小祕密。

從口袋掏出一隻羊

馬克思兄弟（Marx Brothers）早期的電影中，常常會出現一個精彩場景：天真單純的小丑把手伸進寬鬆的風衣裡，掏出一把高音小號、一杯熱騰騰的咖啡、一個洗手檯或一隻羊。大多數的人過了三歲，就知道大的物品沒辦法放到小的物品裡面，所以從口袋裡掏出衛浴設備或家畜，就產生了違反常識的喜劇效果。一把小號怎麼能塞進風衣？幾個逗趣的小丑怎麼能擠進一輛小汽車？魔術師的助理怎麼能躲進那個小盒子？當然不可能，而且我們也知道事實，所以才會被刻意製造的錯覺逗得哈哈大笑。

大腦做不到誠實

人腦也會產生類似的錯覺。如果你有試過把最喜歡的一整季影集都存在硬碟，那你一定會知道，想完整記錄世界上的事物需要非常大量的空間。但是人腦拍下數百萬張照片、記錄數百萬種聲音，更為這些資料加上氣味、口味、質地、三度空間、時間序列和不間斷的評論，而且日復一日、年復一年不停進行。**大腦把世界萬物的表徵儲存在一個記憶庫中**，這個記憶庫似乎永遠都有足夠空間，還能讓我們突然想起六年級可怕的一天。那時你嘲笑約翰的牙套，他撂狠話說下課要揍你。人類是怎麼把如此龐大的個人體驗塞進兩耳之間那個小小的儲存空間？跟小丑一樣：耍花招。正如前幾章所提，詳細的個人體驗並不是如實地儲存在記憶庫——至少不是完整儲存。

相反地，那些**體驗會先被壓縮成幾個關鍵線索**，例如一個簡短的結論（晚餐真讓人失望）或者多個關鍵特徵（牛排太老、酒有瓶塞味、服務生很粗魯），接著**才被儲存**。當我們日後要回憶某個體驗，大腦就會立刻重新編織出一幅畫面，編造出大量訊息（而不是真正提取），進而形成所謂的記憶。[4]這種「編造」發生得非常迅速且毫不費力，所以我們就像是觀看魔術的觀眾，也產生了錯覺，以為整件事一直完整地儲存在腦海中。

但事實並非如此，而且這已經被一再證明。舉例來說，一項研究給兩組受試者看一系列投影片：一輛紅色汽車正駛向「讓路標誌」，並且在向右轉的時候撞倒了一個路人。[5]投影片播放完之後，研究人員沒有問A組問題，而向B組提問：「紅色汽車停在『停車標誌』前面時，有沒有其他車要超車？」接下來，兩組受試者都會看到兩張照片，第一張是紅色汽車正駛向「讓路標誌」，第二張則是紅色汽車正駛向「停車標誌」，然後，受試者必須指出剛才實際出現的是哪一張照片。如果受試者是把個人體驗如實儲存在記憶中，就應該會選第一張照片。結果，A組有超過九〇%的人都選第一張，B組卻有九〇%的人選第二張。顯然，研究人員的問題改變了受試者不久前對於該體驗的記憶。如果大腦是**重新編造**了這一段體驗，那結果並不讓人意外；但如果大腦是提取舊體驗，那結果就不符合預期了。

事件發生之後獲得的訊息，會改變當事人對該事件的記憶。上述這個普遍的現象已經在不同實驗室和真實情境中重複驗證，並且使多數科學家都相信兩件事。[6]第一：「記憶」這個舉動包括「填補」實際上沒有儲存的細節。第二：這種「填補」是在無意識中迅速發生，所以我們通常不會發現。[7]事實上，這種現象之強大，就算我們已經知道會被騙，它還是會發生。例如，請你閱讀圖4-1的字詞，看完之後馬上用手遮住它們，然後你就會被我耍了。

床
休息
清醒
疲勞
夢
醒來
打盹
毯子
打瞌睡
熟睡
小睡
平靜
打哈欠
昏睡

圖4-1：記憶「填補」測試

現在我要來變魔術了。以下哪一個字詞沒有出現在剛才的列表中：「床」「打瞌睡」「睡眠」或「汽油」？答案顯然是「汽油」。但還有另一個答案：「睡眠」。不信的話，請你把手移開頁面確認一下。如果你跟大多數人一樣，那你會知道「汽油」不在列表中，卻誤以為看過「睡眠」這個詞。[8]因為列表的字詞有高度關聯性，所以大腦是儲存你讀過的「要旨」（一堆跟睡眠有關的字詞），而不是把所有字詞都儲存下來。在正常情況下，這是一種聰明且省力的記憶策略。「要旨」會下令讓大腦重新編造個人體驗，並讓人「**記得**」自己讀過眼前的字詞。但在前面的例子裡，你的大腦卻被騙了，因為那個「要旨」本身（最關鍵、核心的字詞）實際上沒有出現。當你的大腦重新編造你的體驗，便錯誤地納入那一個「要旨」所暗示、卻沒有真正出現的字詞（就像前述研究中的受試者，由於受到問題暗示，結果誤將沒有出現在投影片的「停車標誌」納入記憶）。

研究者用數十組不同的字詞列表重複了數十次上述的實驗，揭示了兩項驚人的發現：第一、受試者認為自己確實看過那個要旨字詞，並堅信它有出現在列表，而不只是認為自己隱約記得或疑似看過。[9]第二、就算事先提醒，還是會有這種現象。[10]就算你知道研究人員要耍小把戲，讓你以為自己看過某個詞，你仍然會有錯誤的記憶。

甘願受騙的當事人

我們對過去的記憶充斥著這種強大且無法被察覺的「填補」，而且，我們對當下事物也是如此。如果你在一個閒閒沒事的週二決定解剖自己的眼球，那你會發現視網膜的後方有一個小點，視神經就是在這邊離開眼睛並進入大腦。如果物體的影像落在連結視神經的那個小點上，就無法在大腦成像，那個小點因此被稱為**盲點**（blind spot）。盲點上沒有感光細胞，所以任何人都無法看到盲點上的物體影像。當然，如果你望向客廳，發現你姐夫坐在沙發上猛吃起司醬，這時你卻不會在那幅流暢的畫面中看到有黑點。為什麼？因為你的大腦利用盲點周圍的訊息，來合理推測「如果盲點不盲，那我會看到什麼」，並據此填補畫面。沒錯，大腦不但發明、創造，還會編造東西！而且沒有徵詢你的意見，也沒有取得你的同意。它只是盡量猜測缺少的那塊訊息是什麼，然後不斷填補畫面。所以你眼中猛吃起司醬的姐夫，一部分來自他真實的臉反射的真實光線，一部分來自你大腦編造的畫面，而兩者對你來說一模一樣。

為了讓你相信，請你閉上左眼，只用右眼盯著圖4-2的魔術師，然後慢慢把書朝自己的臉移動。請繼續盯著魔術師，同時留意地球，它進入你的盲點時似乎消失了。你會看到原本地球的位置突然變成一片空白，因為你的大腦看到地球周圍都是白色，所以錯誤地假設在你盲點上的影像也是白色。如果你繼續把書朝自己的臉靠近，又會再次看到地球。當然，最後你的鼻子會碰到那隻兔子，這下你看起來超奇怪的。

大腦這種填補的把戲不只局限於視覺世界。曾經有研究者錄下：「The state governors met with their respective legislatures convening in the capital city——各州州長在首府會見立法機構成員」這句話，並在錄音檔上動手腳，把「立法機構」（legislatures）的第一個「s」換成咳嗽聲。[11]結果，受試者有聽到咳嗽聲沒錯，卻認為咳嗽聲是出現在單字**之間**，因為他們還是有聽到被換掉的那個「s」。就算告訴受試者要仔細聽那個消失的音，而且嘗試數千次，受試者卻還是聽不出來有任何字母被省略。這是因為他們的**大腦知道哪裡有缺漏，於是幫忙補上**

圖 4-2：如果只用右眼盯著魔術師，然後慢慢把書朝自己的鼻子移動，地球就會消失在你的盲點。

去了。[12]

另一項研究更引人注意，研究者在「eel」前面加上咳嗽聲（以*表示）。當這個組合音出現在不同的句子時，受試者會聽成不同的單字。例如「The *eel was on the orange —*eel 在橘子上」，受試者會聽成「peel—果皮」。如果是「The *eel was on the shoe —*eel 在鞋子上」，受試者則會聽成「heel—腳跟」。[13] 這是一個驚人的發現，因為那兩句話其實只有一個單字不同，這表示受試者的大腦必須聽到句子的最後一個單字，才能填補第二個單字缺少的訊息，但大腦還是做到了，而且非常流暢又迅速，讓受試者以為自己確實聽到了那個單字。

這類實驗給了我們一張後臺通行證，得以看到大腦如何進行這些神奇的魔術。當然，如果你跑到魔術表演的後臺查看所有的電線、鏡子、活門，然後再回到座位觀賞，那場表演就毀了。畢竟，人一旦破解了魔術的手法，就不會再上當了，對吧？但如果你再試一次圖4-2的小把戲，就會發現，雖然你在前幾頁獲得了對視覺盲點的科學解釋，但那套戲法還是管用。事實上，無論你擁有多少光學知識，或是花多少時間把臉湊近那隻兔子，那個小把戲永遠都不會失效。怎麼可能？因為，事情不見得都是表面上那樣。接下來我要試著說服各位：你就是會忍不住相信，事情就是表面上那樣。

編碼錯誤的厲害機器

除非你沒有童年，直接從吃紅蘿蔔泥的階段跳到繳貸款的年紀，否則應該記得《綠野仙蹤》（*The Wonderful Wizard of Oz*）這一幕：桃樂絲和夥伴們在偉大又恐怖的奧茲國王面前嚇得縮成一團，國王那飄浮在半空的巨頭看起來很有威脅性。小狗托托突然衝出去，撞倒了房間角落的一扇隔板，於是大家發現隔板後方有個矮小的男人正操縱著一臺機器。桃樂絲一行人都驚訝不已，稻草人更指責那個矮小的男人是個騙子。

「沒錯！我是個騙子。」矮小的男人大聲地說，還一邊搓著雙手，彷彿這讓他很高興。

桃樂絲問：「難道沒有人發現你是騙子嗎？」

奧茲回答：「除了你們四個，還有我自己，沒有人知道。我戲弄了大家這麼久，還以為永遠不會被發現。」

桃樂絲困惑地說：「但我不明白，你是怎麼變成一個巨頭、出現在大家面前的？」

奧茲：「那是我的把戲之一。」

桃樂絲：「我認為你是個非常壞的人。」

奧茲：「噢，不，親愛的，我是個非常好的人，但我是個非常差勁的巫師。」[14]

人眼中的「事實」是心理作用的結果

在十八世紀末，哲學家們跟桃樂絲一樣，有了大開眼界的體驗，並且（有點不情願地）總結：人腦是一個非常好的器官，卻是個非常差勁的巫師。在此之前，哲學家普遍認為「感覺」（sense）是一種通道，世界萬物的特徵訊息就是藉由這個通道傳送到大腦。大腦就像一個能重播世界萬物的電影銀幕，但運作過程偶爾會出錯，所以我們有時看不到事物真實的樣貌。哲學家還認為，當「感覺」正常運作，它就能如實反映外在世界。一六九〇年，哲學家洛克（John Locke）首度描述了這種「現實主義」：

> 當我們的感覺確實把任何概念傳遞給我們的認知，我們不得不承認，的確有某種東西存在於我們之外，它影響著我們的感覺，並藉由那些感覺傳遞其訊息給我們的認知功能，並實際產生隨後我們會感知到的想法。到目前為止，我們仍無法懷疑感覺的證詞，也無法懷疑用感覺觀察到的這些共同簡單概念，是否真的同時存在。[15]

換句話說，大腦是真的相信，而不是假裝相信。當人看到飄浮在半空的巨頭，那是因為巨頭確實飄浮在他的視野中。對於具有心理學悟性的哲學家來說，唯一的問題是：大腦如何做到「忠實反映」這件了不起的事。但在一七八一年，隱世獨居的德國教授康德突然站出來，推倒了房間角落的一扇隔板，揭發大腦是個最高明的騙子。他提出**理想主義**（idealism），並宣稱人的感知並非一種生理過程的結果，意即眼睛以某種方式將世界的影像傳送到大腦。反之，感知是一種心理過程的結果，它結合了人的眼睛所看到的東西，以及此人的想法、感受、理解、渴望和信念，然後**利用這種感覺訊息和既有知識的結合**，**建構出對現實的感知**。康德說過：「『理解』不能形成直覺，『感覺』不能思考，唯有結合這兩者才能產生知識。」[16] 歷史學家杜蘭（Will Durant）則是精闢地以一句話總結康德的觀點：「我們認識的世界是一棟建築物、一個作品，甚至幾乎可說是一件人造物，心智為它塑造了形式，外在事物為它提供了刺激，這兩者的貢獻一樣多。」[17]

康德認為，**構成**一個人對於飄浮在半空的巨頭的感知，包括此人對於這個物體的知識、記憶、信念和需求，有時（但並非總是）也包括該物體本身的真實存在。知覺是畫像而不是照片，其形式展現出畫家的手法，就像畫家的手法反映了他所描繪的事物。

康德的理論帶來了啟發。在後來的幾個世紀裡，心理學家延伸該理論且認為：每個人認識世界的過程，大致上跟哲學的發展過程差不多。在一九二〇年代，心理學家皮亞傑（Jean Piaget）注意到：兒童通常無法區分自己對物體的感知與該物體的實際特徵，所以會以為事物就是表面上的樣子，而且以為別人也會看到自己看到的東西。當一個兩歲大的幼兒看到同伴離開房間，然後看到一個大人從罐子裡拿出一塊餅乾並藏在抽屜裡，她會預期同伴等一下會在抽屜裡找餅乾。就算大人把餅乾從罐子裡移到抽屜時，她的同伴並不在現場。[18]為什麼？因為兩歲的幼兒知道餅乾放在哪裡，所以認為其他人也知道這件事。

兒童無法區分「**客觀世界裡的事物**」和「**自己腦海中的事物**」，所以無法理解不同的腦袋會裝下不同的東西。隨著年齡增長，兒童會從現實主義者轉變成理想主義者，並意識到感知只是一種觀點，眼見不一定為真，所以兩個人對於同一個事物可能有著不同的感知或信念。皮亞傑的結論是：「兒童在思想上是個現實主義者」，而且「兒童的發展在於擺脫最原始的現實主義」。[19]換句話說，一般人跟哲學家一樣，起初是個現實主義者，但很快就會進展到更高的層次。

被潤色的現實主義

不過，人雖然擺脫了現實主義，卻還是沒有離它太遠。研究顯示，成人在某些情況下也會表現得像個現實主義者。例如，一項研究讓兩個成人受試者分別坐在一組格架的正面和背面，如圖4-3所示。[20]有些格子裡有一些常見的東西，其中有些兩面打通，所以兩邊的受試者都可以清楚看到大卡車和中卡車等物件。但其中有些格子封起背面（圖中淺色背板），只有正面的受試者可以看到小卡車等物件，坐在背面的受試者則看不到。兩位受試者要進行一項遊戲：視線被擋住的受試者（指揮官）要引導視線清楚的受試者（搬運工）把某一個物件移動到特定位置。現在，當指揮官說「把小卡車移到最下面一排」，會發生什麼事？如果搬運工是理想主義者，就會移動中卡車，因為他會發現指揮官根本沒看見小卡車，所以一定是中卡車。不過，如果搬運工是現實主義者，就會移動小卡車，而忽略一件事：指揮官不像自己能看到小卡車，所以下的指令不可能是那一輛小卡車。那麼，搬運工到底移動了哪一輛？

當然是中卡車。難道你覺得他們很蠢嗎？那些受試者都是正常的成人，有著完整的大腦、穩定的工作、銀行帳戶、良好的餐桌禮儀等，一切都很正常。他們知道指揮官的視角跟自己不同，所以聽到「把小卡車移到最下面一排」，就知道意思一定是中卡車。不過，雖然這些大腦完整的正常成人**表現得**像是完美的理想主義者，但他們的手卻只透露一半的訊息。

研究者不只觀察搬運工的手如何移動，還使用眼動儀測量眼球的移動。眼動儀顯示，當搬運工一聽到「把小卡車移到——」，就立刻看一眼最小的卡車。但這**不是**指揮官眼中最小的那輛中卡車，而是搬運工眼中最小的。換句話說，搬運工的大腦一開始是從自己的視角，認為「小卡車」

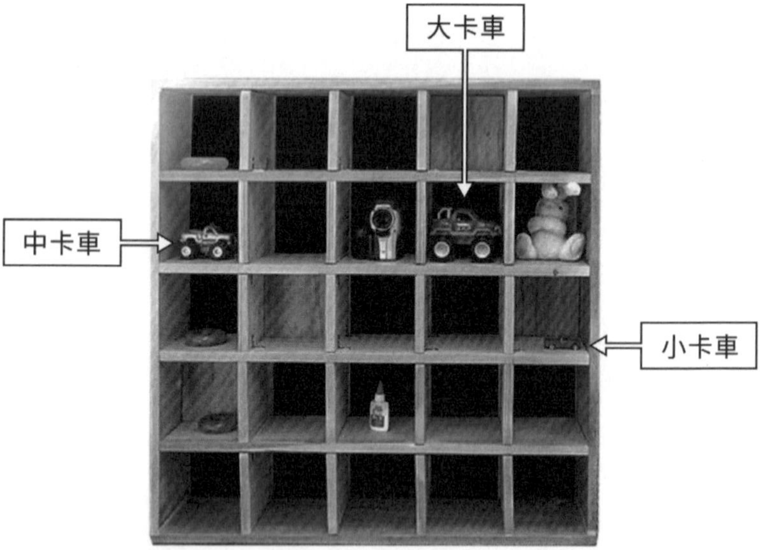

圖4-3：搬運工坐在格架的正面，可以看到大卡車、中卡車、小卡車，但坐在對面的指揮官看不到小卡車。那麼，當指揮官說：「把小卡車移到最下面一排」，搬運工會怎麼做？（資料來源：照片由Carey Morewedge教授提供。）

指的就是最小的那輛卡車，還沒有考量到指揮官的視角跟自己不同。搬運工的大腦短暫閃過「移動小卡車」的念頭之後，才考量到指揮官的視角不同，所以他一定是指中卡車，然後搬運工的大腦才命令手去移動正確的卡車。手表現得像個理想主義者，眼睛卻洩露了，大腦有一瞬間是個現實主義者。

這類實驗顯示，**與其說我們擺脫了現實主義，不如說我們學會用智慧戰勝它**。而且就算是成人，得到的「感知」在最初那一瞬間仍帶有現實主義的色彩。[21]這麼看來，我們會自動假設，自己對某事物的主觀體驗忠實地反映了該事物的本質，過了一陣子之後，假如時間、心力、能力許可，我們才會開始否定原先的假設，並考量到現實世界可能不是自己看到的那樣。[22]

皮亞傑認為現實主義是「一種自動化、直覺性的**傾向**，**把符號和其所指稱的事物混為一談**。」[23]研究也顯示，我們一輩子都會自動且立刻把「個人對事物的主觀感受」和「該事物的客觀特徵」畫上等號。這種傾向不會永遠消失，也不會偶爾消失，而是瞬間短暫出現，然後就迅速消散。無論如何，現實主義一直都是我們感知世界的第一步。我們相信自己所看到的東西，而在必要時提出質疑。

這一切都代表心理學家米勒（George Miller）說的沒錯：「現實世界就是大腦最聰明的

成就。」[24]我們兩耳之間那團重約一・六公斤的肉塊並非簡單的錄影設備，而是非常聰明的電腦，它能夠收集訊息、做出精明的判斷，甚至是更機靈的猜測，為我們提供了事物本質的最佳詮釋。這些詮釋通常都很棒，而且十分神似真實世界，以致於我們沒有察覺，**自己眼中的世界只是一種詮釋**。我們以為自己舒服地坐在腦袋裡，透過眼睛的透明擋風玻璃看見世界的真實樣貌。我們常常忘記大腦是偽造高手，編造了記憶與感知，而且每個細節都很用心，很少讓人發現它的不真實。在某種意義上，我們每一個人都在造假。我們印製假鈔，然後開心地拿去消費，卻渾然不知自己在一場精心策畫的騙局中。各位將看到，我們有時會因為忽略這個根本的事實，而付出高昂代價。當我們一時輕忽大腦填補的把戲，並不假思索地相信自己的記憶和感知的時候——這時所犯的錯誤，也是我們在想像未來時會犯的錯。

我們每天有兩小時活在明天

約翰・藍儂要我們「想像國家不存在」，而且他很快又補了一句「這不難做到」。的確，「想像」通常毫不費力。當你想著那塊午餐要吃的煙燻牛肉三明治，或想著那件老媽發誓她上週就寄給你的新法蘭絨睡衣，我們並不需要暫停手邊的事、騰出空檔、捲起袖子，認真地想像三明治和睡衣的畫面。相反地，我們只要稍微想到那些事，大腦就會輕鬆地根據自己對熟食店、午餐、包裹和媽媽的了解，建構出心像（mental image），像是熱騰騰的煙燻牛肉、黑麥麵包、格紋連身睡衣，而這就是我們的體驗和想像力的產物。這些心像如同記憶和感知一般，瞬間就進入意識的既定事實中。想像力能輕而易舉地給我們這項服務，我們應該心存感激。但我們不會有意識地監督大腦如何建構心像，所以總是把心像當成某種記憶和感知，也就是說，**我們會先假設心像精準地呈現了自己所想像的事物。**

例如，現在請你想像一盤義大利麵，然後說說看明天晚餐吃義大利麵時會有多開心。好，接下來請注意兩件事。第一：這很簡單。你可以整天想像義大利麵而不用流半滴汗，交給大腦辛苦建構那幅畫面就好，你可以穿著新睡衣四處閒晃。第二：你想像的義大利麵，比我詢問你意見時所指的義大利麵還要豐富得多。你可能想像著從罐頭倒出濃稠的糊狀物，或是淋上滑順的波隆那肉醬佐新鮮羅勒、迷迭香。醬汁也可能用番茄、奶油、蛤蜊，甚至葡萄醬。麵條可能堆在兩顆傳統肉丸下面，或鋪上幾片鴨腸，再灑一些酸豆和松子。你也可能想像自己站在廚房的流理檯前吃義大利麵，一邊看報紙、一邊喝可樂，或是在你最愛的餐酒館，服務生特別帶你到一張靠近壁爐的小桌子，並為你斟上一杯醇厚的一九九〇年巴羅洛紅酒當餐前酒。

不論你腦海中的畫面是什麼，我敢打賭，當我提到「義大利麵」，你肯定不會連一根麵條都沒想到，就一心想先跟我確認白醬還是茄汁、用餐環境如何等細節。相反地，你的大腦像是寫實畫家，奉命把一幅粗略的素描變成五顏六色的油畫，填補了我沒提到的所有細節，給你一盤符合想像的豐盛義大利麵。而當你評估自己享用這份未來義大利麵的開心程度，你對這個心像的反應就跟對某些記憶和感知的反應一樣，彷彿你想像的東西本來就有那些細節，而不是大腦編造出來的。

這麼一來，你就犯了一個大錯，而且可能會讓未來吃義大利麵的你後悔。[25]「明天晚餐吃義大利麵」這句話描述的並不是單一事件，而是一系列事件。而你想像的只是其中一個事件，卻讓它影響了你預期的開心程度。事實上，還不知道會吃哪一盤義大利麵就預測自己是否喜歡，就像還不知道會買哪一輛車（法拉利或雪佛蘭？）就預測自己買車的預算；或還不知道另一半會有什麼成就（獲得諾貝爾獎，或找到全市中心最好的離婚律師？）就預測自己替對方驕傲的程度；還不知道哪一個親人會過世（親愛的老爸，或麗莎表姐那邊隔兩代的古怪表舅公謝爾曼？）就預測自己對親人過世的難過程度。

義大利麵有無數種變化，而你想像的特定類型絕對會影響你對該體驗的期望。我們在預測對想像中的事件會有什麼反應時，所有細節都很重要，但這些重要細節仍是未知數，所以明智的做法應該是：不去預測自己吃義大利麵的開心程度，或者至少保守地加個前提，例如「如果義大利麵有嚼勁而且配上煙燻番茄醬，那我應該會很滿意」。

但我敢打賭，你既沒有停止預測，也沒有加個前提，而且想像出義大利麵的速度比穿溜冰鞋的柏亞迪主廚[1]更快，然後很有自信地預測自己跟那盤食物之間的關係。如果你沒有這麼做，恭喜你獲得一面獎牌。但如果你這麼做了，要知道你並不孤單。研究顯示，人類預測自己對未來事件的反應，經常會忽略大腦已經施展了「填補」的把戲，因為這是想像的必經步驟。[26]例如，一項研究要求兩組受試者預測自己在各種情況下的反應，像是願意花多少時間接受電話問卷調查、願意花多少錢在舊金山的餐館慶祝特別的日子等。[27]

另外，受試者也回報自己對每一項預測準度的信心程度。在預測之前，A組受試者必須描述想像中的未來事件的所有細節（我想像自己在知名法式餐廳吃紅酒燉牛小排，搭配烤蔬菜和巴西里醬），並且被告知必須假設這些細節都完全正確。B組則不需要描述細節，也不需要任何假設。結果顯示，A組和B組都對自己的預測準度很有信心。為什麼？

1 Chef Boyardee，一種罐裝即食義大利麵的品牌。

因為在被問到關於**晚餐**的問題時，B組很快就不自覺地產生一家特定餐館、特定餐點的心像，並且假設這些細節都是正確的，而非憑空捏造。

我們常常會發現自己陷入同樣的困境。另一半找我們去參加下週五晚上的派對，我們的大腦立刻產生一幅畫面：雞尾酒會辦在市中心一家飯店頂樓，裡面的服務生繫著黑色領結、端著盛有開胃小菜的銀色托盤，穿過一個有點不耐煩的豎琴手旁邊。而對於這個想像事件，我們預測自己的反應是猛打哈欠，還會創下兩種新紀錄：打一次哈欠的時間和下巴的延展度。但我們通常不會想到派對其實各式各樣（慶生會、畫廊開幕、明星派對、遊艇派對、辦公室派對、狂歡派對、葬禮派對），也不會想到自己對每一種派對的反應都不同。於是我們告訴另一半自己不想去，但另一半肯定會把我們拖去，結果我們卻享受了一段非常美好的時光。為什麼？因為派對上沒有古典音樂和蘇打餅乾，而是廉價啤酒和洋芋圈餅乾，這正合我們的胃口，而我們也喜歡上原本預期會討厭的東西，因為我們的預期是基於一幅詳細的圖像，這一幅圖像反映了大腦的最佳猜測，而在這個例子中，大腦的猜測卻錯得離譜。重點在於，我們通常是站在心像的盲點上想像未來，而這種傾向會導致自己對未來事件產生錯誤的想像，進而影響自己衡量未來事件的情緒後果。

這種傾向不只發生在預測派對、餐廳和義大利麵等日常事物。舉例來說，大多數人都不會懷疑自己比較想當有錢的伊士曼，而不是被吊死的費雪。除非我們停下來想一想，大腦是如何迅速、直接地填補這兩人生活與死亡的細節，也想一想那些編造出來的細節如何影響自己的判斷。請思考下面兩則故事，那是你的大腦在本章開頭絕對不會為你補充的細節。

假設你是一個年輕的德國移民，生活在十九世紀骯髒、擁擠的芝加哥。當時少數幾個富有的家族壟斷了各自的產業，例如阿莫斯家族（Armours）、麥考密克家族（McCormicks）、斯威夫特家族（Swifts）、菲爾德家族（Fields），而且他們有權利把你及你的家人當成機器和馬匹。你投入時間去一家小報社工作，那家報紙的社論呼籲著社會正義。但你不是傻瓜，你知道那些文章不會改變任何事。工廠會繼續運作，不斷生產紙張、豬肉、牽引機，並吐出那些疲憊的工人，他們的血汗為工廠的機器引擎提供了燃料。歡迎來到美國，你對這裡來說可有可無，微不足道。有一天晚上，一些工人和警察在乾草廣場（Haymarket Square）發生衝突。雖然警察被投擲炸彈時，你不在場，但你和其他「叛亂領袖」還是被圍捕，並且被指控策畫這場暴亂。你的名字突然出現在各大報頭版，而同時你有機會把自己的意見傳達到全美各地。當法官根據偽證判你死刑，你意識到這可恥的一刻將永遠被記載在史冊，你會被稱為「乾草市場烈士」，你的死，將為你追求卻無法推動的改革鋪路。

幾十年後，美國會變得更好，美國人民也會敬佩你的犧牲。你沒有虔誠的宗教信仰，卻不禁想起十字架上的耶穌，他受到不實的指控、不公正的判決，並且被殘忍地處死，但他獻出自己的生命，讓偉大的想法得以在未來幾個世紀裡流傳。在你準備赴死之際，你當然會害怕。但在某種深刻的意義上，這一刻是突如其來的好運、夢想的顛峰，你甚至可能會說，這是你一生最幸福的時刻。

現在請切換到第二個故事。場景是在一九三二年的紐約羅徹斯特城（Rochester），當時正值美國經濟大蕭條。你是個七十七歲的老人，一生都在打造自己的企業、提升科技，並用你的財富資助圖書館、交響樂團、大學、牙科診所，藉此改善數百萬人的生活。在你漫長的一生中，最快樂的時光就是研究相機、逛歐洲的藝術博物館、釣魚、打獵，或在北卡羅萊納州的住所做木工。但脊椎疾病讓你漸漸無法享受原本的積極生活，你躺在床上的每一天，對曾經充滿活力的你來說，都是殘酷的嘲諷。你不可能變回年輕時的自己，也不可能好轉。快樂的日子已經結束，更多的時間只意味著更加衰老。在某個星期一下午，你坐在辦公桌前，打開最喜歡的那支鋼筆，在便條紙上寫著：「親愛的朋友們，我的任務完成了，還等什麼呢？」然後你點燃一根菸，滿足地吐出最後一縷煙圈之後把它熄滅。你小心翼翼地拿起那把魯格自動手槍，槍口抵住自己的胸口。你的醫生曾告訴你心臟的位置，現在你可以感覺到它在你的手掌下快速跳動。當你準備扣板機，你當然會害怕。但在某種深刻的意義上，你知道這顆瞄準目標的子彈，能讓你留下美好的過去，逃離痛苦的未來。

好了，打起精神來。這些關於費雪和伊士曼的生活細節都千真萬確，但這不是重點。重點是，就像你有喜歡和討厭的派對或義大利麵，有些富裕的生活方式並不如預期中那麼美好，有些被處死的經歷也不如想像中那麼可怕。你之所以認為費雪和伊士曼的反應不正常，唯一的原因是：你一定**對他們所處情境的細節有了錯誤的想像**。而你卻不假思索，表現得像個頑固的現實主義者，自負地根據大腦趁你不注意時捏造的細節，來預測自己的感受。你不是錯在想像未知的事，而是錯在不經思考就認為，自己的想像準確地反映事實。我相信你是非常好的人，卻是非常差勁的巫師。

小結

如果你在胚胎時期可以選擇，大概不會挑一顆會戲弄自己的大腦。不過還好當時沒有人問你的意見。因為少了大腦的填補把戲，你就會有殘缺的記憶、空洞的想像，和一個眼睛裡永遠擺脫不了的小黑點。當康德寫下「沒有概念的感知是盲目的」[28]，他的意思是：主觀體驗雖然被我們視為理所當然，但當大腦失去填補的技能時，我們就不會有任何稍微類似的感受了。我們能看到實際上不存在的畫面，記得實際上沒發生過的事，雖然這些聽起來像水銀中毒的症狀，但這卻是讓現實生活得以平穩流暢、合理正常的關鍵要素。不過，這樣的平穩和正常是有代價的。在某種模糊的學術意義上，我們知道大腦正在進行填補的把戲，卻還是會忍不住期待「未來」照著我們想像的細節走。接下來我們要討論的是，大腦填補的細節帶給我們的困擾，其實遠不如大腦忽略的那些細節。

第5章 管子裡的真相

「噢，可恨的錯誤，憂鬱的孩子，你為什麼要向人的靈敏思想展示不正確的東西？」

——莎士比亞，《凱薩大帝》(*Julius Caesar*)

名駒銀斑失蹤後沒多久，葛雷格里督察和羅斯上校就查出那個溜進馬廄、偷走賽馬的陌生人是誰。但福爾摩斯一如往常，比警察搶先一步發現真相。上校轉身詢問這位偉大的偵探：

「有什麼要特別注意的嗎？」

「那天晚上，那隻狗的反應很奇怪。」

「那隻狗在那天晚上沒有任何反應啊。」

「就是這樣才奇怪。」福爾摩斯說。[1]

看來馬廄裡養著一隻狗，而兩個照顧賽馬的人在竊案發生時都睡著了。這兩件事讓福爾摩斯做出一個無可置疑的高明推論。他後來解釋：

> 我意識到那隻狗沒有出聲是一個重要的線索……馬廄裡有一隻狗，而有人進去並牽走一匹馬，但狗卻沒有叫，所以睡在馬廄乾草堆上的兩個小伙子才沒有驚醒。看來，那天晚上進去馬廄的，是那隻狗很熟悉的人。[2]

雖然督察和上校都注意到那天晚上發生的事，但只有福爾摩斯**注意到沒有發生的事**：狗沒有叫，這表示小偷不是警察找到的那個陌生人。福爾摩斯懂得仔細觀察完整的事件，所以更顯得厲害。我們接下來會看到，一般人在想像未來時，很少注意到想像力遺漏的東西，而遺漏的部分遠比我們意識到的還重要。

人很難意識到什麼「不存在」

如果你住在高樓林立的城市，一定知道鴿子具備一種超能力：精準算好排便的時間、速度和位置，可以用鴿糞直接命中你那件最貴的毛衣。雖然鴿子有當射擊手的天賦，但牠們卻學不會更簡單的事，這實在很奇怪。比方說，如果把一隻鴿子關在籠子裡，而籠子裡有兩根控制桿，那牠很快就能學會撥動「會發光」的控制桿可以得到飼料，但卻永遠學不會撥動「不發光」的控制桿也可以有飼料。[3]鴿子輕輕鬆鬆就可以知道亮光表示有機會吃東西，卻無法理解沒有亮光也能吃東西。研究顯示，人類在這方面跟鴿子有點像。例如，一項研究讓受試者玩一個推理遊戲，給他們看一系列「三字母組」（即三個英文字母的組合，像是SXY、GTR、BCG、EVX），然後研究者會指著其中一個「三字母組」，並告知**它**很特別。受試者的任務就是找出此字母組跟其他組有什麼不同。

受試者看了一輪又一輪，每一輪研究者都會指出一個特別的「三字母組」。他們要看多少輪，才能推論出那個特別的「三字母組」的特徵？有一半的受試者所看到的一系列組合中，只有特別的「三字母組」才會包含「T」，而這一半受試者大約需要三十四輪才能找到答案。在另一半的受試者看到的系列中，只有那個特別的「三字母組」不包含「T」，結果令人震驚：不管看了多少輪，沒有人**能夠**找到答案。[4]我們輕易就能注意到一個字母的存在，但就跟狗叫聲一樣，人很難注意到缺少了它。

自相矛盾的選擇

這種傾向如果只發生在鳥飼料和三字母組，那我們不需要太在意。但事實證明，人類普遍無法意識到「缺少」的東西，結果在日常生活中造成各種失誤。例如，剛才我說鴿子具有把大便擊中路人的非凡天賦，如果你曾經是排便高手的受害者，應該也會得到同樣的結論。但我們憑什麼認為鴿子真的有瞄準目標、且命中率很高？答案是，大多數人都記得太多這種例子：雖然從空中往下看，人頭是一個相對渺小且移動迅速的目標，但當我們經過被那些討厭的鴿子占據的窗臺下那一瞬間，卻還是不偏不倚地被一團惡臭的白色物體給擊中。真有道理。不過，如果真的想知道鴿子有沒有能力這樣做、鴿子有沒有針對誰，那我們就必須考量自己從窗臺下平安經過的次數。要評估鴿子的敵意和射擊技術，**正確**的方法是**同時**考量衣服上「出現」和「沒有出現」便便的次數。如果我們十次有九次被鴿糞擊中，那也許該佩服鴿子的射擊準度以及分布廣度。但如果我們在九千次之中只有九次被擊中，那麼就只能把鴿子看似精準的射擊技術和充滿敵意的態度，歸咎於運氣不好了。

我們在判斷「被擊中的次數」能不能合理推導結論時，「沒有被擊中的次數」其實是**相當重要**的角色。事實上，當科學家想要了解兩件事之間是否有因果關係，例如人造雲和下雨、心臟病和膽固醇……任何想得出來的東西，其數學指標會同時考量三種數據：共現（co-occurrences）、非共現（non-co-occurrences）、共缺（co-absences）。舉例來說，高膽固醇者且罹患心臟病叫做共現；高膽固醇者但沒有罹患心臟病、非高膽固醇者但罹患心臟病叫做非共現；非高膽固醇者且沒有罹患心臟病叫做共缺。要準確評估兩件事之間的因果關係，這三種數據是必要訊息。

這一切對統計學家來說當然很合理。但研究顯示，當一般人想要知道兩件事是否有因果關係，通常會尋找、留意、考慮且記住那些**已經**發生的事，而不會尋找、留意、考慮且記住那些**沒有**發生的事。[5] 顯然，長久以來，人一直在犯這類錯誤。大約四個世紀以前，哲學家暨科學家培根（Francis Bacon）描述過幾種心智謬誤的類型，並認為最嚴重的問題就是沒有考量到缺少的東西：

到目前為止，人類在理解上的最大障礙和缺失來自於（這樣的事實），竟然認為觸動感官的事物遠勝過**沒有直接觸動感官的事物**，**但後者其實更重要**。所以，人通常在看見表象之後就停止思考，以致於很少留意或根本沒有注意到看不見的東西。[6]

培根用一個參訪羅馬神殿的故事來表達觀點（事實上，這個故事是跟西塞羅借來的，西賽羅早在一千七百年前就講過了），故事如下：為了讓參訪者深刻感受到諸神的力量，羅馬人展示一幅畫像，上面有幾個虔誠的水手，據說那些水手的虔誠信仰讓他們在最近一次船難中倖存下來。那位參訪者在被迫承認畫像證明了神蹟之前，機靈地問道：「另外那些立誓向神效忠，後來一樣死去的水手畫像在哪裡？」[7]科學研究表明，像我們這種普通人很少要求查看罹難水手的畫像。[8]

人**無法思考不存在的東西**，這種傾向會讓人做出一些相當奇怪的判斷。例如大約四十五年前，一項研究詢問美國人：哪兩個國家最相似，是斯里蘭卡和尼泊爾，還是東德和西德？大多數人都選擇第二組。[9]但是，當研究者詢問哪兩個國家最不相似？大多數的美國人還是選第二組。奇怪，第二組國家怎麼可能同時比第一組更相似，卻又更不相似？當然不可能。不過，人們被要求判斷兩個國家的相似性時，就會傾向尋找相似之處（東德和西德有許多相似，例如國名），而忽略非相似之處。而被要求判斷兩個國家的差異時，則會傾向尋找差異之處（東德和西德有許多差異，例如政府體制），而忽略非差異之處。

這種忽略「缺少之物」的傾向，也會造成個人的誤判。例如，想像你計畫要去其中一座島嶼度假：中等島（那裡的氣候普通、海灘普通、飯店普通、夜生活也很普通），或極端島（那裡的氣候宜人、海灘很美麗，但是飯店很糟糕、而且沒有夜生活）。該做決定了，你會選擇哪一座？大多數人會選極端島。[10]但再想像一下，假設你先保留兩座島嶼的預定，到了信用卡被扣款時，你該取消其中一個了，那你會取消哪一座？大多數人會取消極端島。怎麼會同時選擇又淘汰極端島？因為在選擇時，**考慮的是選項的正向特質**，**而在淘汰時，考慮的則是負向特質**。極端島具有最正向和最負向的特質，所以，當人在尋找要選擇的東西，通常就會選擇它，而在尋找要淘汰的東西時，通常也會淘汰極端島。當然，在選擇度假地點時，最合理的方法是同時考量該地點具備的正向和負向特質，以及不具備的正向和負向特質，然而大多數的人都不會這麼做。

一件事沒有絕對的好壞

忽略不存在的東西也會影響一個人思考未來的方式。就像我們無法記得過去事件的所有細節（高中畢業那天穿什麼顏色的襪子）、無法觀察到當前事件的所有細節（現在你身後的那個人穿什麼顏色的襪子），我們也無法想像未來事件的所有細節。現在請你閉上眼睛，花兩個小時，想像自己開著一輛銀色賓士SL600敞篷跑車，它配有三十六氣門五・五升V型十二缸雙渦輪增壓引擎。你可以想像那前中網的弧度、擋風玻璃的斜面、全新黑色皮革內裝的氣味。但無論花多少時間想像，如果請你念出創造的心像裡的車牌號碼，你就必須承認遺漏了這個細節。當然，沒有人能想像一切細節，否則也太荒謬了。我們很容易認為自己所想像的未來事件的細節真的會發生，而同樣麻煩的是，我們對自己沒有想像到的未來事件的細節，也很容易當作不會發生。換句話說，我們沒有想到想像力填補了多少東西，也沒有考量到想像力遺漏了多少東西。

為了說明這件事，我經常會問人：「如果你最大的孩子突然意外過世，你覺得你過兩年後的感受會是如何？」你大概可以猜到，這個問題讓我在派對上大受「歡迎」。好啦，我不會要你回答。但**如果**你真的去想像，大概會跟多數人的反應一樣，像是：「你瘋了嗎？我會崩潰！我早上會無法下床，甚至可能自殺！到底是誰找你來派對的？」如果這時對方手上的雞尾酒還沒潑過來，我通常會進一步問：「你是怎麼得到這種結論的？腦海中出現什麼想法或畫面？你想了哪些事？」人們通常會說自己聯想到「聽到噩耗、參加葬禮、打開空盪盪的房間」。但我在提出這個問題、然後被所有社交圈排擠的過程中，從來沒有一個人告訴我，除了想到讓人心碎、頹喪的畫面，也會聯想到在孩子死後兩年一定會發生的其他事。沒有一個人說過他會有時間去學校看另一個孩子的表演、跟伴侶做愛、在溫暖的夏夜吃焦糖蘋果、讀書、寫書、騎腳踏車，或任何我們（和他們）期望在這兩年內發生的其他事。

我完全不覺得咬一口甜膩的糖果，就能撫平喪子之痛，但這不是重點。我要表達的是，悲劇發生後的兩年一定包含了各種情景，意思是會有各種插曲和事件，而這些事一定會造成各種情緒後果。無論是強烈或微弱、正面或負面，如果不全盤考慮這些情緒後果，就沒辦法準確回答我的問題。然而除了問題本身的可怕事件，在我認識的人之中，沒有一個人想像過其他事件。他們在想像未來時遺漏了很多東西，而遺漏的東西卻非常關鍵。

一項研究證明了這一點。該研究要求維吉尼亞大學的兩組學生預測：當母校的美式足球校隊即將贏或輸給北卡羅萊納州大學時，自己在之後幾天的心情。[11]在預測之前，A組（描述者）必須描述自己平日的活動，B組（非描述者）則不需要。幾天後，學生們必須報告自己實際上的快樂程度，結果只有B組嚴重高估了輸贏對自己的影響。為什麼？因為B組在想像未來時，通常會忽略比賽結束後的其他事件細節，例如，他們不會想到如果校隊輸球（難過），自己就會跟朋友去喝個爛醉（開心），或是如果校隊贏球（開心），自己就要去圖書館準備化學期末考（難過）。B組的想像只局限在未來的一個面向：美式足球賽結果，而忽略未來會影響心情的其他面向，像是狂飲派對和化學期末考。另一方面，A組的預測則比較準確，因為他們必須考慮B組所遺漏的細節。[12]

我們很難讓自己抽離注意力的焦點，意思是，很難去考量自己可能疏忽了哪些事，這也說明了我們為何經常錯估自己對未來事件的情緒反應。例如，大多數的美國人可以分成兩類：一類住在加州並對此很滿意，另一類不住在加州，但認為住在加州的話就會很開心。不過研究顯示，加州人並沒有比其他地方的居民更幸福，那為何每個人（包括加州人）都這樣認為？[13]加州擁有美國本土最美麗的風景和最舒適的天氣，不住在加州的人一聽到這個神奇的地名，腦中就會立刻浮現一個心像：充滿陽光的海灘和巨大的紅杉樹。雖然加州洛杉磯的氣候好過俄亥俄州哥倫布市，但氣候只是決定一個人幸福與否的眾多因素之一，而其他的一切都在心像中被忽略了。

如果把這些遺漏的細節，添加到關於海灘和棕櫚樹的心像中，例如考慮交通、超市、機場、運動球隊、有線電視費率、房價、地震、山崩……結果可能會發現，洛杉磯在一些面向勝過哥倫布市（較舒適的天氣），而哥倫布市在其他面向則勝過洛杉磯（交通較通暢）。人們之所以會認為住在加州比俄亥俄州更幸福，是因為想像中的加州少了很多細節，而且忽略了一件事：沒有在想像中的細節，可能會徹底改變一個人的結論。[14]

這種傾向不但讓人高估加州人的幸福程度，也讓人低估慢性病患者和殘疾人士的幸福程度。[15]例如，當視力正常的人想像自己失明，似乎會忘記失明並不是生活的全部。盲人看不見，但還是可以做大多數正常人所做的事，例如：野餐、繳稅、聽音樂、遇上塞車，所以幸福快樂的程度應該跟正常人一樣。盲人無法做正常人能做的一切，**正常人也無法做盲人能做的一切**，所以盲人跟正常人的生活不完全相同。但無論盲人過著什麼樣的生活，都不會只有失明這一件事。不過，視力正常的人想像自己失明時，卻會忽略了這種生活的其他面向，所以在預測幸福快樂的程度時，就會失準。

遠程想像的How思考練習

大約六十五年前，一個名叫肯吉的矮人在人類學家的陪同下，首次踏出非洲茂密的熱帶雨林，來到廣闊的平原。遠方出現一群水牛，在白茫茫的天空映照之下，看起來像是一個個小黑點，肯吉好奇地望著，並問人類學家那是什麼昆蟲。人類學家後來描述：「我跟肯吉說那些昆蟲其實是水牛，他哈哈大笑，叫我說謊也先打草稿。」[16]人類學家並不蠢，也沒有撒謊。事實上，肯吉一輩子都生活在茂密的叢林，看不到地平線，所以沒有學到一般人覺得理所當然的事：遠方的物體看起來會不一樣。你跟我都不會把昆蟲和水牛搞混，因為我們已經習慣了一望無際的天地，而且很早就學會當物體在遠處時（相對於在近處），它在視網膜上的成像會比較小。大腦如何辨別，視網膜上的小影像反映的是近處的小物體，還是遠處的大物體？答案是：細節，細節，細節！大腦知道近處物體的表面會有清楚的細節，而隨著它移動到遠處，細節就會變得模糊且混在一起。大腦於是**根據我們能看到的精細程度，來估計該物體和眼睛之間的距離**。如果視網膜上的小影像有很多細節（例如：看到蚊子頭上的細毛和像是玻璃紙的翅膀），大腦就會假設物體距離眼睛約三公分。如果視網膜上的小影像缺乏細節（例如：只看到水牛模糊的輪廓和沒有影子的形態），大腦就會假設物體位於幾千公尺之外。

在空間中，相對於距離我們較遠的物體，較近的物體看起來會有更多細節。同樣地，在時間上距離我們較近的事件也是如此。[17]近期的「未來」有具體的細節，而遙遠的「未來」則比較模糊。舉例來說，如果要求年輕情侶描述對結婚的想法，那些在一個月前已經結婚、或一個月後即將結婚的新人所想像的婚姻會相當抽象、模糊，並且會用比較籠統的方式描述，例如「許下真心的承諾」或「一時糊塗」。而隔天就要結婚的新人則會設想婚姻的具體細節，並說出「拍照」或「從頭到腳都精心打扮」之類的描述。[18]同樣，如果要求受試者想像自己在隔天鎖門的樣子，他們會非常詳細地描述心像，例如「把鑰匙插進鑰匙孔」。但如果要受試者想像自己在明年鎖門，他們描述心像時則會用「確保房子的安全」這類籠統的詞語。[19]當我們在想像遙遠的過去或未來事件，通常會抽象地思考「那些事件為什麼會發生」；但在想近期的事件時，則是具體地思考「那些事件會如何發生」。[20]

觀察時間維度好比觀察空間維度，但空間視野和時間視野有一個重要差異。當我們感知到遠處的水牛，大腦會意識到水牛之所以看起來平滑、模糊且缺乏細節，是因為牠們在很遠的地方，而不會誤判那些水牛本身就是平滑、模糊的。但是，當我們回憶遙遠的過去、或想像（暫時還很）遙遠的未來時，大腦卻似乎忘了，那些細節會隨著時間拉長而消失，所以反而認為那些事件實際上就跟記憶或想像中一樣平順、模糊。舉例來說，你是否想過「為什麼我常常做出承諾，但是在履行承諾的那一刻又非常後悔」？當然，每一個人都有過這種體驗。我們答應下個月要幫忙照顧姪子和姪女，也很期待這個任務，甚至記在行事曆上。等到真的要去買快樂兒童餐、準備芭比娃娃玩具組、把水煙壺藏起來，然後忽略一點鐘的NBA季後賽，我們才開始懷疑自己當初在想什麼，怎麼會答應這種事。嗯，原因如下：我們在答應當保母時，考量的是「為什麼」要做這件事，而不是「如何」

做這件事（即考量原因和結果，而不是執行面）。但我們卻沒有考量到：想像中的保母工作缺乏細節，而最後體驗的保母工作則充滿細節，兩者並不相同。下個月的保母工作是一種「關愛的表現」，而此時此刻的保母工作卻是一種「買午餐的行為」。在某種程度上，表達關愛會讓人心情愉悅，但買薯條並不會。[21]

我們在執行保母工作時，會特別在意瑣碎的細節，但一個月前想像這項任務時，腦海中並沒有那些瑣碎的細節。這或許不算奇怪。奇怪的是，當那些細節最後實際浮現在眼前，我們竟然驚訝不已。遙遠的保母工作就像遙遠的玉米田，都有一種虛假的平順感。[22]我們都知道玉米田實際上並不平整，只是從遠處看起來是這樣。但我們對於在時間上還很久遠的事件，卻只隱約知道有這一回事。相較於「想像一年後美好的一天」，受試者在「想像明天是美好的一天」時，比較容易想到各種類型的事件。[23]因為在想像中，美好的明天會有大量細節，混合了大量的好事（我會睡到自然醒，然後翻翻報紙、看場電影，再跟最好的朋友聚會）以及一小部分不太愉快的事（但我還是得清掃討厭的落葉），一整天就像大雜燴。反之，一年後美好的一天則有著平順、快樂的情節，就像把許多食材打成泥，最後變出一碗滑順可口的濃湯。更重要的是，如果問受試者「想像中的近期與遠期未來」何者會比較接近實際狀況，他們都會說明年的滑順濃湯跟明天的大雜燴一樣切實。換句話說，我們就像飛行員，在降落時才驚訝地發現，從空中看起來像個平整、黃色矩形的玉米田，裡面原來都是玉米組成的！感知、想像和記憶都是人類非凡的能力，這三者具有很多共同點，但至少在某個層面上，感知是三者之間最卓越的能力。我們很少把遠處的水牛看成近處的昆蟲，但當觀察的角度落在時間維度而非空間維度時，卻經常犯下跟非洲矮人一樣的錯誤。

我們對於近程和遠程未來的想像有著如此不同的本質，導致我們對兩者的評價也不同。[24]比起下個月才能去看表演或是吃蘋果派，多數人寧願今晚就花更多錢去看一場百老匯，或今天下午就吃一個蘋果派。這不奇怪，因為等待是痛苦的，如果必須忍受痛苦，要求折扣也很合理。但研究顯示，當人在想像等待的痛苦時會認為，如果它發生在不久之後會比發生在遙遠的未來還難受，從而衍伸出一些奇怪的行為。[25]例如，大多數人**寧願在一年後獲得二十美元，也不願在三百六十四天之後獲得十九美元**，因為在目前看來還很遙遠的未來，多等待一天只會造成一點小困擾。然而，大多數人寧願今天就獲得十九美元，也不願明天才獲得二十美元，因為對目前而言不久的將來，多等待一天都是一種折磨。[26]不管等待一天會帶來多少痛苦，這種痛苦在任何時候應該都是同樣的體驗。但是在人類的想像中，即將要忍受的痛苦非常嚴重，所以寧願付出一美元的代價來加以避免，而遙遠未來才要忍受的痛苦根本微不足道，所以樂意接受一美元的獎勵來忍受它。

為什麼會這樣？因為比起遙遠的未來，近期的未來在想像中有著生動的細節，而讓它更容易被察覺。所以，比起想像很久以後才會發生的事，人在想像即將發生的事時，會更加焦慮或興奮。研究也顯示，人在想像即將得到金錢之類的獎勵時，大腦主要負責愉悅、興奮感的區域會變得活躍，而在想像很久以後獲得同樣獎勵時，大腦則不會有相同的反應。[27]如果你跟圖書館門口的女童軍買過餅乾，卻很少會跟按門鈴請你預購的女童軍訂餅乾，那麼你也做過這種奇怪的行為。我們在透過自己的「望遠鏡」窺視未來時，只能看到清晰的下一個小時和模糊的明年，因此可能犯下各種錯誤。

小結

在返回貝克街之前，福爾摩斯不斷抽著菸斗，並再次嘲諷葛雷格里一番。福爾摩斯告訴華生：「看看想像力的價值，這就是葛雷格里欠缺的能力之一。我們想像可能發生的事，並根據這個推論採取行動，結果證明我們是對的。」[28]

說得好，但不太客觀。葛雷格里督察的問題不在於缺乏想像力，而是太相信想像力。

只要大腦會技巧性地填補訊息，就一定也會技巧性地遺漏訊息。所以，我們想像的未來包含了一些大腦創造的細節，也缺少了一些大腦忽略的細節。但是，問題不在於大腦會填補和遺漏——如果大腦不會這麼做的話，那只能祈禱老天保佑了。問題在於，大腦實在做得**太好**了，以致於我們渾然不覺，所以才會毫無怨言地接受大腦的產物，並期待未來按照想像的細節（就**只**照這些細節）展開。這麼看來，想像力的其中一個缺點，就是它經常擅自作主，卻沒有知會我們一聲。不過，雖然想像力有時如此隨意，有時卻又會太過保守。

第四部

想像力是超能力
——只要你不被誤導

現在主義（Presentism）告訴我們，人對過去和未來的想法，都深深受到現在體驗的影響。

第6章

當情緒超載……

「你的來信帶我穿越了無知的現在，此時此刻我已感受到未來。」

——莎士比亞，《辛白林》（*Cymbeline*）

大部分稍有規模的圖書館，都會有一整櫃關於未來主義的磚頭書，這些書出版於一九五〇年代，標題大多是「進入原子時代」「未來世界」這種。如果你翻開其中幾本，很快就會發現，書的內容主要是在描述當時的時代，而不是他們想預言的時代。隨便翻幾頁就可以看到一幅畫：一名家庭主婦留著女星唐娜．瑞德（Donna Reed）的髮型、穿著澎澎裙，輕快地在原子時代的廚房裡忙碌著，打算一聽到丈夫的火箭車聲音，就把焗烤鮪魚義大利麵端上餐桌。你再翻幾頁，就會看到一張素描，描繪著一個巨大玻璃罩下的現代城市，圖中還有核能列車、反重力汽車、打扮入時的上班族搭乘自動人行道去公司。

你也可能發現少了一些未來的東西：男人不抱嬰兒，女人不拿公事包，年輕人沒有穿眉環或乳環，老鼠「吱吱叫」而不是發出「點擊聲」。圖中沒有人溜滑板或在路邊乞討，沒有智慧型手機或能量飲料，也沒有彈性纖維、乳膠、Gore-Tex防水透氣布料、美國運通、聯邦快遞、大型連鎖賣場。更誇張的是，所有非裔、亞裔和西班牙裔的人在未來似乎全都消失了。事實上，這些圖書之所以如此吸引人，是因為它們錯得離譜而且荒謬至極。怎麼會有人認為未來就像科幻電影《禁忌星球》（*Forbidden Planet*）加上影集《妙爸爸》（*Father Knows Best*）的綜合體？

克拉克定律

低估未來的新奇度是個歷史悠久的傳統。克耳文勳爵（Lord William Thompson Kelvin）是十九世紀最有遠見的物理學家之一（這是我們用「克耳文」來表示絕對溫度的由來），但他仔細思索未來世界之後，卻斷言「不可能出現比空氣重的飛行器」。[1]當時許多科學家都認同他的看法，例如著名的天文學家紐康（Simon Newcomb）在一九九六年寫道：「任何已知物質、機械和力學形式的組合，都無法形成一個實用機器，讓人類在空中長距離航行。筆者認為，前述論證已盡可能完整地證明了任何物理事實。」[2]

萊特（Wilbur Wright）後來證明克耳文和紐康都錯了，但甚至萊特本人也錯了，因為他在一九〇一年曾對弟弟說：「人類五十年內都不可能在空中飛行。」[3] 而他多算了四十八年[1]。所有有成就、名望的科學家與發明家之中，宣稱人類不可能發明飛行器的人數，僅次於認為下列事物不可能出現的人數：太空旅行、電視機、微波爐、核能、心臟移植手術、女性參議員。預測失準、評論不當、預言錯誤的例子實在太多了，但請暫時忽略這類錯誤的數量，並注意它們在形式上的相似之處。作家克拉克（Arthur C. Clarke）提出了後來所謂的克拉克第一定律：「如果一位年高德劭的科學家表示某件事可能為真，那他說對的可能性很高。但如果他表示某件事不可能發生，那他很有可能錯了。」[4] 換句話說，科學家**總是**錯誤地預測未來跟現在很像，所以犯下這種錯誤。

記憶的填海造陸

在這方面，一般人也是很有科學素養的。我們已經看到大腦在回憶過去或想像未來時，如何充分施展填補的戲法。而「填補」這個詞會讓人聯想到：把一種材料（例如塗料或銀粉）填入一個洞裡（例如牆上或牙齒上的洞）。確實，大腦通常會用一種叫做「**今天**」

的材料，來填滿它對昨天、明天的概念漏洞。我們來看看人類在試圖回憶過去時，這種情形發生的頻率有多高。大學生如果聽到極具說服力的演講，並且因此改變了政治觀點，他們卻通常會認為自己的想法始終如一。[5]當熱戀中的情侶試圖回憶兩個月前對彼此的看法，他們往往會記得當時的感受跟現在一樣。[6]當學生看到考試成績，他們通常會認為自己在考前重視該考試的程度，跟收到成績單後一樣。[7]當病人被問到頭痛的情形，他們通常會記得前一天的痛苦程度跟現在一樣。[8]當中年人被問到自己在大學時對婚前性行為的看法、政治觀點，或飲酒量，他們的記憶會受到當下的看法、觀點和飲酒量的影響。[9]當喪偶的人被問到五年前另一半過世時的悲痛程度，他們的記憶會受到當下的悲痛程度影響。[10]還有很多類似的例子，但我們要注意的是，在上述每一個例子中，人們之所以記錯自己的過去，是因為誤把當下的想法、行為和言談，當成過去的想法、行為和言談。[11]

我們在回憶自己過去的情緒時，特別容易用現在的狀況去填補過去的記憶缺口。一九九二年，佩羅（Ross Perot）在電視脫口秀節目上宣布將競選美國總統，於是一夜之間，他變成所有對現況不滿的選民心目中的救世主。美國歷史上首度出現這種總統候選人：

1　萊特兄弟在一九〇三年成功製造出第一架飛機。

從未擔任公職、也不是主要政黨的提名者，卻很有希望贏得全世界最有權力的職位。佩羅擁有許多既熱情又樂觀的支持者，但他卻在同年的七月十六日宣布退出，就跟當初角逐總統大選一樣突然。佩羅對此含糊地表示，他擔心政治上的「骯髒手段」會毀掉女兒的婚禮。這讓他的支持者徹底崩潰。到了十月，佩羅又改變主意，決定重新加入選戰，結果在一個月後敗選。從他一開始出乎意料地參選，又意外宣布退選，然後竟然還重新參選，到最後毫不意外地落選，這一整個過程讓他的支持者經歷了各種強烈的情緒波動。

幸好，有一位研究者在佩羅七月退選和十一月落選時，分別在現場測量了支持者的情緒反應。[12]該研究者也在十一月時，請自願受訪的支持者回憶自己在佩羅七月退選時的感受，結果令人稱奇：那些死忠的支持者記得，當佩羅在七月退出時，他們的悲傷和憤怒沒有實際上那麼強烈；而在佩羅退出時就不再支持他的那些人則記得，先前的絕望程度比實際上嚴重許多。也就是說，佩羅的支持者誤以為自己當下對他的感受，就是之前對他的感受。

別在夏天整理長袖衣服

如果「過去」是一面有幾個洞的牆，那「未來」就是一個不在牆面上的洞。記憶使用填補的把戲，而想像本身就是填補的把戲。如果「現在」輕輕地渲染了過去，那它就會徹底注入我們想像中的未來。更簡單地說，大多數人很難想像明天跟今天截然不同，也很難想像自己將來會有不同的想法、願望或感受。[13]青少年刺青，是因為相信「死亡帥斃了」會永遠是很酷的座右銘；新手媽媽放棄前程大好的律師工作，是因為相信在家陪小孩永遠都是有意義的事；剛抽完一根菸的人，在接下來的五分鐘內會以為自己可以輕易戒菸，而且以為這種決心不會隨著血液中的尼古丁消退而減弱。

而心理學家也沒有比青少年、吸菸者和媽媽們好多少。我還記得自己有一次感恩節吃得太多（好吧，其實每次都吃太多），直到吞下最後一口南瓜派，我才發現呼吸變得急促、喘不過氣，因為肺部沒有擴張的空間。我搖搖晃晃地走到客廳，平躺在沙發上。昏沉沉地準備陷入昏迷，我聽到自己口中吐出這幾個字：「我再也不吃了。」但我當然還是照吃不誤，而且可能就發生在當天晚上，反正一定是在二十四小時內，我八成又吃了火雞。我想，就算自己在說出口的那一刻知道這個誓言非常荒謬，但一部分的我似乎真的相信：自己可以輕易戒掉咀嚼和吞嚥這兩個壞習慣，因為只要口中一那團食糜以板塊漂移的速度在消化道裡移動，就可以永遠滿足我所有的營養、智力與心理需求。

這件事在幾個面向上讓我很羞愧。第一，我吃得跟豬一樣。第二，既然我吃得跟豬一樣，那根據經驗，我應該要知道豬總是會回到食物面前，而我卻天真地以為自己**這一次**可以幾天、幾週，或永遠都不再吃東西。值得慶幸的是，其他的豬似乎也有同樣的錯覺。在實驗室和超市進行的研究一致顯示，剛吃飽的人在決定下週要吃的食物時，都會低估自己未來的胃口。[14]這些人剛吃進肚子裡的雙倍超濃奶昔、雞肉沙拉三明治和墨西哥辣椒香腸口袋餅，並沒有暫時讓智商降低。相反地，他們只是在吃飽時很難想像飢餓的感受，所以沒辦法為自己下次飢餓準備足夠的食物。如果我們早餐吃完雞蛋、鬆餅、培根之後去超市購物，最後總是買了太少的食物，結果晚上照例想吃一點杏仁椰奶冰淇淋時，才懊悔自己購物時太粗心。

飽足的胃是如此，滿足的心智也是如此。一項研究讓幾組受試者回答五個地理問題，並告知在努力回答問題之後可以下列獎勵二選一：第一種是每一題的解答以及自己答對與否，第二種是一條巧克力棒但沒有解答。[15]A組在回答問題之前先選擇獎勵，B組則在回答問題後才選擇。如你所料，A組大部分選擇巧克力棒，B組則選擇正確答案。換句話說，回答這些問題的過程會讓人非常好奇答案，所以更重視答案而不是美味的巧克力棒。但一般人猜得到這種結果嗎？當C組受試者被要求預測自己在答題之前、之後分別會選擇哪一種獎勵，他們認為自己在兩種情況下都會選擇巧克力棒。C組沒有實際體驗過被這些問題激發的強烈好奇心，以致於無法想像自己會為了一些關於城市和河流的無聊知識，而放棄士力架巧克力。這個結果讓人想到一九六七年的電影《神鬼願望》（*Bedazzled*）中精彩的一幕：魔鬼在書店裡打發時間，並且撕走推理小說的最後幾頁。你可能不覺得這有邪惡到引起撒旦的注意，但當你讀著一本精彩的推理小說，在謎底快要揭曉時卻發現那幾頁不見了，就能理解為什麼會有人願意用不朽的靈魂來交換結局。好奇心是一種強大的驅力，但如果沒有沉浸在其中，就無法想像它能驅使一個人走得多快、多遠。

無論是飲食、性、情感、社交或知識方面，我們在預測自己的渴求程度時經常會有上述問題。但怎麼會這樣？人的想像力為何如此容易受限？畢竟，正是這種想像力創造了太空之旅、基因療法、相對論和派森劇團（*Monty Python*）中無厘頭的起司店場景。就算是最缺乏想像力的人也會有非常瘋狂、怪異的想法。這些想法被媽媽知道的話，她肯定會拿肥皂洗我們的腦袋。我們能想像自己當選眾議員、跳下直升機、被塗成紫色、在杏仁堆裡打滾。我們能想像住在香蕉園和潛水艇的生活。我們也能夠想像自己是奴隸、武士、警長、食人族、妓女、潛水員、稅務人員。但不知為何，當我們的肚子裡塞滿馬鈴薯泥和蔓越莓醬，就無法想像飢餓的感受。這是怎麼一回事？

假的想像引起真的情緒

要回答上述問題，就必須深入了解想像力的本質。當我們想像一個物體（例如企鵝、天鵝船、膠臺），大多數人會在腦海中**看到**該物體的粗略圖像。如果我問你：企鵝的翅膀比腳長還是短？你可能會體驗到自己憑空變出一幅心像，然後「看」著它來決定答案。你會感覺腦袋中突然出現一隻企鵝的圖像，因為你希望它出現。接著，你會覺得自己看了一下牠的鰭狀肢，又往下觀察腳部，再往上看一眼鰭狀肢，然後告訴我答案。你之所以覺得自己的舉動跟「看」很像，因為實際上就是如此。當人用眼睛看物體，以及用心智之眼觀察心像，都會活化大腦中一個叫做視覺皮質的感覺區。[16]同樣的情形也發生在其他感官。例如，當我問你「祝你生日快樂」的高音在哪一個音節？你就會在腦海中彈奏該旋律，然後仔細「聆聽」以確定音調高低。同樣地，這種「用心智之耳聆聽」的感覺不只是一種比喻（真的沒人會這樣說）。人在想像聲音時，跟用耳朵聽到真實的聲音一樣，都會活化大腦中一個叫做聽覺皮質的感覺區。[17]

這些現象透露出關於大腦如何想像的重要訊息，也就是說，**大腦在想像世界萬物的感官特徵時，會徵召感覺區**來幫忙。（如6-1右圖所示）當我們想知道一個不在面前的物體的樣貌，就會從記憶中把關於該物體的訊息發送到視覺皮質，進而體驗到一幅心像。同樣地，如果我們想知道一段沒有在播放的旋律聽起來如何，就會從記憶中把關於該旋律的訊息發送到聽覺皮質，進而體驗到一段腦海中的樂曲。因為企鵝生活在南極，也因為有人生日才會唱《生日快樂》歌，所以我們想要細細觀察的時候，身邊通常都不會出現這些東西。

如果我們的眼睛和耳朵無法提供視覺和聽覺皮質適當的訊息，就會命令記憶發送訊息，好讓自己假裝看到和聽到。這一項大腦的技能，讓我們就算獨自待在衣櫥裡，也能得知關於歌曲（高音落在「生」這個字）和鳥類（鰭狀肢比腳長）的事實。

利用視覺和聽覺皮質來執行想像是一項非常巧妙的工程，「演化機制」應該要獲得微軟作業系統獎，因為它未經許可就把這些程式安裝在每一個人身上。

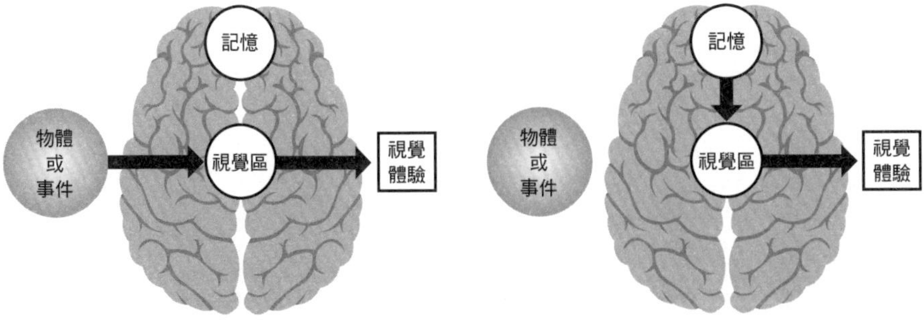

圖6-1：（左圖）視知覺的訊息來自真實世界的物體和事件。（右圖）視覺想像的訊息來自記憶。

但是，這件事跟我們這種感恩節貪吃鬼有什麼關係？（好啦，只有我）事實上，人類被鎖在衣櫥裡之所以能知道企鵝的樣貌，所仰賴的想像過程，也能讓人被困在當下時，得知未來的感受。當有人問你「如果發現另一半跟郵差一起躺在床上會怎樣」，你肯定會產生某種**感受**，而且應該不會太開心。就像你會變出一幅企鵝的心像，並盯著它檢查，以回答關於鰭狀肢的問題；你也會產生一幅出軌的心像，並對它產生情緒反應，以回答關於自己未來感受的問題。[18]

大腦**對真實事件作出情緒反應的區域**，**也會對想像事件產生情緒反應**。所以你在想像那個郵差「特殊」的送信情境時，瞳孔可能會放大，血壓可能會上升。[19]這是一種預測未來感受的聰明方法，因為人在想像一個事件時的感受，通常都能準確反映實際發生時的真實感受（如圖6-2右圖所示）。心像中出現了床上急促的呼吸聲加上亂糟糟的郵件。假如這會引發你的嫉妒和怒火，那想必一個真正的出軌事件刺激你的方式，會更迅速、更確實。

要說明這一機制，可以舉其他事件為例。我們每天都會說些類似「披薩聽起來很讚」這種話，無論這句話的字面意思是什麼，我們都不是在討論莫札瑞拉起司的聲音。相反地，我們是在表達當想像自己在吃披薩，會隱約體驗到一種愉悅的感受，而且我們認為這種感受代表：如果能把披薩從想象中拿出來、放進嘴巴，就會體驗到一種更明確、更愉悅的感受。當我們到中國朋友家裡做客，主人端上一盤炒蜘蛛或酥炸蚱蜢作為開胃菜，我們不需要試吃就知道自己不會喜歡實際品嘗的感受，因為大多數的北美人一想到吃蟲子就會噁心到發抖，而這個反應代表著：真正的食物很可能會引發嘔吐。

重點在於，我們通常不會拿著一張紙坐下來，然後針對正在思索的未來事件，很有邏輯地條列出利弊得失。反之，我們會在想像中模擬該事件，並留意自己對模擬事件的情緒反應。正如想像力能夠讓我們預覽事物，它也能讓我們預先感受事件。[20]

情緒的時空旅行

預先感受通常比邏輯思考更能預測我們的情緒。一項研究讓兩組受試者從兩張海報中二選一，一張是印象派畫作的複製海報，另一張是逗趣的卡通貓海

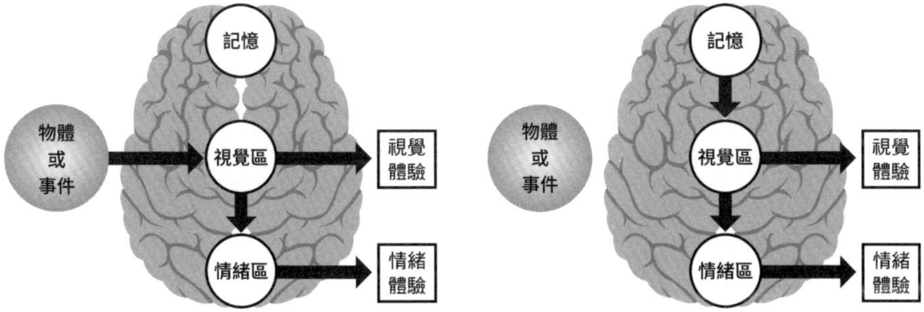

圖6-2：感受（左圖）和預先感受（右圖）的訊息都來自視覺區，但視覺區在這兩種情況下分別從不同的來源取得訊息。

報。[21]在選擇之前，A組必須邏輯性地思考自己喜歡，或不喜歡這兩張海報的原因（思考者）。B組則被鼓勵「憑直覺」快速選擇（非思考者）。職業顧問和理財專家總是告誡大家：「如果要做出正確的決定，就該認真、仔細地思考。」但是，當研究者稍後打電話給受試者，詢問其對新獲得的藝術品的滿意程度，結果A組最不滿意。因為A組忽略了自己的預先感受，所以沒有想像海報掛在家裡的畫面，也沒有選擇會讓自己開心的那一張，而是選擇職業顧問或理財專家會認同的那一張（莫內名畫中的橄欖綠可能跟窗簾顏色不搭，而加菲貓海報應該會讓客人覺得我幽默風趣）。

另一方面，B組則相信自己的預先感受，他們想像把海報掛在家裡的牆上，並注意這樣做帶來的感受，認為如果在想像中這張海報掛在牆上會讓自己開心，那實際看到它掛在牆上時也會有同樣的感受。B組受試者是對的。預先感受讓非思考者比思考者更能準確預測自己未來的滿意度。確實，人類若是在當下無法感受自己的情緒，就會暫時無法預測自己的未來感受。[22]

但是預先感受也有所局限。人在想像一個事物時的感受，不見得總是能準確反映實際看到、聽到、穿戴、擁有、駕駛、品嘗或親吻時的感受。例如，你在想像一個物體時為何要閉上眼睛？或者，你在回憶一首歌的旋律時，為何要用手摀住耳朵？你會這麼做，是因為大腦必須使用視覺皮質和聽覺皮質，來執行視覺、聽覺想像，而如果這些區域已經忙於主要工作（真實世界的觀看和聆聽），就無法進行想像活動。[23]當你正在觀察鴕鳥，就很難想像企鵝，因為視覺已經占用想像力所需的腦區。換句話說，當我們要求大腦同時看一個真實的物體和一個想像的物體，大腦通常會回應第一個要求，而拒絕第二個。大腦認為「感知現實世界」是首要任務，所以如果你想要借用一下視覺皮質來想像，就會立刻被它斷然拒絕。

如果大腦沒有這項「現實優先」的策略，你如果剛好想到綠燈就會闖紅燈。這項策略讓我們在看鴕鳥時很難想像企鵝，也讓我們在厭惡時很難想像渴望，在生氣時很難想像開心，在飽足時很難想像飢餓。如果朋友撞壞了你的新車，並提議下週請你看棒球賽作為補償，這時你的大腦正忙著對「車子被撞壞」做出反應，所以會無法模擬你對棒球賽的情緒反應。未來事件可能會需要借用大腦的情緒區，但情緒區幾乎總是被當下事件搶先占用。

做決策的情緒前提

我們無法同時看到或感受到兩樣東西，因為大腦對於要看、聽、感受以及忽略的東西，都有著嚴格的優先順序。而想像力的要求常常被拒絕。感覺系統和情緒系統都遵守這項「現實優先」策略，不過，我們好像知道感覺系統會拒絕想像力的要求，卻無法意識到情緒系統也在做同樣的事。比方說，大腦的策略不允許我們看一隻鴕鳥，同時想像一隻企鵝。我們明白這一點，所以不會對此困惑，也不會誤以為當下看到的長脖子大鳥其實是我們試圖想像的企鵝。從現實世界的訊息流中產生的視覺體驗叫做視覺，**從記憶的訊息流中產生的視覺體驗叫做「心像」**。雖然這兩種體驗都發生在視覺皮質，但人可能要喝下大量的伏特加才會把這兩者搞混。[24]視覺體驗的一個特徵是：人幾乎總是能區辨真實物體或想像物體的視覺體驗。但情緒體驗就不是這麼一回事了。

從現實世界的訊息流中產生的情緒體驗叫做感受，從記憶的訊息流中產生的情緒體驗叫做預先感受。把這兩者搞混是世界上最受歡迎的活動之一。例如，有項研究針對美國各地居民進行電話訪談，並詢問受訪者的生活滿意度。[25]當受訪者的居住地剛好天氣晴朗，那他們在想像時通常會說自己的生活很快樂。但是，如果剛好是壞天氣，那他們在想像時通常會說自己的生活不快樂。這些受訪者藉由想像自己的生活並自問這樣做的感受，來回答研究者的問題。他們的大腦卻奉行「現實優先」的策略，堅持對真實的天氣而不是想像中的生活做出反應。但這些受訪者顯然不知道自己的大腦如此運作，而**錯誤地把現**

實引發的感受，當成想像引發的預先感受。

一項相關研究讓當地健身房的會員預測：如果自己在登山時迷路，且必須在山林中過夜，身邊既沒水也沒食物，那會有什麼感受？[26]具體來說，兩組受試者必須預測自己在那種情況下，比較無法忍受飢餓還是口渴。A組是在使用跑步機之後進行預測（口渴組），B組是在使用跑步機之前進行預測（非口渴組）。結果顯示，A組有九二％預測如果自己在山林裡迷路，會更無法忍受口渴，而不是飢餓。但是B組只有六一％做出同樣預測。顯然，口渴組確實是透過想像，來回答研究者的問題，判斷自己在深山迷路時沒水、沒食物會有什麼感受。他們的大腦卻奉行「現實優先」的策略，堅持感受的是現實訓練，而非想像中的登山健行。但這些人不**知道**自己的大腦如何運作，所以混淆了當下的感受和預先感受。

你自己也可能遇過類似的複雜情況，比方說度過糟糕的一天：貓咪在地毯上尿尿，小狗又在貓咪身上尿尿，洗衣機還壞掉，《世界摔角大賽》（*World Wrestling*）節目竟然換成《傑作劇場》（*Masterpiece Theatre*）。你當然會不高興，在這種時候，如果想像明天晚上跟朋友打牌時的感受，就可能會把真實生活中寵物、電器的失控帶來的情緒（我覺得很煩），錯誤歸因於想像中的朋友（尼克每次都惹我生氣，所以我還是不要去好了）。事實上，憂鬱症的一項特徵就是：患者在思考未來事件時，無法想像自己會非常喜歡那些事件。[27]「度假？談場戀愛？一夜狂歡？不了，謝謝。我靜靜坐在黑暗中就好。」憂鬱症患者的朋友們看不慣他們在極度沮喪的情緒中痛苦掙扎，於是告訴他們「黎明前總是最黑暗的，但一切都會過去，每個人都會有走運的時候……」之類的陳腔濫調。但是站在憂鬱症患者的角度，他的所有痛苦都很合理，因為他在想像未來時，會因為今天很難快樂起來，所以也很難相信明天會快樂。人在忙著對當下的現實生活產生負向情緒時，就不會對想像中的未來產生正向情緒。但人沒有意識到這是「現實優先」策略的必然結果，而錯誤地認為設想中的未來事件是導致自己不開心的**原因**。

旁觀者輕易就能釐清當局者混淆的事，並說些類似這樣的話：「你現在很沮喪，是因為你爸喝醉然後從門廊上摔下來，而你媽因為揍了你爸所以進監獄，你的小貨車又被沒收。不過一切到了下週就會很不一樣，到時候你會非常後悔當初沒跟我們一起去看歌劇。」某種程度上，你知道朋友說的話可能是對的，但是，當你試著無視、忽略或擱置自己當下的沮喪狀態，並預想明天的感受，就會發現那就像要你一邊咀嚼肝臟、一邊想像棉花糖的滋味。[28]我們應該想像未來，並考量這樣做的感受，這是很自然的事。但是大腦執意要對眼前的事件做出反應，所以我們就錯誤地斷定明天的感受會跟今天一樣。

小結

我一直很想給大家看底下這則漫畫，那是從一九八三年的報紙上剪下來的，然後就一直釘在我的留言板上，我每次看到都會開懷大笑。海綿被要求天馬行空地想像（也就是被問到「如果可以選擇，最想變成什麼東西」），而其所能想像的最奇特的東西，竟然是個節肢動物。當然，那位漫畫家不是在諷刺海綿，而是在諷刺我們。每一個人都會受到地點、時間和環境的限制，而我們在試圖使用大腦來超越這些限制時，往往是白費心力。我們就像故事中的海綿，自以為跳脫了思考的框架，卻只是沒看到這個框架到底有多大。

想像力之所以無法輕易超越當下的限制，原因之一是它必須向「感知」借機器來用。這兩個程序（想像力和感知）必須在同一個平臺上進行，這個事實表示：我

圖6-3：我們的知識有限、記憶有限，想像力並不是無遠弗屆。
＊藤壺會寄生在許多海洋生物上，其中包括海綿。

們有時會搞不清楚到底是哪一個程序在運作。我們認為自己在想像未來時的感受，就是到時候的感受。但事實上，我們想像未來時的感受，通常是對眼前發生的事情所做的反應。想像力和感知的工時分配是造成現在主義的一種原因，但不是唯一原因。所以，如果你的火車還沒到站，或是你還不打算關燈睡覺，又或者星巴克的店員還沒有拿出拖把對你擺臭臉，那我們就繼續看下去吧。

第7章 明天、一個月後，對大腦來說無不同

「我的吻不會膩了你的脣，
吻得越多，你越飢渴難耐，
讓你的雙脣時而紅潤、時而白皙，鮮艷欲滴。
十個短吻猶如一個長吻般深情，一個長吻猶如二十個短吻般甜蜜。
消磨在這旖旎的纏綿時光中，
熾熱的夏日彷彿只有一小時那麼短暫。」

——莎士比亞，《維納斯和阿多尼斯》(*Venus and Adonis*)

沒有人看過空中飛行的溫尼貝戈(Winnebago)兩棲露營車，但每個人都見證過時間的流逝。不過，為什麼人類更容易想像前者，而非後者？因為九千多公斤重的休旅車雖

然不可能達到足夠的飛行動力，但這輛兩棲露營車至少看起來像個**東西**，所以我們可以毫不費力地創造心像。人類之所以可以在物質世界如此有效率，原因之一就是具備這項卓越的天賦：創造出具體物體的心像。[1]如果你想像一個圓形的麥片罐上有一顆葡萄柚，再想像自己推倒罐子，就可以預見葡萄柚掉落。如果想像快速推倒罐子，你就會預見葡萄柚往自己的方向滑落，而如果是慢慢推倒罐子，則會預見葡萄柚往前方滑落。想像行為讓你能夠推敲想像中的事物，進而解決真實世界的重要問題。比方說：如何在需要的時候，把葡萄柚弄到自己的大腿上。但時間不像葡萄柚，它沒有顏色、形狀、大小或紋理，也無法被剝開、削皮、戳、推、塗色或刺穿。時間不是物體，而是一種抽象概念，所以難以想像。也因此拍電影的人必須用一些有形物體來象徵時間流逝，像是被風吹而一頁頁翻動的日曆，或者指針快速轉動的時鐘。但我們在預測未來的感受時，必須在時間的長河中思考，而如果無法建立抽象概念（例如時間）的心像，又要怎麼思考和推測？

大腦沒有內建時間概念

當我們需要推敲抽象事物，通常會想像它**像**什麼具體事物，接著轉為推敲後者。[2]對。大多數人來說，跟時間相似的具體事物就是空間。[3]研究顯示，世界各地的人都把時間當成空間維度來想像，所以我們會說「過去已經置於身後，未來就在眼前」「我們逐漸走向衰老，並回顧童年」「日子就像溫尼貝戈兩棲露營車，從我們身旁飛逝而過」。我們思考和說話的方式，就好像自己真的是從位於那邊的「昨天」移動過來，並朝著約一百八十度方位的「明天」前進。說英語的人在畫時間軸時，會把「過去」放在左邊，說阿拉伯語的人會把「過去」放在右邊[4]，而大多數說華語的人則把「過去」放在最下面。[5]但無論一個人的母語是什麼，都會把「過去」放在某處，把「未來」放在另一處。確實，如果我們打算解決一個關於時間的問題，像是「如果我在遛狗之前和看完報紙之後吃早餐，那我是先做哪一件事？」，多數人會把這三樣東西（早餐、狗、報紙）按照順序排成一列，然後檢查哪一樣位在最左邊（或最右邊、最下面，取決於當事人使用的語言）。運用「類比」進行推論是一種巧妙的技法，讓人能夠用自己的強項去彌補弱點，即運用能夠想像的東西，去思考、討論和推測無法想像的東西。

可惜，「類比」的方法雖然能有啟發，卻也會造成誤導。而無論是啟發或誤導，都發生在把時間維度類比成空間維度的情況。例如，你和朋友好不容易訂到一家新開幕、要排三個月的高檔餐廳，你們看完菜單之後都想點芥末脆皮鵪鶉，但你們兩個都有足夠的社交禮儀，所以意識到：在高級餐廳點同樣的菜，就好像戴著一對米老鼠耳朵在餐廳吃飯。所以你們決定一個人點鵪鶉，另一個人點鹿肉秋葵蓋飯（gumbo），這樣就可以優雅地跟對方分食了。你們這麼做不只是為了不被當成觀光客，更是因為相信「多樣化才是生活的調味料」。確實，如果在用餐後詢問你和朋友的快樂程度，可能會發現你們對於分食比較滿意，而不是各點一份鵪鶉。

但是，如果我們拉長這個問題的時間，就會出現奇怪的現象。想像一下，由於餐廳經理對你的精心打扮印象深刻，於是邀請你接下來一年的每個月的星期一都到餐廳，他會為你保留最棒的位置、招待免費用餐（但沒你朋友的份，他真的需要大改造）。不過，有些食材偶爾會用完，所以經理請你現在就決定每次回訪時要吃什麼，好讓他事先準備並以你喜歡的方式提供服務。你再次翻開菜單，但你討厭兔肉，又嫌小犢牛政治不正確，而你向來對蔬菜千層麵敬而遠之。你瀏覽一遍之後，發現只有四種餐點能勾起你的食欲：鵪鶉、鹿肉秋葵蓋飯、煙燻鬼頭刀、番紅花海鮮燉飯。你的最愛顯然是鵪鶉，恨不得可以吃個幾十次。但那樣就太俗氣、沒品味了，最重要的是，還會失去生活的調味。結果你要求經理每隔一個月為你準備鵪鶉，其餘六個月平均分配給秋葵蓋飯、鬼頭刀和海鮮燉飯。

我的朋友，你可能打扮入時，但一提到食物就毀了。[6]研究者曾經探討這種體驗，邀請受試者到實驗室吃零食，每週一次，共持續數週。[7]有一些受試者（選擇者）可以事先選擇每次要吃的零食，而就跟你一樣，他們通常會讓零食具有適度變化。接著，研究者找來另一群新的受試者，同樣每週到實驗室一次，共持續數週。其中，A組受試者每次都吃到自己最愛的零食（無變化組），B組大部分都吃自己最愛的零食，有時會吃第二愛的零食（變化組）。研究者在實驗過程中衡量了受試者的滿意度，卻發現A組比B組更滿意。換句話說，多樣化其實會讓人更不快樂。等一下，當一個人跟朋友在高檔餐廳用餐，多樣化就是生活的調味料，但是當一個人連續好幾週吃零食，多樣化卻成了生活的毒藥，怎麼會這樣？

人生最殘酷的真相之一就是：美好的事物在第一次發生時會特別美好，但重複出現之後，好感度會漸漸消失。[8]你只要比較一下孩子第一次和最近一次叫「媽媽」，或另一半第一次和最近一次說「我愛你」，就會明白我的意思。如果我們不斷重複經歷一種體驗，聽一段奏鳴曲、與同一個人做愛、在一樣的房間的窗臺看日落，那很快就會適應該體驗，且感受到的樂趣會越來越少。心理學家把這種現象叫做習慣化，經濟學家稱之為邊際效應遞減，一般人則說是婚姻。不過人類已經發現兩種對抗這種趨勢的方法：多樣化和時間。

克服習慣化的一種方法就是增加體驗的變化（親愛的，我有個新主意，今天在廚房看日落吧）。[9]另一種方法則是拉長重複體驗的間隔時間。如果每天午夜十二點都跟另一半互碰酒杯，並親吻對方，這件事就會變得相對乏味。但如果是在跨年夜才這樣做，然後過了整整一年再做一次，同樣一件事就會不斷帶來大量喜悅，因為一年已經足夠長到讓「習慣化」的效應消失。重點在於：要避免習慣化，「多樣化」和「時間」這兩種方法擇一即可。事實上（這一點真的很重要，請放下餐具、認真聽），當重複的體驗之間有足夠的時間間隔，就不需要多樣化，否則反而得不償失。

如果各位允許我提出一些合理的假設，就能清楚地了解這個事實。請想像有一種叫做「快樂測量儀」的機器，能以「快感」為單位來測量人的快樂程度。第一個假設是「偏好假設」：你吃下第一口鵪鶉能獲得五十個快感，而吞下第一口秋葵蓋飯能獲得四十個快感。這表示比起鹿肉秋葵蓋飯，更喜歡鵪鶉。第二個是「習慣率假設」：你在接下來的十分鐘內，每吃一口同樣的餐點，就會比前一口少一個快感。第三個是「用餐速度假設」：你通常以「每三十秒吃一口」的輕快節奏用餐。圖7-1顯示，在前述關於偏好、習慣率、用餐速度的假設下，你的快樂程度會出現何種變化。正如你所看到的，在這樣的前提下若要讓快樂程度最大化，最好的方法就是先吃十口鵪鶉（費時五分鐘），然後再品嘗秋葵蓋飯。為什麼要換吃另一道餐點？因為如圖上的直線所示，吃第十一口鵪鶉（發生在五分三十秒）只會獲得三十九個快感，而吃第一口秋葵蓋飯則會獲得四十個快感。這就是你跟朋友在用餐時，應該交換盤子、座位的好時機。[10]

再看看圖7-2並留意，當我們改變你的用餐速度，進而拉長這段美食體驗的時間，結果會出現多大的變化。如果你每一口的間隔時間超過十分鐘（圖7-2以十五分鐘為例），那就不會習慣化，這表示每一口鵪鶉都跟第一口一樣美味，而秋葵蓋飯永遠都比不上鵪鶉。換句話說，如果你吃得夠慢，就不需要多樣化的菜色，而且多樣化反而會造成損失，因為每一口秋葵蓋飯帶來的快樂程度都少於鵪鶉。

照這樣說，當你跟朋友一起坐在假想的餐廳

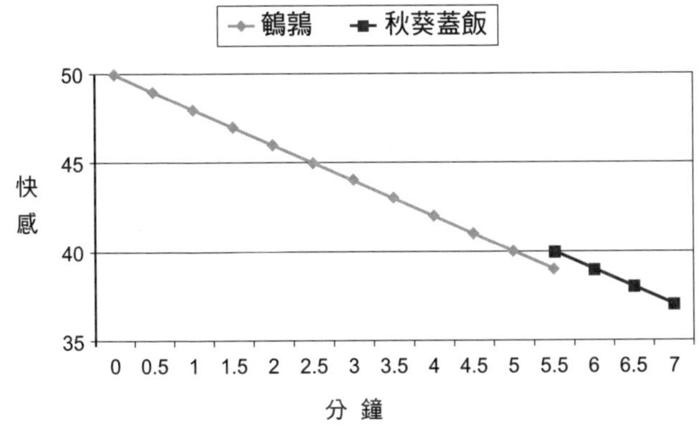

圖7-1：如果用餐速度很快，多樣化讓你更滿足。吃鵪鶉的速度太快，連續享用的快樂程度就會逐漸下降，改點秋葵蓋飯的話就可以提高滿足感。

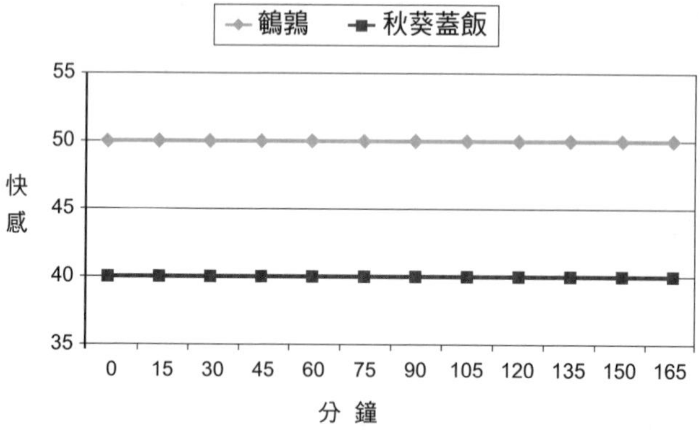

圖7-2：如果用餐速度很慢，多樣化會降低滿足感。吃鵪鶉的速度夠慢，連續享用的快樂程度就會保持不變，換吃秋葵蓋飯的話就一定會降低快樂程度。

裡，點了兩道菜要同時享用，而且用餐時間不多，你就會用多樣化來為體驗增加調味。這確實是個好方法。可是當經理請你提前決定一年份的餐點，你還是會選擇多樣化。你的時間難道不夠多嗎，為何還需要多樣化？這都要怪空間的比喻（見圖7-3）。當你思考餐點在時間上的間隔，腦中想像的卻是一張桌子上間隔十幾公分的幾道餐點，並且假設：適用於空間間隔的分析，也適用於時間間隔。如果餐點是在空間上有所間隔，追求多樣化是很明智的舉動。畢竟，誰想要眼前那張桌子擺滿了十二道一模一樣的芥末脆皮鵪鶉？我們喜歡綜合拼盤或吃到飽的自助餐，因為我們想要（也應該想要）一次體驗到各種選擇。問題是，當我們用空間比喻來分析，而且把分別在十二個月體驗的十二次用餐，想像成同時擺在長桌上的十二盤菜，就會**把依次出現的選擇錯看成同時出現的選擇**。這樣做並不明智，因為依次出現的選擇已經拉長了時間，所以多樣化反而會讓快樂程度降低，而不是提升。

想像時，你是以什麼為基準點？

由於時間難以想像，所以我們有時會想像成空間維度，有時則根本不想像。例如，我們想像未來事件時，**心像通常**會包括相關的人物、地點、話語和行動，但很少**包括明確的時間點**，指出那些人是「何時」在那些地方說話和行動。當我們想像跨年夜發現另一半出軌，這時的心像看起來跟想像自己在猶太普珥

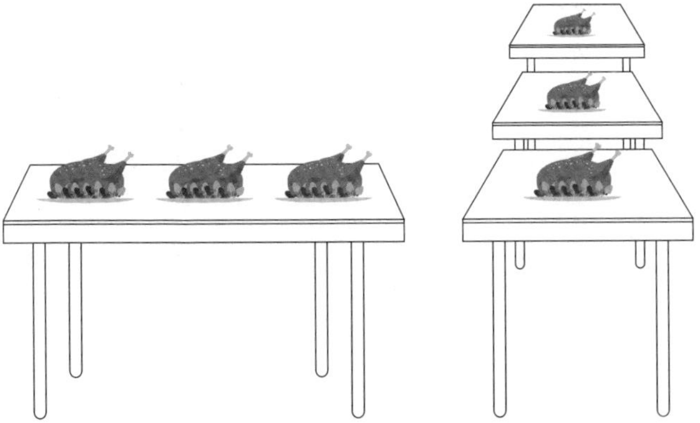

圖 7-3：同一時間享用的美食（左）需要多樣化，依次享用美食（右）則不需要。所以當我們把「依次享用美食」錯誤地類比成「同時享用美食」，就會做出錯誤決定。

節（Purim）、萬聖節或俄羅斯東正教復活節（Orthodox Easter）發現另一半出軌的心像差不多。確實，如果你想像的是「在跨年夜發現另一半跟郵差躺在床上」，這時把「另一半」換成「理髮師」，或把「躺在床上」換成「聊天」，所形成的心像會大不相同。但如果用「感恩節」取代「跨年夜」則幾乎沒有差別。事實上，我們根本無法做時序上的替換，因為心像中根本沒有「時間」可供更改。我們能夠檢查**心像，看看誰在何處做了什麼事，卻看不到那是何時發生**的。總之，心像通常不具時間性。[11]

那麼，我們是如何判斷自己對未來事件的感受？答案是：我們通常會想像現在發生那些事的感受，接著再考量到「現在」和「以後」不完全相同。比方說，如果問一個十幾歲的異性戀少年：「如果有一個百威啤酒小姐現在站在門口，用娃娃音拜託你幫她按摩，你會有什麼感覺？」他的反應將顯而易見：面露笑容、眼睛張大、瞳孔收縮、臉頰變紅，其他生理系統也自然會反應。如果問另一個十幾歲的少年同樣的問題，但是把「現在」改成「五十年後」，他的反應大致上也會跟前一個少年差不多。一時之間甚至會讓人懷疑，第二個少年完全沉浸在那個赤腳、豐唇女神的心像中，而忽略了這個想像事件在半世紀後才會發生。但一會兒之後，可能在幾百毫秒內，他會想到事件發生的時間點，進而意識到男性在青春期和祖父輩時期有著不同需求，於是最初的興奮感消失，並做出正確判斷：

在老年時跟一個妙齡女子邂逅，可能不會像睪固酮爆棚的現在這麼興奮。第二個少年的轉變相當具有啟發性，因為這表明了他在想像未來事件時，最初是想像那件事發生在當下，然後才想到那是發生在未來，發現年紀增長勢必會減損視力與性欲。

這為什麼重要？少年在回答之前才考慮到：現在跟五十年後是兩回事。所以，誰在乎他先短暫被心像中那個修過圖的火辣百威女郎迷惑之後，才想到這件事？我在乎。你也應該在乎。他先是想像一個事件**現在**發生，然後再以「它其實**以後**才會發生」這個事實，來修正自己的想像。這是一種相當常見的判斷方法，但必然會導致錯誤。[12]為了理解這種錯誤的本質，我們來看一項研究：該研究讓受試者猜測，有多少非洲國家屬於聯合國會員國。[13]但受試者不是直接回答，而要使用逼近法來判斷。A組受試者要判斷答案比「十」大多少或小多少，B組則要判斷答案比「六十」大多少或小多少。換句話說，受試者被指派一個任意的「**起點**」，並且必須**修正**該起點，直到達到適當的「**終點**」——就像前述少年用當下一個美女的圖像作為判斷起點（我非常興奮！），然後修正，直到達到判斷終點（但這一切發生時我已經六十七歲了，所以可能不會像現在一樣興奮）。

這種判斷方法的問題是：起點會對終點造成極大的影響。前述研究的A組受試者（以十為起點）猜測聯合國大約有二十五個非洲國家，B組（以六十為起點）則猜測大約有四十五個。怎麼會差這麼多？因為受試者一開始是先自問「這個起點可能是正確答案嗎」，然後發現不可能，於是就慢慢朝一個更合理的答案前進（不可能是十個，會是十二個嗎？不，還是太少了。十四個？還是二十五個？）[14]只不過，這個過程需要時間和注意力，所以從「十」出發的A組和從「六十」出發的B組還來不及在中間交會，就沒耐性地放棄了。這很正常。如果你叫一個小孩從「零」一直往上數，叫另一個小孩從「一百萬」一直往下數。那麼可以確定，在他們最後累到放棄時，他們數到的數字會非常不同。起點之所以重要，是因為**人經常停在距離起點比較近的地方**。

當人把未來事件想像成現在發生，接著再及時修正該事件真正的時間點，並據此預測自己的未來感受，這就犯了同樣錯誤。例如，一項研究讓受試者預測，自己喜歡在隔天早上還是下午吃義大利肉醬麵。[15]A組受試者在理想狀態下進行預測，B組受試者則在有干擾的狀態下進行預測。具體來說，B組受試者會在預測時必須同時辨別音調。A、B兩組又各自分成：在飢餓時預測，或不是在飢餓時預測。結果，A組受試者（處於理想狀態）預測自己，比較喜歡在下午吃義大利麵，且飢餓與否對於預測幾乎沒有影響。B組（處於同時執行兩項任務的不理想狀態）的預測則會非常接近其起點。事實上，B組預測自己隔天早上和下午對義大利麵的喜好程度都一樣，但飢餓與否則對於預測有明顯影響：

飢餓的受試者都預測自己隔天會喜歡義大利麵，沒有早上或下午的分別，飽足的受試者則預測自己隔天都不喜歡義大利麵。

這樣的結果顯示，所有的受試者都是用逼近法來預測：先想像自己當下對於義大利麵的喜好程度（餓了就覺得「好吃！」而飽了就覺得「噁心」）並把這種預先感受當成起點，來預測明天的喜好程度。但是，那些一邊預測、一邊辨別音調的受試者，卻無法修正自己的判斷，所以預測終點和起點非常接近。人類在試圖預測自己的未來感受時，自然會以現在的感受為起點，所以預期中的「**未來感受**」**會比實際情形更接近**「**現在感受**」。[16]

更低價的偏誤

如果你沒有任何特殊才能或令人稱奇的身體殘缺，但還是暗自渴望進入《金氏世界紀錄》，你或許可以試試在週一早上走進老闆的辦公室，告訴他：「我在這家公司已經工作一段時間，相信我的表現非常出色，所以我想減薪一五％……但如果公司目前做不到這一點，我也可以接受減薪一〇％。」《金氏世界紀錄》的工作人員會仔細記下你說的話，因為在漫長的勞資關係史上，從來沒人要求減薪。確實，人們討厭薪水減少，但研究顯示，原因跟薪水無關，而是跟「減少」有關。舉例來說，當**人們被問到偏好下列哪一份工作**：一、第一年年薪三萬美元，第二年四萬美元，第三年五萬美元。二、第一年年薪六萬美元，第二年五萬美元，第三年四萬美元。雖然第一份工作的總收入比較少，但多數人都會選擇收入逐年遞增的第一份工作。[17]這實在很奇怪，人為何寧願減少總收入，也不願薪水逐年遞減？

朝三暮四，錯過好事

如果你曾經在某天晚上開著電視陷入沉睡，但卻在另一個晚上被腳步聲驚醒，那你已經知道答案了。人腦對於刺激的**絕對值並不太敏感**，**卻對差異和變化**（即刺激的相對值）**特別敏感**。比方說，如果我蒙住你的眼睛，並要你拿著一塊木頭，這時我在上面放一包口香糖你會知道嗎？答案是「看情況」，這取決於木頭的重量。如果那塊木頭只有三十克，那我在上面放一包一百五十克的口香糖，你就會立刻發現重量增加了五倍。但如果木頭重達五公斤，你就不會發現重量增加了〇．〇三倍。「人是否能夠察覺一百五十克的重量？」這個問題沒有答案，因為大腦偵測的不是重量，而是重量的差異和變化，而且這對於幾乎所有物理特徵都是如此。

但我們不只對重量、亮度、體積等物理特徵的相對值（而非絕對值）敏感，還包括主觀特徵，例如價值、好處、意義。[18]比方說，大多數人會為了節省五十美元，願意開車穿越整座城市去買一臺一百美元的收音機，不過如果買的是一輛十萬美元的汽車，就不願意做同樣的事。因為在買收音機時，五十美元看起來很可觀（哇！同樣的收音機在塔吉特百貨打對折）。但在買車時，五十美元就顯得微不足道了（這不就等於我大老遠跑去買一輛折扣只有〇．〇五％的車）。[19]

經濟學家會對這種行為搖頭，並正確解說：「你存在銀行裡的是『絕對金錢』，不是『折扣』。如果你願意為了省五十美元而開車穿越整座城市，那麼省錢的是什麼並不重要。因為你把錢花在汽油和日常用品的時候，這些錢並不曉得自己是從哪裡來的。」[20]但沒有人聽得進去那些經濟學觀點，因為人類思考問題的方式，是根據相對金錢而不是絕對金錢，所以五十美元是否可觀，取決於相對值（所以有些人**不在乎自己的投資有〇．五或〇．六％放入共同基金經理人的口袋**，卻會花好幾個小時在週日的報紙上，尋找牙膏的六折優惠券）。行銷人員、政治家和其他有影響力的人都很清楚人類對於相對值的執著，並經常利用這一點來獲得好處。例如這個古老的策略，先提出一個不合理的大要求（請問您是否願意下週五參加我們的拯救熊熊大會，並在週六跟我們一起到動物園抗議遊行），被拒絕之後再提出一個小要求（沒關係，那您是否願意捐五美元給我們的組織）。研究顯示，人在**考量**過對方的**大要求之後**，**更有可能接受小要求**，一部分是因為在那種情況下，小要求看起來……呃，可以接受。[21]

一項商品的主觀價值是相對的，所以其價值會隨著比較對象而改變。例如，我每天早上走路上班時都會在星巴克停一下，並付一．八九美元給咖啡師，他就會遞給我一杯六百毫升的中上等級咖啡。我不知道星巴克做這杯咖啡的成本是多少錢，也不知道他們跟顧客收這個價錢的理由。但我知道，如果有一天早上我走進星巴克，突然發現咖啡漲到二．八九美元，我會馬上做以下其中一件事：一、比較新舊價格，斷定星巴克的咖啡變得太貴了，然後買一個保溫杯，開始在家煮咖啡帶去上班。二、比較新價格和其他同值物品，像是兩隻螢光筆、一根八十公分的人造竹，或百分之一的《邁爾士．戴維斯於蒙特勒音樂節》（*The Complete Miles Davis at Montreux*）全套專輯，最後斷定星巴克的咖啡還是很划算。這兩種比較，理論上我當然都可以做，那實際上我會做的到底是哪一種？

答案很明顯：我會做相對簡單的比較。當我看到一杯咖啡要二．八九美元，很容易就會想起前一天花多少錢買同樣的咖啡，而**不太容易想像用同樣的錢**，**能買到的其他東西**。[22]因為對我來說，回想過去的經歷比創造新的可能性要容易得多，所以我很容易會拿現在和過去相比，就算**應該**比的是其他可能性也一樣。而我確實**應該**拿現在和其他可能性相比，因為咖啡的價格無論在前一天、前一個禮拜，還是胡佛總統執政的任何時候都不**重要**。現在我有定量的錢可以消費，唯一的問題是：我要如何花這筆錢才能獲得最大滿足。如果國際咖啡豆突然禁運，導致每杯咖啡的價格飆升到一萬美元，那我唯一需要問自己的問題是：「我還能用這一萬美元做什麼？那樣做的話，帶來的滿足會比一杯咖啡多還是少？」如果答案是「更多」，我就應該離開星巴克。如果答案是「更少」，我就應該去買杯咖啡，然後聘一位拿著鞭子的會計師。

回想過去比創造可能性更容易，這一事實會讓人做出很多奇怪的決定。舉例來說，人們更傾向購買價格從六百美元降至五百美元的旅遊套票，而不是前一天特價三百美元，但今天要價四百美元的相同行程。[23]因為相較於比較其他可能購買的商品，比較旅遊套票的前後價格更容易。所以人們最後常常**會選擇當下看起來不錯的爛交易，而放棄曾經非常棒的好交易**。同樣的傾向也會讓人們以不同的態度看待有「過去意義」的商品和沒有「過去意義」的商品。比方說，假設你的皮包裡有一張二十美元的鈔票，和一張二十美元的演唱會門票。當你到了會場，卻發現門票不見了，這時你會再買一張新門票嗎？大部分的人不會。[24]現在，假設你的皮包裡有兩張二十美元的鈔票，而你打算到演唱會的現場才買票。當你到了會場，發現其中一張鈔票不見了，你會買門票嗎？大部分的人會。就算不是邏輯學家也看得出來，前述兩種狀況在各方面都是相同的：都是弄丟一張價值二十美元的紙（門票或鈔票），也都必須決定是否要把皮包裡所剩的錢花在演唱會上。雖然如此，但我們比較現在和過去的執著傾向，導致我們以非常不同的方式，分析這兩個其實相同的情況。

當我們弄丟一張二十美元的鈔票，並考慮是否要第一次購買演唱會門票，這時的演唱會不具有「過去意義」，所以我們會正確地把聽演唱會的成本和其他可能性相比（我應該花二十美元聽演唱會，還是買幾副新的鯊魚皮手套？）。但是，當我們弄丟一張先前買過的門票，並考慮是否要「換成其他東西」，這時**演唱會已經具有「過去意義」**，所以我們會把現在聽演唱會的成本（四十美元）和過去的成本（二十美元）相比，最後就不想聽一場突然貴兩倍的演唱會了。

貨比三家，被商家利用賺更多錢

我們在推斷未來時，如果比較的是當下與「過去」（而非其他可能性）就會犯錯。但我們就算**真的**跟「其他可能性」相比，還是會犯錯。比方說，如果你跟我一樣犯了錯，你的客廳就會變成小倉庫，堆滿椅子、燈具、音響、電視等耐用品。你可能在買這些東西之前先逛了一圈，並且把最後買的物品跟其他選項比較，例如：目錄上的其他燈具、展示室裡的其他椅子、架上的其他音響、商場裡的其他電視機。你並不是在決定是否要花錢，而是在決定如何花錢。不過，所有可能的花錢方式，都是那些希望你掏錢的熱心人士想出來的。這些熱心人士會幫你克服跟過去比較的天性（這臺電視有比我的舊電視好嗎？），讓你非常輕鬆地跟其他可能性比較，比如在店裡發現國際牌的畫質比索尼清晰很多。只可惜，我們太容易被這類並排的比較愚弄，這就是**商人努力確保我們做這種比較**的原因。

例如，人們通常不喜歡買同一個類別中最貴的商品，所以就算根本沒人會買，店家還是會放一些非常昂貴的商品（天啊！一九八二年歐布里雍堡的佩薩克—雷奧良〔Château Haut-Brion Pessac-Léognan〕葡萄酒一瓶要價五百美元！），這可以讓**稍微貴**的**商品看起來更便宜了**，進而提升銷售量（我還是買一瓶六十美元的金芬黛〔zinfandel〕吧）。[25]無恥的房仲會先帶買家去看按摩店和毒窟一區的爛房子，然後再帶去他們真正想要賣的普通住宅，因為爛房子讓普通住宅看起來非常棒（喔，親愛的，你看草地上一根針頭都沒有）。[26]我們在並排比較時，不只會受到頂級葡萄酒或破爛房子等極端可能性的影響。如果已經在考慮一個品項，這時再加入其他類似的可能性，也會影響我們的選擇。例如一項研究向醫生介紹藥物X，並詢問他們是否會開這種藥給退化性關節炎患者。[27]醫生們顯然認為藥物X不錯，因為只有二八%選擇不開這種藥。但是，當研究者詢問另一組醫師，會給患者藥物X還是另一種療效相同的Y，卻有四八%選擇兩種藥都不開。顯然，在可能的藥物列表中加入另一種療效相同的藥物，會讓醫生難以選擇，所以許多醫生兩種藥都不採用。如果你發現自己有說過「我實在很難在那兩部電影中二選一，所以還是待在家看重播的電影好了」，那你就知道為什麼醫生會犯那種錯誤了。[28]

並排比較最讓人忽視的是，這種方式會讓我們在比較各種可能性時，注意到所有用來區分的特徵。[29]我人生中最不開心的幾個小時，有一部分是耗在原本只打算逛十五分鐘的商店裡。我在開車去野餐的路上經過一家大賣場，停好車就衝進去，希望幾分鐘之後帶著一臺小巧的數位相機回到車上。但是當我走進那個宇宙無敵超級大的相機世界，卻看到小巧的數位相機有好幾排，令人眼花撩亂，每一臺都有許多不同的特性。就算只有一臺相機，有些特性是我本來就在考慮的，例如「夠輕，可以放進襯衫口袋，讓我隨身攜帶」。而有些特性是如果我沒注意到兩款相機的差異，就永遠不會想到的，例如「奧林巴斯的相機有閃光補償功能，但尼康的沒有。對了，閃光補償功能是什麼？」並排比較使我考慮到各款相機的**所有**差異，所以最後我反而會考慮一些自己根本不在乎、只是恰好能區分各款相機的特徵。[30]

舉例來說，如果你打算買一本新字典，你會在意哪些特徵？在一項研究中，第一組受試者競標一本保存完好、包含一萬個單字的A字典，結果平均出價為二十四美元。[31]第二組競標的是一本封面破損、包含兩萬個單字的B字典，結果平均出價為二十美元。第三組人可以並排比較兩本字典，結果對新的A字典的平均出價為十九美元，破損的B字典則為二十七美元。顯然，大家更關心字典的封面狀況，而只有在並排比較讓他們注意到字典的內容時，才會更在意詞彙量的差異。

每次新的購物經驗，都會改寫你的價值觀

我們現在先回頭想一想，上述關於「比較」的事實，在人類想像未來感受的能力上有什麼意義？這些事實包括：一、價值取決於事物之間的比較。二、我們在任何情況下，都可以進行一種以上的比較。三、其中一種比較方式讓人把某個事物的價值看得較高。這些事實告訴我們，如果想預測一件事在未來帶來的感受，就必須考量未來會採用的比較方式，而不是目前剛好採用的比較方式。可惜的是，我們想都沒想就做了比較（「老兄，那咖啡太貴了！」或是「我不會花兩倍的錢去聽演唱會」），以致於很少想到：你現在做的

比較，可能不是你之後會做的比較。[32]

例如，一項研究讓兩組受試者坐在桌旁，並預測自己幾分鐘後對洋芋片的喜愛程度。A組看到桌上放著一包洋芋片和一根巧克力棒，B組則看到桌上放著一包洋芋片和一罐沙丁魚。這些額外的食物會影響受試者的預測嗎？當然會。受試者自然會把洋芋片和其他食物比較。相較於A組（比較洋芋片和巧克力棒），B組受試者（比較洋芋片和沙丁魚）預測自己更喜歡洋芋片。但他們錯了，因為真正在吃洋芋片時，桌上的沙丁魚罐頭或巧克力棒**完全不影響**一個人對洋芋片的喜愛程度。當你滿嘴鹹香薄脆的洋芋片，桌上的其他食物就不重要了，就像你跟某人親熱時，其他潛在性伴侶就不重要了。受試者沒有意識到，他們在想像吃洋芋片時的比較（洋芋片是不錯……但巧克力更好吃），跟真正吃洋芋片時的比較不一樣。

多數人都有過類似的經驗。比如說，我們在買音響時，比較了小巧典雅的音響和巨大、四四方方的音響，而後注意到音質上的差異，於是買了笨重的龐然大物回家。遺憾的是，我們再也不會注意到音質，因為把巨大音響搬回家之後，我們就不會拿它的音質去比較上週在店裡的其他音響。我們只會把它糟糕的方正外型去比較家中時尚、優雅的裝潢風格。又比如說，我們在法國旅行時遇到一對同鄉夫婦，可能會馬上決定結伴旅行，因為我們不講法語會被法國人討厭、但講法語就會更加被討厭。這對同鄉夫婦顯然比法國人更親切、有趣，我們認為自己將來也會像現在一樣喜歡他們。但是，當我們回國一個月後邀請對方來家裡吃飯，這時卻會驚訝地發現，這對新朋友實在比自己的原本朋友更無趣、更無話可說。而且我們不喜歡對方的程度都足以讓自己去申請法國公民了。

我們的錯不在於跟兩個無趣的同鄉一起在巴黎旅遊，而在於沒意識到，**當時的比較**（麗莎和華特比法式餐廳的服務生親切多了）**不會是未來的比較**（麗莎和華特不像湯尼和約翰那麼好相處）。同樣的道理也解釋了，人們為什麼購物時都喜新厭舊，但很快就不再喜歡新買的東西了。當我們要買一副新的太陽眼鏡，自然就會把店裡時髦的新款式，跟自己鼻梁上那副過時的舊眼鏡相比。所以我們買了新的，並且把舊的放在抽屜。而我們才戴了幾天，就不會再把新的拿去跟舊的相比，而且，你知道嗎？這種比較帶來的喜悅消失了。

我們在不同的時間點會做不同的比較，卻沒有意識到這種情形。其實這個事實也有助於解釋其他令人困惑的現象。例如，經濟學家和心理學家已經證實，人們認為損失一元的影響比獲得一元更大，所以多數人會拒絕以下的賭局：有八五%的機率讓畢生積蓄翻倍，但也有一五%的機率輸掉一切。[34]未來可能的巨大獲益，並不足以抵銷可能的巨大損失，因為人們認為損失比同樣規模的獲益影響更大。不過，一件事究竟是獲益還是損失，通常取決於我們採用的比較方式。例如，你認為一輛十五年前出廠的馬自達跑車值多少錢？根據保險公司的說法，大約是兩千美元。但身為十五年前出廠的馬自達跑車車主，我保證，如果你想用兩千美元買我那輛有迷人凹痕和淘氣怪聲的可愛小車，你要先掰開我僵硬的拳頭再挖出鑰匙。我還敢保證，只要你看到我那輛車一定會心想：「這要兩千美元？除了給我車子和車鑰匙，至少還要加送腳踏車、割草機、還有終生免費的《大西洋》月刊（*The Atlantic*）吧！」

為什麼我們對那輛車的合理價值的意見不同呢？因為你把這筆交易當成潛在獲益（跟目前的感受相比，我如果得到那輛車會有多快樂？），而我把它當成潛在損失（跟我目前的感受相比，我如果失去這輛車能有多快樂？）。[35]我希望自己預期的巨大損失能獲得補償，但你不想補償我，因為你預期得到一些利益。你沒有意識到，只要你有了我這輛車，你的**參照架構會隨之改變**，屆時會採用我目前的比較方式，**認為那輛車絕對值得你付出的每一分錢**。而我沒有意識到，只要我失去這輛車，我的參照架構也會隨之改變，屆時會採用你目前的比較方式，高高興興地接受這筆交易，因為我現在也不會花兩千美元買一輛條件相同的車。

我們之所以會對價格有不同看法，並暗中質疑對方的人品和教養，是因為我們都沒有意識到，我們身為買家和賣家時會自然採取的比較方式，跟最後成為車主和前車主那時並不相同。[36]簡而言之，我們做的比較會大大影響自己的感受，而當我們沒有意識到自己今天所做的比較，並不是明天會做的比較，可想而知，我們就會低估自己的未來感受和現在感受到底差了多少。

小結

歷史學家用「**現在主義**」這個詞來描述一種傾向：以現代標準去評斷歷史人物。雖然我們鄙視種族主義和性別歧視，但這些概念直到最近才被視為道德敗壞。所以，譴責傑佛遜總統蓄奴或責備佛洛伊德對女性擺架子，就有點像在一九二三年逮捕開車沒繫安全帶的人。然而，這種透過「現在」的濾鏡看待「過去」的傾向簡直無可避免。正如美國歷史協會理事長所言：「現在主義不承認現成的解決方案。事實證明，人非常難以擺脫現代性。」[37]好消息是，大多數人都不是歷史學家，所以不必費心去找那個擺脫現代性的方法。壞消息是，我們都是未來主義者，而當大家都向前看而不是向後看，現在主義就成了一個更大的問題。

因為我們是**在**「現在」預測未來，所以那些預測一定會**受到**現在的影響。我們現在的感受（我好餓）和思考方式（大音響的音質比小音響好）會嚴重影響我們預估自己的未來感受。時間是個抽象、模糊的概念，所以人類常常會把「未來」想成是有點扭曲的「現在」，以致於想像中的明天必然會像有點扭曲的今天。當下的現實如此鮮明又強大，把想像力緊緊拴在一個永遠無法完全脫離的軌道上。現在主義的出現，是因為人沒有意識到：未來的自己不會用現在的方式看待世界。我們接下來會討論到，未來主義者面臨到最危險的問題，也就是我們的根本缺陷：無法站在自己即將成為的那個人的立場，從「他」的角度看待事情。

第五部

把這世界給合理化

我們口中的事實，早已經被合理化（rationalization）、或至少看起來合理。

第8章 快樂是詮釋世界的方式

「事情並無好壞之分，端看你怎麼想。」

——莎士比亞，《哈姆雷特》

忘掉瑜伽，忘掉抽脂。忘掉那些號稱可以改善情緒、縮小腰圍、恢復髮際線、增強記憶的有機營養補品。如果你想要健康快樂，就應該嘗試一種新妙方——能把你這個易怒、薪水不多的討厭鬼，轉變成渴望成為的那種人。不只如此，還讓你充分發揮個人潛能，並對人生有所體悟。如果你不信的話，不妨參考一下試用者的見證：

「我在身體、經濟、精神等幾乎所有方面，都比以前好很多。」——德州的JW

「這是一個美好的體驗。」——路易斯安那州的MB

「我現在更懂得感謝別人。」——加州的CR

這些滿意的顧客是誰？他們在談論什麼神奇妙方？JW：前美國眾議院議長吉姆・賴特（Jim Wright），因違反六十九條道德規範而被迫辭職之後，做了上述評論。MB：莫里斯・比克漢（Moreese Bickham）曾經在三K黨朝他開槍時自我防衛，結果到路易斯安那州監獄（Louisiana State Penitentiary）服刑三十七年，他在出獄時說了上面那番話。CR：克里斯多福・李維（Christopher Reeve）是飾演超人的帥氣男星，一次騎馬意外導致他頸部以下癱瘓，必須仰賴呼吸器維生，他後來發表了上述看法。這些故事有什麼涵意？如果想要擁有快樂、財富、健康和智慧，就該丟掉維他命，別做整形手術，並試著讓自己被公開羞辱、坐冤獄或四肢癱瘓。

嗯哼，是這樣嗎？我們真的應該相信，那些失去工作、自由和行動能力的人，因為發生在自己身上的悲劇，而在某種程度上變得**更好**嗎？如果你覺得不太可能發生，那你並不孤單。至少一個世紀以來，心理學家一直認為可怕的事件（如：親人過世、受到暴力犯罪傷害），一定會對當事人產生極大、毀滅性的長久影響。[1]這種假設深植於一般人的觀念中，以致於有些人如果經歷可怕事件，卻**沒有**出現極端反應，有時會被評估成一種叫做「缺乏哀傷」(absent grief)的病症。但近期研究顯示，這種傳統觀念錯了，缺乏哀傷其實很正常。就算心理學家一整個世紀都把人類塑造成脆弱的花朵，但大多數人在面對創傷時，其實都有驚人的韌性。失去父母或配偶固然是悲痛、感傷的事。事實上，大多數喪親之人都會難過一陣子，但演變成慢性憂鬱症的人只有少數，而且大多數人體驗到的痛苦程度較低，持續時間也較短。[2]

雖然超過一半的美國人在一生中曾經歷強暴、身體攻擊或天然災害等創傷事件，但只有一小部分的人會罹患創傷後壓力症，並需要專業協助。[3]正如一組研究團隊表示：「我們經常觀察到，人在遭逢可能的創傷事件之後，最常表現出的是『韌性』。」[4]事實上，針對**重大創傷事件的倖存者**所做的研究顯示，絕大多數人都調適得很好，且**大部分都表示該事件提升了自己的生活**。[5]沒錯，我知道，這種說法聽起來會成為某一首鄉村歌曲的歌名。但大多數人在糟糕的情境之下，的確都表現得無懈可擊。

如果大部分的人都有韌性，那這種統計數據有什麼好驚訝的？為何多數人都無法相信**有人**會認為監獄生活是「一種美好體驗」[6]，或認為癱瘓是為生活帶來新方向的一個獨特機遇？[7]如果聽到被化療折磨多年的運動員說：「我不想改變任何事」[8]，或終身殘疾的音樂家說：「如果再來一次，我還是希望一切照舊」[9]，又或四肢癱瘓、半身不遂的人說自己跟別人一樣幸福快樂[10]，為何大多數人都會難以置信地搖頭？對於我們這種只是想像不幸遭遇的人來說，當事者說的話相當不可思議。不過，我們又有什麼資格去跟真正經歷過不幸的人爭論？

事實上，人們確實會被負面事件影響，但影響程度並不如想像中那麼強大，持續時間也不會那麼久。[11]當人預測自己在失業、失戀、支持的候選人輸掉重大選舉、球隊輸掉重要比賽、面試失利、考試不及格或比賽落敗時的感受，總是會高估自己心情糟糕的程度和持續時間。[12]身體健全者願意付出高昂的代價來避免殘疾，而相較之下，殘疾者則不會付出高昂的代價來重獲健全，因為**身體健全者低估了殘疾人士的快樂程度**。[13]一組研究團隊指出：「比起那些想像自己患有慢性病、殘疾的人來說，真正的患者對自己的生活有較高的評價。」[14]確實，在健康人的想像中，有八十三種疾病會讓人「痛不欲生」，但真正有那些疾病的人卻很少做想不開的行為。[15]如果負面事件的打擊不如想像中嚴重，那為何人們會這樣預期？如果心碎和災難可以偽裝成祝福，那這種偽裝為何會讓人如此信服？答案是：人類的心智傾向於「利用模糊」。如果這個詞在你眼裡就已經很模糊，沒關係，我會在下節解釋。

兩個答案都是正解

比大海撈針更困難的唯一一件事，就是在針堆裡面找一根針。當一個物體的周圍全是相似之物，自然就會融入其中，而當周圍全是不相似之物，自然就會凸顯出來。請見圖8-1，如果你手邊有個以毫秒計時的碼表，就會發現：在上圖找到字母O（被數字包圍）的速度，會略比在下圖找到它（被其他字母包圍）還快。這很合理，在很多數字中找一個特定字母，會比在很多字母中找那個字母簡單。不過，如果你想成要找「數字0」而不是「字母O」，那你會在下圖比較快找到。[16]大多數人認為，我們可以用「線路配置」的概念來理解基本的感覺能力，比方說，如果要搞懂「視覺」，最好的方法就是研究亮度、對比、錐細胞、桿細胞、視神經、視網膜……但是，就算你理解圖8-1呈現的矩陣的所有物理特性，以及人眼的所有解剖構造，還是沒辦法解釋，為什麼一個人可以在一種情況下快速找到圓圈，另一種情況下則否。除非你知道圓圈所代表的**意義**。

在最基本的心理歷程中，「意義」也非常重要，但心理學家卻忽略了這個理所當然的事實，以致於浪費了將近三十年的心力卻一無所獲。在二十世紀下半，大部分的實驗心理學家都在為跑迷宮的老鼠計時，或是觀察鴿子啄鑰匙，因為他們認為要理解生物行為，

1	5	9	3	1	5	4	4	2	9
6	8	4	2	1	6	2	2	3	3
9	2	7	6	9	7	5	5	1	1
5	3	7	2	7	6	2	7	8	9
3	7	5	9	6	8	8	2	9	8
4	8	3	1	2	1	6	8	1	8
4	3	4	2	3	9	1	7	O	9
6	2	4	1	8	6	7	5	2	3
7	6	4	2	9	6	5	4	4	5
9	5	2	3	6	7	8	4	5	3

L	G	V	C	L	G	E	E	P	V
I	T	E	P	L	I	P	P	C	C
V	Q	R	I	V	R	G	G	L	L
G	C	R	P	R	I	P	R	T	V
C	R	G	V	I	T	T	P	V	T
E	T	C	L	P	L	I	T	L	T
E	C	E	P	C	V	L	R	O	V
I	P	E	L	T	I	R	G	P	C
R	I	E	P	V	I	G	E	E	G
V	G	Q	C	I	R	T	E	G	C

圖 8-1：同樣都是圓圈，在上圖中找到字母O的速度，會比找數字0還快。下圖則剛好相反。

最好的方法就是描繪出刺激和反應之間的關聯性。心理學家仔細測量生物受到光線、聲音或食物等物理刺激時的反應，希望據此建立一門科學，從此不需探討「**意義**」這種抽象又模糊的概念，也可以發現看得見的刺激與行為的關連性。遺憾的是，這個天真的計畫從一開始就注定會失敗，因為老鼠和鴿子是對真實世界**顯現**的刺激做反應，而人類則是對心智所**表徵**的刺激做反應。

真實世界的客觀刺激會形成心理上的主觀刺激，而人類就是對後者有反應。例如圖8-2，上、下兩個英文單字的中間字母實際上是相同的刺激（我可以保證，因為那是我自己剪貼的），但是大多數懂英文的人卻會對那兩個字母產生不同的反應，不論是看法、發音還是記憶。因為那個刺激在上圖代表H，在下圖則代表A。事實上，比較合適的說法應該是：那個刺激在上圖是H，在下圖則是A。因為人類在辨識墨跡線條時，主要並不是根據客觀的構成方式，而是**當事人的主觀解讀方式**。「兩豎一橫」放在T和E中間時，意指一個東西，而放在C和T中間時，則意指另一個東西。人類不同於老鼠和鴿子，其中一項差異就是：人類是對刺激的**意義**做反應，而不是對該刺激本身做反應。所以我父

圖8-2：中間的字樣在不同組合下有不同的意義。

親可以叫我「小笨蛋」，但是你不行。

片面的事實

大部分的刺激都有模糊性，它指的可能不只是一樣東西。有趣的是，人如何**消除模糊性**？也就是說，人如何在特定情境下，從刺激的多重意義中，挑選出最合適的那一個？研究顯示，**脈絡**、**頻率**和**近因**（recency）是最重要的判斷因素。

- 考慮**脈絡**：「bank」這個英文單字有兩個意思，分別是「存放錢的地方」以及「河畔的土地」，但英文使用者絕對不會搞混。例如在「The boat ran into the bank—船撞上河岸」和「The robber ran into the bank—搶匪闖進銀行」這兩個句子中，「boat—船」和「robber—搶匪」提供了脈絡，所以英文使用者可以判斷「bank」分別代表什麼意思。
- 考慮**頻率**：人類接觸某種刺激的經驗，也會影響判斷意義。例如使用英文的銀行信貸員可能會把「Don't run into the bank—別闖進銀行／別撞上河岸」這句話解讀成自己工作場所的警語，而不是給船長的忠告。因為信貸員平日聽到「bank」這個單字時，通常是用來指稱金融領域的事務，而跟航運沒有關係。

- 考慮**近因**：如果有個船員最近看到保險箱的廣告，所以「bank」的金融意義仍然鮮明地停留在腦海，那他可能也會把「Don't run into the bank」解讀成跟金融機構有關，而不是跟河岸有關。事實上，因為這幾個段落一直提到「銀行」，我敢打賭，你在看到「He put a check in the box—他把一張支票放到保險箱裡／他在格子裡打了一個勾」這句英文時，所形成的心像是「一個人把一張紙放進一個容器裡」，而不是「一個人在一張問卷上作記號」。（這就和我們看圖8-2，不會把兩行字讀成Tae和Cht是一樣的道理）。

人跟老鼠、鴿子不同，人對意義做出反應，並且在判斷一個模糊刺激的意義時，是根據**脈絡**、**頻率**和**近因**這三個因素。但是，還有另一個因素一樣重要，而且更有趣。人跟老鼠、鴿子一樣，都有欲望、渴望和需求。我們不只是世界的旁觀者，更是投資者，所以我們通常會**希望**一個模糊的刺激，代表的是A而不是B。例如，請看圖8-3的內克方塊（根據一八三二年發現它的瑞士晶體學家而命名）。你只要盯著幾秒鐘，就會發現這個方塊的性質很模糊：一開始會覺得自己是平視一個放在**前方**的方塊，而圓點位於方塊後面，就在背面和底面的交接處。但如果盯得久一點，畫面會突然改變，你會感覺在俯視一個放在**下方**的方塊，而那個圓點現在跑到右上方、靠近自己的一側。因為圖8-3的兩種解讀方式沒有好壞的差別，所以你的大腦可以愉快地在兩個畫面切換，並讓你適度開心，直到終於頭暈為止。

但如果其中一種解讀方式比另一種好、意思是，如果你**偏好**其中一種，那會發生什麼情況？實驗顯示，當受試者因為看到「放在前面」（或「放在下面」）的方塊而受到獎勵，該方位的圖像就會更頻繁地「跳出來」，且受試者的大腦會「堅持」該解讀方式而不再切換。[17]換句話說，當人腦可以自由採取一種以上的方式來解讀刺激，通常就會採取自己想要的解讀方式。我們的偏好就跟脈絡、頻率和近因一樣，都會影響此人對刺激的解讀。

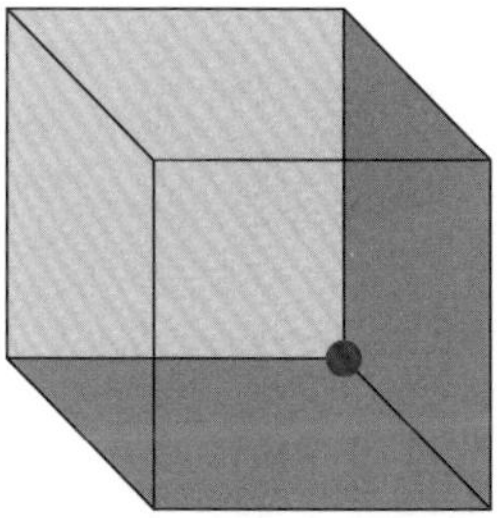

圖8-3：如果一直盯著內克方塊，就會發現它改變了方位。

這不是只有在解讀怪異圖像時才會有的現象。比方說，為什麼你覺得自己很有天賦？（拜託，別裝了，你知道自己就是這麼想的。）為了回答這個問題，研究者讓A組受試者（定義者）寫下自己對「天賦」的定義，並要求他們根據自己寫的定義來評估自己的天賦。[18]接著，研究者把A組寫的定義拿給B組，並要求他們用那些定義來評估自己的天賦。有趣的是，A組比B組認為自己更有天賦。因為A組可以隨意而自由地定義「天賦」這個詞，所以就**完全**使用自己想要的方式（我認為「天賦」通常是指「卓越的藝術成就」，例如我剛完成的這幅畫／一個人的「天賦」是指「與生俱有的能力」，例如比其他人更壯。我該把你放下來了嗎？）。A組可以自行設定「天賦」的標準，而且更有可能達到自己設定的標準，這絕非巧合。大多數人都認為自己很有天賦，或是很友善、聰明、公正，其中一個原因就在於：這些形容詞相當於詞彙界的內克方塊，人腦自然會利用每一個詞的模糊性來滿足自己的需求。

天生的樂觀主義者

當然，人類可以利用的模糊性來源，最豐富的不是詞語、句子或形狀，而是那些複雜、多元、富於變化，且讓每個人的生活彷彿拼貼畫的個人**體驗**。如果「內克方塊」有兩種可能的解釋，而「天賦」有十四種可能的解釋，那麼「離家」「生病」或「在美國郵政署工作」就有數百種、乃至於數千種可能的解釋。人身上所**發生**的各種事件（例如：結婚、生兒育女、找工作、向美國國會請辭、入獄、癱瘓），其複雜度遠大於線條或色塊，而這種複雜度也產生了大量可利用的模糊性。人們可以輕易利用這些模糊性。例如在一項研究中，A組受試者得知自己會吃到美味、但不健康的冰淇淋聖代（冰淇淋組），B組則得知會吃到有苦味、但很營養的新鮮羽衣甘藍（羽衣甘藍組）。[19]受試者在真正吃到那些食物之前，必須先評估三種食物的相似性，包括冰淇淋聖代、羽衣甘藍和午餐肉（這是公認不健康又不美味的食物）。結果，A組認為午餐肉跟羽衣甘藍的相似性更高，跟冰淇淋則沒那麼相似。另一方面，B組則認為午餐肉跟冰淇淋的相似性更高，跟羽衣甘藍則沒那麼相似。為什麼？因為某些奇怪的理由，A組考量的是食物的**美味程度**。冰淇淋很美味，不像羽衣甘藍和午餐肉。而B組考量的則是食物的**健康程度**。羽衣甘藍很健康，不像冰淇淋和午餐肉。

事實上，那個「奇怪的理由」並不算太怪。就像內克方塊既在你前方、同時又在你下方，同樣地，冰淇淋會讓人發胖、同時又很美味，而羽衣甘藍健康、同時又有苦味。你跟我的大腦輕易就能在思考食物的不同方式之間切換，因為我們只是在進行「讀取」。如果我們準備要吃其中一種食物，大腦會自動利用食物在特質上的模糊性，並促使我們用「能讓自己開心」的方式來思考（如：美味的甜點或健康的蔬菜），而不是「不能讓自己開心」的方式（如：讓人發胖的甜點或有苦味的蔬菜）。不過如果**潛在**體驗變成了**實際**體驗（這時我們就會在乎其好處），大腦就會動身尋找「能讓自己欣賞該體驗」的思考方式。

因為體驗原本就有模糊性，所以要找到某種體驗的「正向觀點」通常跟找到內克方塊的俯視視角一樣簡單。研究顯示，大部分的人都常常充分利用這種模糊性。例如：消費者在購買廚房電器之後[20]、求職者在接受一份工作之後[21]，或高中生在進入大學之後[22]，都會產生比原先更正面的評價。比起下注之前，賭馬的人在離開投注窗口時對自己下注的賽馬更有信心。[23]選民在離開投票所時，也會比剛踏進投票所時，更看好自己支持的候選人。[24]一臺烤麵包機、一家公司、一所大學、一匹馬、一位參議員，這些事物都很美好，而一旦它們成為我們的烤麵包機、公司、大學、馬、參議員，就會變得更美好。這類研究表明：人類只要擁有某些事物，就非常擅於找到看待那些事物的正向方式。

收集符合結論的事實

伏爾泰經典小說《憨第德》（*Candide*）中的潘格洛斯博士是一位「形上學—神學—宇宙學」老師，他相信自己活在無懈可擊的完美世界裡。

> 「顯然，」他說：「事物只能是它們本來的樣子。因為所有的事物都是基於某個目的才被創造出來，而且必須是基於最好的目的。例如，鼻子是為了支撐眼鏡而生，所以我們戴眼鏡。正如大家所見，腿是為了穿褲子而生，所以我們穿褲子。石頭是為了建造城堡而創造，所以我的主人擁有一座漂亮的城堡，因為一個地區最偉大的男爵應該擁有最好的房子。還有，豬是為了被吃而生，所以我們終年吃豬肉。所以，那些說一切都很好的人是在說傻話，他們應該說，一切都是最好的。」[25]

到目前為止，我有提到的研究似乎在在顯示：人類是無可救藥的潘格洛斯主義者，也就是樂觀主義者。我們思考體驗的方式比體驗本身還多，也特別擅於找出最好的思考方式。不過，如果真是如此，我們為什麼不會在走路時張大雙眼、咧嘴大笑，感謝上帝賜與我們美好的痔瘡和奇蹟般的親戚。大腦或許容易受騙，但可不是傻瓜。世界有**本來**的面貌，我們卻希望它呈現出**另一種**面貌，而我們對世界的體驗（即如何看待、回憶和想像它），則混雜了赤裸的現實和讓人愉快的幻想，缺一不可。我們如果實際體驗世界的本來面貌，早上就會沮喪得無法起床，但如果完全照自己的期待去體驗世界，又會被蒙蔽得連拖鞋都找不到。

我們或許是透過玫瑰色的眼鏡來看世界，既不是完全不透光，也不是完全透明。鏡片不能完全不透光，因為我們必須看得清楚，才能參與這個世界，例如：開直升機、收割玉米、換尿布等行為，這是聰明的哺乳類動物為了生存與繁盛必須做的事。這層鏡片也不能完全透明，因為我們需要那美好的色彩來激勵我們**設計**飛機（我保證這東西一定會飛）、種植玉米（今年一定會大豐收）、耐心地照顧嬰兒（多可愛的小寶貝！）我們不能失去現實感，也無法過著沒有幻想的生活，這兩方各有作用，而且會互相制衡另一方的影響力。而我們對世界的體驗，就是這兩個勁敵互相談判、妥協之後的結果。[26]

那麼，與其把人類想成無可救藥的樂觀主義者，倒不如想成擁有心理免疫系統的生物。跟身體免疫系統會保護身體、抵抗疾病一樣，心理免疫系統也會保護心理、抵抗不快樂。[27]這個比喻非常貼切，例如，身體免疫系統必須在下列兩種相互競爭的需求之間取得平衡：一、辨識並消滅未來入侵者（如細菌和病毒）。二、辨識且不攻擊自身細胞。如果身體免疫系統太弱，就無法保護身體、抵抗微小的掠奪者，進而使我們受到感染。但如果太強，就會錯誤地替身體攻擊自己，進而使我們罹患自體免疫疾病。一個健康的身體免疫系統必須在兩個相互競爭的需求之間平衡，設法保護好身體，同時又不能**過度**保護。同樣地，當人面臨被拒絕、失落、不幸和失敗等痛苦時，心理免疫系統既不能過度保護（我太完美了，是大家在找我麻煩），也不能保護不周（我是失敗者，我應該去死）。健康的心理免疫系統應該要平衡：讓人正向到可以承擔自身處境，但又負向到能採取適當行動（啊——我的表現糟透了。沒關係，下次一定會更好）。

人們需要被保護，但不能太極端，所以人腦自然會尋找事物最好的那一面，同時又堅持自己的觀點必須合理地貼近事實。出於同樣的原因，人們會**設法對自己形成正向評價**，同時也會拒絕不切實際的正向評價。[28] 比方說，如果大學生發現目前的室友看自己不順眼，就會申請換宿舍，但如果室友對自己評價過高，他們也會要求換宿舍。[29] 沒有人喜歡受騙的感覺，就算受騙的內容是一件值得開心的事。我們為了在現實和幻想之間保持微妙平衡，就會試圖用正向的角度看待自己的體驗，但我們只會接受看似可靠的觀點。不過，怎麼樣的觀點看起來才可靠呢？

能證明我是對的，就是事實

大多數人知道科學家是在收集和分析事實之後才彙整出結論，所以都會相信科學家的說法。如果有人問：你為什麼相信抽菸有害健康、慢跑有益健康，為什麼相信地球是圓的、銀河是平的，為什麼相信細胞很小、原子更小？你這時會舉出一些事實。你可能會解釋，你個人其實不「知道」那些事實，只知道在過去的一段時間裡，有一群非常認真的人穿著白色實驗衣，用聽診器、望遠鏡和顯微鏡來觀察世界，並記下觀察到的現象，加以分析之後再告訴其他人關於營養學、宇宙學和生理學中可以相信的事。科學家是可靠的，因為他們經由觀察得出結論。從實徵主義者（empiricist）戰勝教條主義者（dogmatist）並稱霸古希臘醫學之後，西方人就特別崇敬根據可見事物所做的結論。難怪我們會認為，一個觀點如果基於可觀察的事實，就表示很可靠，而如果基於願望、渴望和幻想，那就不可靠。我們或許很想相信「大家都愛我、我會長生不老、科技股即將大反彈」。

假如只要按下頭上的一顆小按鈕，我們就會立刻相信自己期待的事，那就太方便了。但「相信」不是這樣運作的。在人類的進化過程中，大腦和眼睛發展成一種契約關係：大腦同意去相信眼睛所看到的東西，而不相信眼睛所否決的東西。所以，如果人要相信一個東西，那這個東西必須有事實佐證，或至少不能公然違背事實。

如果人類只會接受可靠的觀點，而只有基於事實的觀點才可靠，那**我們是如何正向看待自己以及自己的體驗**？如果爛車、失望的伴侶、塌陷的舒芙蕾可悲地充斥著我們的生活，我們要如何把自己看作駕駛能手、模範情人、優秀的廚師？很簡單：**我們竄改事實**。收集、分析、解釋事實的方法有很多種，不同的方法往往會導致不同的結論，這就是在全球暖化危機、供給學派經濟學（supply-side economics）之益處、低醣飲食法的領域中，科學家們意見不同的原因。優秀的科學家會設法處理這種複雜性，選擇自認為最合適的方法，且無論最後得到何種結論都會接受。但糟糕的科學家則會利用這種複雜性，選擇一種最可能得到他們偏好結論的方法，這樣就可以用事實佐證。數十年的研究顯示，大多數人在收集並分析關於自己以及自己體驗的事實時，都堪稱是碩博士畢業的糟糕科學家。

以抽樣的問題為例。科學家因為無法觀察所有的細菌、彗星、鴿子或人，所以只好研究從母群中抽出來的小樣本。好的科學和常理有一個基本原則：如果傳達的是某一個母群的資訊，研究樣本就必須來自該母群的各個部分。如果只對橘郡（Orange County）的共和黨人，或「無政府主義暨反對包含本組織在內的組織」的行政人員進行電話訪問，那做民調就沒意義了。不過，當我們在尋找關於自己偏好的結論的事實時，這就是我們在做的事。[30]例如在一項研究中，受試者被告知自己有一項智力測驗分數很低，那麼他們接下來在閱讀智力測驗的相關報導時，就會花更多時間在質疑這類測驗效度的內容，而花較少時間去閱讀肯定這類測驗的內容。[31]在另一項研究中，受試者如果得到評估者（由研究人員假扮）的高度評價，那他們在觀看評估者的背景資料時，就會對肯定該評估者才能的訊息更感興趣，而對否定該評估者的訊息興趣缺缺。[32]上述的受試者透過控制自己接觸的訊息樣本，間接控制了最後得到的結論。

你或許也做過同樣的事。比方說，如果你打算買車，你可能在發現自己決定選擇本田而不是豐田之後，就開始留意雜誌上的本田汽車廣告，並快速掃過豐田汽車廣告。[33]而且如果你的朋友跟你說這件事，你可能會解釋：「我只是想更了解我決定要買的車，而不是不買的車。」但在這個情況下，「了解」的用法很奇怪，因為它通常是指「獲得均衡的知識」，而只看本田汽車的廣告是偏頗的，因為廣告不會提到自家產品的缺點。這樣看來，你追求新知識的方式，會帶來一個有趣的附加好處：確保自己沉浸在那些「證明自己的決定很明智」的事實中，而且確保你只會接觸到這種事實。

不只看雜誌會這樣，人們也會從記憶中挑選自己偏好的事實。例如在一項研究中，

A組受試者看到的證據指出：外向者會比內向者得到較多的薪水與升遷機會（外向成功組），而B組看到的證據則相反（內向成功組）。[34]接著，兩組受試者被要求回憶自己過去的具體行為，以確定自己屬於外向者還是內向者，結果A組通常會想起自己曾經厚臉皮地對陌生人介紹自己，B組則會想起自己曾經太過害羞，所以不敢跟心儀的對象打招呼。

當然，關於我們明智的決定、優秀的能力，以及熱情奔放的活潑個性，最大的證據來源並不是雜誌和記憶，而是「其他人」。我們在選擇同伴時，尤其會去接觸能支持自己偏好結論的訊息。你大概也注意到，除了NBA傳奇球星張伯倫（Wilt Chamberlain），沒有人可以靠隨機抽樣來挑選朋友和情人。相反地，我們會花無數時間和金錢精心安排生活，好確保周遭都是喜歡自己、或跟自己相似的人。也難怪當我們向認識的人尋求建議或意見，對方通常都會支持我們偏好的結論。因為他們**跟我們的看法差不多**，**或是不願意說出不中聽的話**來傷害我們。[35]而如果他們沒有說些好聽的話，我們還會技巧性地讓對方說出口。

例如研究顯示，人們喜歡問一些巧妙設計過的問題，來操控別人的回答。[36]比方說，「我是你交往過的最好的情人嗎？」這類問題就不太高明，因為只有一種答案會讓我們由衷開心。而「跟我做愛時，你最喜歡什麼部分？」這類問題就很高明，因為只有一種答案會傷透我們的心（或是兩個，如果把「那讓我想起張伯倫」也算進去的話）。研究表明，人們會本能傾向於詢問的，通常是最可能得到自己想聽的答案的問題，而真的得到答案之後，當事人通常會相信那些自己促使對方說出的話——這就是「跟我說你愛我」這個要求一直都很普遍的原因。[37]簡而言之，我們事先挑選願意說出自己想聽的話的人，並藉由聽信他們所說的話，來證實自己偏好的結論。

更糟糕的是，大多數人都有辦法在沒有對話的情況下，透過別人證實自己偏好的結論。想想看：要成為出色的駕駛、情人或廚師，並不需要蒙眼進行路邊停車、用微笑融化上萬少女的心，或是做出令人上癮的千層酥皮——讓所有法國人立刻放棄法式料理，並宣誓效忠美國的廚房。相反地，只要停車、接吻和烘焙技術勝過大多數人就好了。但我們怎麼知道大多數人的程度？這還用問，當然是環顧四周——但為了確保能看見自己想看的東西，我們會選擇性地環顧四周。[38]例如，有個研究讓受試者接受一項測驗，然後告知評估的內容是社會敏感度，而且他們大部分都答錯了。[39]而當受試者有機會查看其他人的測驗結果，他們會忽略表現較好的人，而把時間花在查看表現較差的人的測驗結果。因為跟那些得分是D的人相比，得到C^-也不算太糟。

尤其是情況危急的時候，人們會從情況更糟的人身上尋找訊息。像是罹患癌症等致命疾病的人，特別容易跟身體狀況更差的人比較。[40]這解釋了為何在一項研究中，有九六%

的癌症患者認為自己比一般癌症患者更健康。[41]而如果有人找不到比自己更差的人，就會設法創造出來。在一項研究中，受試者做完測驗之後，可以自行決定要給朋友一些有用的暗示、還是誤導朋友以降低他們在同一個測驗的表現。[42]如果研究者描述測驗是一種遊戲，受試者會幫助朋友，而如果描述它為一項重要的智力測驗，受試者就會拼命妨礙朋友。顯然，我們的朋友如果還沒有墊底的自覺，幫助我們享受得第一的滋味，我們就會善意地推他們一把，讓他們往正確的方向前進。我們只要成功地扯朋友後腿、確保他們失敗，他們就成了完美的比較標準。重點是：大腦和眼睛有一種契約關係，大腦同意相信眼睛看到的東西，而**眼睛則同意尋找大腦想要的東西**。

雙重標準

無論是選擇訊息或選擇訊息來源，我們竄改事實的能力，都會幫助自己建立正向、可靠的看法。當然，如果你曾經和立場相反的人討論美式足球賽、政治辯論或六點鐘的新聞報導，想必你已經發現，就算事實擺在眼前，有些人面對不符合自己偏好結論的事實，會技巧性地加以忽略、遺忘，或用異於常人的方式來看待那些事實。當達特茅斯學院（Dartmouth College）和普林斯頓大學的學生觀看同一場美式足球賽，這兩所學校的學生都宣稱：「事實很清楚，對方的球隊違反了運動精神，他們應該為這樣的行為道歉。」[43]當民主黨員和共和黨員觀看同一場總統電視辯論，雙方都宣稱：「事實很清楚，本黨的候選人贏了。」[44]當支持以色列和支持阿拉伯的人觀看同樣的中東新聞報導，雙方都宣稱：「事實很清楚，媒體對我支持的那一方有偏見。」[45]只可惜，這些事實只有**清楚**顯示出：人類傾向於看自己想看到的東西。

但不可避免的是，有時候殘酷的事實太明顯，讓人無法置之不理。我們很難忽略或忘記這樣的事實：喜歡的球隊的防守絆鋒被發現戴著手指虎、或支持的候選人在電視裡承認挪用公款。如果殘酷的事實就是不配合，那我們要如何堅持自己偏好的結論？雖然**事實**這個詞，似乎暗示這件事不可質疑、沒有討論空間，但這**其實只是符合特定標準的猜想**。我們如果把這個標準定得夠高，那連我們存在的這件「事實」都沒辦法證明。但如果把標準訂得夠低，那所有事物就會一樣正確。因為我們對於虛無主義、後現代主義這兩種哲學觀都不太滿意，所以通常會把自己的證明標準訂在這兩者中間。

沒有人可以確切說出證明標準應該訂在哪裡，但我們知道，無論如何設定，我們在評估自己喜歡和不喜歡的事實，都必須讓標準維持在同一個位置。如果老師偏袒自己喜歡的學生、刁難不喜歡的學生，還讓前者輕鬆通過考試；如果聯邦監管機構要求外國產品必須通過比較嚴格的安全測試，而本國產品不用；如果法官堅持辯護律師的論述會比檢察官更有說服力——我們就會覺得很不公平。

但是，大多數人就是用上述不公平的方式，來對待跟自己偏好結論一致或不一致的事實。在一項研究中，受試者必須評估兩份關於「死刑的威懾效果」的科學研究報告。[46]報告一採用州間比較法（比較有死刑的州和沒有死刑的州的犯罪率），報告二採用州內比較法（比較一個州在實施死刑或廢除死刑前、後的犯罪率）。在實驗的操弄下，A組受試者看到的內容是：報告一的結論為死刑有效，報告二的結論為死刑無效。B組看到的內容則剛好相反：報告一的結論為死刑無效，報告二的結論為死刑有效。結果顯示，受試者會偏好結論與其政治立場相符的研究方法。受試者不認同「州內比較法」的結論時，就會立刻表示「州內比較」沒有意義，理由是就業和收入等因素會隨著時間而改變，所以不同年代（例如：一九八〇與九〇年代）之間的犯罪率無法相提並論。反之，受試者不認同州間比較法的結論時，就會立刻表示州間比較沒有意義，理由是就業和收入等因素會隨著地理環境而改變，所以不同地區（例如：阿拉巴馬州和麻州）之間的犯罪率無法比較。[47]

顯然，受試者對於不符合自己偏好結論的研究，設定了較嚴格的標準。人們也會用這種方式，來對自己和自己的體驗形成正向、可靠的看法，並且鞏固這種看法。例如在一項研究中，A組受試者被告知自己在社會敏感度的測驗上表現很好，B組則被告知表現很差。接著，兩組受試者都必須評估兩份科學報告：報告一指出該測驗具有良好的效度，報告二則指出該測驗的效度很低。[48]結果，A組受試者認為報告一的研究方法比報告二更嚴謹、紮實，而B組的看法卻恰好相反。

如果事實不符合我們所偏好的結論，我們就會更仔細地加以審查，並進行更嚴格的分析，也會要求更多證據。比方說，你需要多少訊息才能得出「某個人很聰明」的結論？只看高中成績單夠嗎？做個智力測驗可以證明嗎？是否需要知道他的老師跟老闆的看法？一項研究讓受試者評估另一個人的智力，結果發現受試者需要大量證據，才願意承認「那個人真的很聰明」。有趣的是，比起評估風趣、親切又友善的人，受試者在評估很討厭的人時，會要求**更多**證據。[49]當我們**想要**相信某個人很聰明，只要一封推薦信就夠了。但如果我們**不想**相信那個人很聰明，就會要求厚厚一疊塞滿檔案夾的成績單、測驗資料和各種證據。我們如果想要或不想相信跟自己有關的事情，也會發生同樣的情形。例如在一項研究中，有兩組受試者被告知要做一個醫學檢查，判斷他們是否患有一種危險的酶缺乏症，這容易導致胰臟方面的疾病。[50]受試者會把自己的唾液滴在一張普通的紙上，而研究人員騙他們那是醫學試紙。A組受試者被告知：如果試紙在十到六十秒內變成綠色，就表示罹患酶缺乏症（陽性反應組）。B組則被告知：如果試紙在十到六十秒內變成綠色，就表示**沒有**罹患酶缺乏症（陰性反應組）。那只是一張普通的紙，無論如何都不會變成綠色，但B組受試者比A組花了更久時間，才願意接受檢查結果已經出爐。

換句話說，受試者給試紙足夠的時間來證明自己是健康的，卻給試紙非常少的時間來證明自己生病了。顯然，人類很容易就相信自己聰明又健康，卻需要大量證據才會相信自己不聰明、不健康。對於事實，我們懷疑它是否**允許**我們相信自己偏好的結論，又質疑它是否**逼迫**我們相信自己討厭的結論。[51]這一點都不意外，我們絕對不會讓討厭的結論隨便通過自己的嚴格標準。[52]

小結

二〇〇四年七月，義大利蒙扎市（Monza）的市議會制定了奇怪的法案：禁止使用圓形的金魚缸。他們認為金魚應該被養在四方形的魚缸裡，因為「如果養在圓形魚缸，金魚看到的世界就是扭曲的，這樣會很痛苦」。[53]市議會沒有提到單調的食物、吵雜的馬達，以及愚蠢的塑膠城堡。沒錯，問題只出在圓形的金魚缸會扭曲金魚的視覺體驗，而金魚有權利看到世界的真實面貌。蒙扎市那些厲害的顧問沒有建議：人類也應該享有同樣的權利。這可能是因為他們知道，人類不容易消除對現實世界的扭曲看法，也可能是因為他們理解：人類如果缺少扭曲的看法，就會過得更痛苦。

人們之所以會扭曲現實，是因為體驗有模糊性，也就是說，人們解讀體驗的可靠方式有很多，而其中幾種方式更正向。人們為了確保自己的看法是可靠的，大腦會接受眼睛所看到的東西；為了確保自己的看法是正向的，眼睛就會尋找大腦想要的東西。這兩個僕人的共謀，讓我們得以生活在殘酷現實與愉悅幻想的平衡點上。這一切跟「預測未來感受」又有什麼關聯？各位接下來就會看到，我們或許生活在現實和幻想的平衡點上，但多數人都不曉得自己的所在之處。

第9章
沉沒成本謬誤——那些我以為無法承受的決定

「用我的背保護我的肚子，用我的智慧保護我的計謀，用我的口風保護我的誠信，用我的面具保護我的美麗。」

——莎士比亞，《特洛伊羅斯與克瑞西達》(*Troilus and Cressida*)

愛因斯坦大概是二十世紀最偉大的天才，但只有少數人知道，他**差點**就輸給一匹馬。一八九一年，一名退休老師奧斯頓(Wilhelm von Osten)少數宣稱他養的馬，名叫「聰明的漢斯」能用跺腳的方式回答時事、數學等各種問題。例如，當奧斯頓要聰明的漢斯計算「三加五」，那隻馬一等到主人問完，就會連續跺八次腳，然後停下來。奧斯頓有時候不用口頭問，而是把題目寫在板子上，然後舉起來給牠看，結果牠好像也看得懂，就像聽得懂人說的話。聰明的漢斯當然不會**每一題**都答對，但已經比任何有蹄動物厲害多了。

牠的公開表演令人印象深刻，很快就成了柏林的明星。但在一九〇四年，柏林心理學研究所（Berlin Psychological Institute）的主任派學生普芬斯特（Oskar Pfungst）仔細研究，普芬斯特發現，當奧斯頓站在馬的後方而不是前方，或奧斯頓自己也不知道答案的時候，聰明的漢斯出錯機率會比較高。普芬斯特進行了一系列實驗之後，證實聰明的漢斯真的看得懂，不過，牠看懂的是奧斯頓的肢體語言。當奧斯頓的身體稍微前傾，聰明的漢斯就會開始跺腳。而當奧斯頓站直、稍微歪一下頭或挑眉，聰明的漢斯就會停下來。換句話說，奧斯頓在適當的時機點就會暗示聰明的漢斯跺腳或停下，營造出馬兒很聰明的錯覺。

聰明的漢斯不是天才，但奧斯頓也不是騙子。事實上，奧斯頓多年來一直耐心地教牠數學和世界上的事物，而當他發現自己一直在自欺欺人時，其實非常震驚和沮喪。這種詭計很巧妙，也很管用，卻是無意間造成的。而奧斯頓不是唯一使用詭計的人。當我們去接觸、注意且記住自己偏好的事實，並用非常低的證明標準看待它們，這時我們通常跟奧斯頓一樣，都沒有察覺到自己的詭計。我們可以把心理免疫系統的運作歷程稱為一種「戰術」或「策略」，雖然這些詞有盤算和預謀的意涵，但並不是人操控了一切，好讓自己有意識地試圖正面看待個人體驗。相反地，研究顯示：人們通常不知道自己做某件事的原因[1]，而如果詢問原因，他們通常都會很快地講出一個理由。[2]

例如，當受試者看著電腦螢幕，螢幕上會快速閃過一些字詞，每個字詞只會出現幾毫秒，所以受試者不知道自己看過什麼，也猜不出來，但他們卻會被字詞影響。如果**螢幕上閃過「充滿敵意」這種詞，受試者對他人的評價就會比較負面**。[3]如果閃過的是「老人」，受試者的步態會變得緩慢。[4]如果閃過「愚蠢」，受試者的測驗表現會變差。[5]當受試者必須解釋自己為何會有那種評價、走路方式或表現時，他們當然不知道真正的原因，但他們的大腦會迅速思考自己意識到的事實（我走得很慢），然後用看似合理卻錯誤的推論來解釋自己的行為（因為我累了）。[6]

人們在竄改事實時，同樣也不知道自己這樣做的原因，但這是好事。如果我們是有意識地這麼做（破產肯定也有好處，在我找出來前我絕不會放棄這個職位），最後就會自我毀滅。一項研究讓受試者聆聽史特拉汶斯基（Stravinsky）的《春之祭》（*Rite of Spring*）。[7]其中A組受試者只需要聆聽音樂，B組則被要求一邊聽音樂、一邊努力讓自己保持愉悅。樂曲結束之後，B組（努力讓自己開心）的心情，反而比A組（單純聆聽音樂）更糟。為什麼？有兩個原因。第一：我們或許可以閉上雙眼、靜靜坐著，什麼都不做，藉此來刻意造成正向的體驗。[8]但研究顯示，只要一有分心，這種刻意的嘗試往往會適得其反，讓人感覺更糟。[9]第二：刻意竄改事實的做法太明顯了，會讓人丟臉。如果有人在婚禮上被未婚妻放鴿子，那他當然想要相信自己會過得更好，而只要一**找到支持這個結論的事實**（她根本就不適合我，對吧，老媽？），我們的心情馬上就會好一點。但這個過程必須讓我們覺得自己在「發現事實」，而不是在自我欺騙。如果我們看出自己在竄改事實（如果不問別人，只問我媽，那我一定可以聽到我想要的結論），一切就毀了，我們會把「自欺欺人」跟「被拋棄」一起列進自己的可悲人格清單裡。我們為了讓正向的看法有說服力，會無意識地竄改事實，然後有意識地加以消化。這就像是客人坐在餐廳，但廚師在地下室。無意識地竄改事實的優點是很有效，而代價是讓我們對自己感到陌生。讓我來告訴你這是怎麼一回事。

做錯 vs. 錯過，哪個留下更多遺憾？

據我所知，沒有人會對「在婚禮上被另一半無情放鴿子的人」著手系統化研究。但我敢用一瓶好酒來打賭，如果你能收集到差一點成為新娘或新郎的大量樣本，並詢問當事人那是「發生在自己身上最糟糕的事」還是「發生在自己身上最美好的事」，那將會有許多人選擇後者。我還敢賭上一整箱好酒，如果你能找到一群從未有過這種經歷的人，並請他們預測：在未來的所有可能體驗中，哪些事在日後回想起來會是「發生在自己身上最美好的事」，那絕對沒有人會把「被拋棄」列進去。就跟很多事情一樣，預想自己被拋棄比較痛苦，但回憶起來卻比較美好。當我們想像自己被那樣晾在婚禮上，自然會對這種體驗形成最可怕的看法。

　　但是如果我們曾經在家人、朋友和花藝布置人員面前心碎和丟臉，大腦就會開始物色一個較不可怕的看法，而我們已經見識到，大腦是高明的採購者。不過，大腦是在不知不覺中選擇看法，所以我們根本不知道大腦會這樣做，所以我們理所當然地認為：未來在回想一件事時，會跟現在想像這件事時一樣感覺可怕。簡而言之，**我們不知道自己的看法會改變**，因為我們通常沒有察覺到改變過程。

　　上述事實讓人很難預測自己的未來感受。在一項研究中，受試者有機會去應徵一份高薪的工作，工作內容只需要試吃冰淇淋，並為冰淇淋取一些有趣的名稱。[10]受試者在應徵過程必須在鏡頭前接受面試。A組受試者被告知，一位主審會觀看面試影片，並全權決定是否要錄用他們（主審組）。B組則被告知，有一組評審團會觀看面試影片，並投票決定是否要錄用他們（評審團組），而且只要其中一位評審投贊成票，就可以獲得這份工作，所以只有當所有評審都投反對票，才會失去這份工作。接下來，所有受試者都進行了面試，並預測如果自己沒有獲得這份工作的感受。幾分鐘後，研究人員會走進房間，帶著歉意向受試者解釋：「主審／評審團經過仔細考慮，認為你不適合這份工作」，並請受試者報告當下的感受。

結果如圖9-1所示。左側的長條圖顯示，A、B兩組受試者預期的不開心程度是差不多的。畢竟，被拒絕是重大的打擊，所以不管拒絕自己的是一位主審、整個評審團，或一群東正教的智者，我們都預期這件事會造成傷害。但是，右側的長條圖則顯示，當**拒絕自己的是一群人**而不是一位主審，這種打擊**造成的傷害會更嚴重**。為什麼？想像一下，你去應徵一份泳裝模特兒的工作，而且必

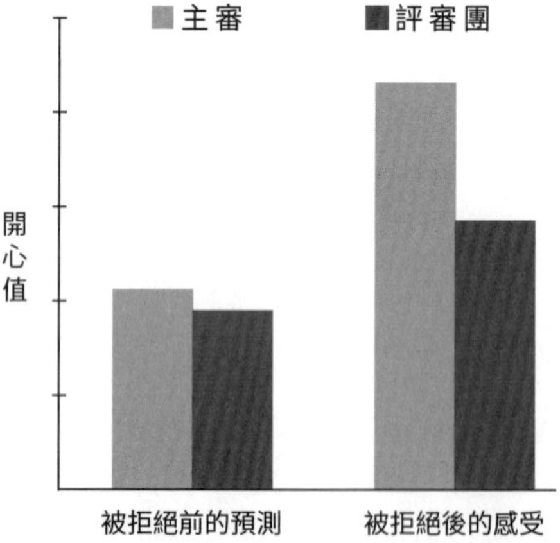

圖9-1：相較於被意見一致的評審團拒絕，被一位難以捉摸的主審拒絕比較開心（右）**。但受試者事先無法想到這一點**（左）。（資料來源：Source: D.T. Gilbert et al., "Immune Neglect: A Source of Durability Bias in Affective Forecasting," *Journal of Personality and Social Psychology* 75:617–38 [1998]。）

須套上緊身衣，在一個穿著廉價西裝、眼光銳利的笨蛋面前走來走去。如果最後那個笨蛋對你搖頭說：「對不起，你不是當模特兒的料。」你可能會沮喪一、兩分鐘。

但這種人際碰壁其實很常發生，多數人幾分鐘後就會把它忘得一乾二淨，繼續過自己的生活。我們之所以能快速復原，是因為心理免疫系統輕易就能利用體驗的模糊性，來減輕該體驗造成的痛苦：「他是那種重視身高而不重視體重的怪咖」「我需要聽一個穿成那樣的人的時尚建議？」

但再想像一下，如果你剛才是身穿緊身衣、在一屋子的男女老少面前走臺步，而所有人對你上下打量之後一起搖頭。你可能會覺得自己很爛，心情糟透了，既丟臉又難過，也很困惑。你可能會面紅耳赤地匆匆跑下舞臺，感到喉嚨緊縮，眼眶濕潤。被一大群形形色色的人拒絕是讓人非常挫敗的體驗，因為那完全沒有爭議的空間，所以心理免疫系統很難用正向、可靠的方式來思考。人輕易就能把自己的失敗歸咎給一位古怪的主審，但很難推託給一群意見一致的古怪評審（剛好全部九十四位評審一起眨眼，沒看到我的完美轉身——這個理由實在太牽強）。同樣地，在前述研究中，受試者發現：把自己被拒絕歸咎給一位主審，比歸咎給一群人還容易，所以當自己被一群人拒絕就會更沮喪。

你現在可能正舒服地靠在沙發上，思考這個研究結果，覺得一切都很理所當然。但請容我提醒你，只有在別人耐心地告訴你之後，這件事才顯得理所當然。事實上，如果它真的那麼理所當然，那為何一群聰明的受試者**無法在發生前幾分鐘，就先預料到會有這種結果**？為何受試者不知道，自己更會怪罪一位主審而不是一群評審？因為受試者在想像自己被拒絕的情緒反應時，他們想像的只有被拒絕的痛苦。就這樣。那些受試者沒有繼續想像大腦會如何減輕痛苦，因為沒意識到自己為了緩和痛苦，去責備那些造成痛苦的人，也從來沒想過責怪一個人會比責怪一群人容易。其他研究也證實了這個普遍的發現。例如，我們會預期無論一場悲劇的起因是人為疏失，還是運氣太差，我們的感覺都一樣糟。但實際上，在運氣太差且無法責怪任何人的情況下，我們會感覺更糟。[11]

我們對心理免疫系統的忽視，導致我們錯誤地預測自己在哪些情況下會責怪別人，也導致我們錯誤地預測，自己在哪些情況下會責怪自己。[12]在一九四二年的電影《北非諜影》（*Casablanca*）中，片尾有一幕讓人非常難忘：鮑嘉和褒曼站在機場跑道上，褒曼正艱難地決定，該和最愛的男人一起留在摩洛哥的卡薩布蘭卡（Casablanca），還是和丈夫一起登機離開。鮑嘉對褒曼說：「我們都深深明白妳屬於維克多，妳是他工作的一部分、前進的動力。如果飛機起飛，而妳沒有跟他一起離開，妳會後悔的。或許不是今天，不是明天。但很快地，妳的餘生都會在懊悔中度過。」[13]

這一幕是電影史上最讓人印象深刻的場景之一，原因不在於演員表現得特別傑出，而是因為大多數人有時也會站在那條跑道上。無論是否要結婚、生小孩、買房子、接受某份工作或移民，我們往往藉由想像自己未來是否會後悔（天啊，我竟然忘了生小孩！）來做出重大的抉擇。當我們責怪自己當初沒有採取不同的做法來避免不幸的結果，這時出現的情緒就是後悔。毫無疑問，那是一種非常不愉快的情緒，所以我們**現在的行為**經常是**為了避免未來後悔**。[14]事實上，大多數人都有一套關於何時以及為何會後悔的詳盡理論，好讓自己不會後悔。比方說，下列情況會讓人更加懊惱：知道（而非不知道）還有其他選擇[15]、接受壞的（而非拒絕好的）建議[16]、錯誤地選擇特立獨行（而非符合常規）[17]、以些微的差距落敗（而不是被對方遙遙領先）[18]。

但那套關於「後悔」的理論有時會出錯。想像一下：你持有A公司的股票，並打算轉投B公司，但後來還是放棄了。現在你發現如果當初那麼做，就可以賺一千兩百美元。另外，你原本還持有C公司的股票，但後來轉投D公司。現在你發現如果繼續持有C公司的股票，就可以賺一千兩百美元。你對於哪一種錯誤決定更後悔？研究顯示，約九成的人認為，愚蠢的轉投比愚蠢的不轉投更讓人後悔。因為多數人覺得愚蠢的行為，比愚蠢的不作為更讓人後悔。[19]但研究也顯示，九成的人都錯了。事實上長遠來看，無論何種年齡、何種職業，人們對於自己沒做的事會比做過的事更加後悔。所以人常常遺憾自己沒有讀大學、沒有好好把握可以賺錢的機會、沒有花足夠的時間跟家人和朋友相處。[20]

但為什麼**比起有所行動，人會對不作為更加後悔**？原因之一是：心理免疫系統對於「有所行動」更容易產生正向、可靠的觀點，但對於「不作為」則否。[21]當我們接受了一個人的求婚，而他後來卻成為連環殺人犯，我們還是可以想想從這個經驗學到的事（收集斧頭不是正常的嗜好），並藉此安慰自己。但是當我們拒絕了一個人的求婚，而他後來成為電影明星，我們卻無法藉由從這個經驗學到的事來獲得安慰，因為……根本就沒有學到什麼。

諷刺的是，因為我們不知道心理免疫系統輕易就能為「過度的勇氣」找到藉口，而很難合理化「過度的懦弱」，所以我們在應該冒險前進時，卻選擇了逃避。看過《北非諜影》的人都記得，鮑嘉提醒褒曼未來可能會後悔，於是褒曼跟丈夫一起登上飛機離開了。如果褒曼跟鮑嘉一起留在卡薩布蘭卡，她可能會很快樂。或許當下有點猶豫，但很快地，她的餘生都會在幸福快樂中度過。

看似無害的小威脅

文明社會的人從慘痛的經驗學習到：幾個壞蛋往往比一支入侵的軍隊更有殺傷力和毀滅性。如果敵人用數百架戰機、數百枚飛彈攻擊美國，可能沒有機會擊中目標，因為大規模的攻擊一定會觸動美國的防禦系統，進而阻擋攻擊。反之，如果敵人派出七個穿著垮褲、戴著棒球帽的人，這些人就很有可能成功引爆炸彈、釋放毒氣，或劫持飛機去撞大樓。恐怖主義採用的戰略就是基於這樣的概念：**最好的攻擊方式是不去觸動最佳防禦**，而比起大規模的攻擊，小規模的入侵比較不會引起對方的警覺。雖然防禦系統也能嚴格到足以抵擋最微小的威脅（例如：在邊界架設通電的圍欄，或實施旅行禁令、電子監控、隨機搜查），但成本實在太高了，運作上要耗費龐大的資源，還會製造許多假警報。

太嚴格的系統會有矯枉過正的問題。有效的防禦系統必須能對威脅作出反應，但考量到實際面，又只能對超過某個臨界值的威脅作出反應。這表示沒有達到臨界值的威脅可能因為規模太小，所以讓人忽略潛在的殺傷力。小威脅跟大威脅不一樣，可以躲過雷達的偵測並偷偷潛入。

「因為我吃過苦，我才能……」

心理免疫系統是一種防禦系統，所以也會依循前述原則。當一個體驗足以讓人不開心，心理免疫系統就會竄改事實、推卸責任，好提供當事人一個更正向的看法。但並不是我們每一次感受到輕微的難過、嫉妒、憤怒或挫折，系統就會那麼做。婚姻失敗和失業是對幸福快樂的大規模攻擊，所以會觸動一個人的心理防禦，但鉛筆斷掉、腳趾受傷或是電梯速度太慢，並不會觸動防禦系統。斷掉的鉛筆可能很惱人，卻不會對心理健康造成嚴重威脅，所以不會觸動防禦。但這個事實會導致一個矛盾的結果：相較於非常糟糕的體驗，人們有時反而沒辦法對普通糟糕的體驗形成正向的看法。例如，一項研究找來一群學生當受試者，並邀請他們加入一個課外社團，該社團的入會儀式必須接受三次電擊。[22] A組受試者接受的是強烈電擊造成的痛苦體驗（嚴格入會組）。B組接受的則是輕微電擊造成的不愉快體驗（溫和入會組）。你可能認為人都不喜歡任何身體疼痛，但實際上，A組反而比較喜歡該社團，因為受試者遭受極大的痛苦，其強度足以觸動自己的防禦系統，防禦系統便立刻運作，幫助自己對該體驗形成一個正向、可靠的看法。

雖然形成正向、可靠的看法並不容易，但還是做得到。比方說：身體上的痛苦很糟

（天啊！真痛！），但如果是為了極有價值的事而忍受痛苦，就沒那麼糟了（可是我加入了一個由特別傑出者組成的菁英團體）。事實上研究顯示，人在遭受電擊時，如果相信自己是為了很有價值的事物而承受這種痛苦，就會覺得沒那麼痛苦。[23]強烈電擊足以觸動防禦系統，而輕微電擊則不會，所以當受試者經歷越嚴格的入會儀式，對該社團的評價就越高。[24]如果你曾原諒了另一半的嚴重過失，卻發現自己會對車庫門上的凹痕或樓梯上的髒襪子生氣，那你就能理解這種矛盾的感受了。

強烈的痛苦會觸動心理機制來消除痛苦，輕微的痛苦卻不會。這個反直覺的事實讓人難以預測自己的未來感受。舉例來說，如果你最要好的朋友批評你或你表哥，哪一種情況比較糟？雖然你可能跟表哥感情很好，但你應該更喜歡自己，所以大概會認為朋友給自己取一個難聽的綽號比較糟。你的確說對了，不過只有一開始比較糟。因為強烈的痛苦會觸動心理免疫系統，而輕微的痛苦不會，所以你會對自己受到的侮辱換一個看法，「菲莉西亞說我是豌豆腦，天啊，她還真搞笑。」但是對表哥受到的侮辱則不會，「菲莉西亞說德韋表哥是豌豆腦……嗯，雖然沒錯，但這樣很沒禮貌」。諷刺的是，當你遭受屈辱，最後反而可能比旁觀別人受辱還無所謂。

上述可能性在一項研究中獲得證實。該研究讓Ａ、Ｂ兩組受試者接受一項人格測驗，而只有A組受試者會得到一位心理學家的回饋。[25]該回饋包含專業、詳細且不留情面的負面評語，例如：「你不具備任何與眾不同的特質」或「你之所以受到歡迎，主要是因為你不會威脅到別人的地位」。兩組受試者都必須閱讀該回饋，並報告自己對那位心理學家的喜好程度。諷刺的是，比起只是旁觀的B組，被批評的A組反而更喜歡那位心理學家。為什麼？因為旁觀的B組很生氣（老兄，這樣對待那些人實在太惡劣了），但他們沒有受到打擊，所以其心理免疫系統無法改善自己的輕微負面情緒。而被批評的A組有受到打擊（唉，我是個徹底的失敗者！），所以他們的大腦就會快速尋找對該體驗的正向看法（仔細想想，這個測驗只反映出一小部分我的複雜個性，所以沒什麼意義）。值得注意的是：另一組新的受試者預測自己在受到批評時會更討厭那位心理學家，而如果身為旁觀者則不會。顯然，人沒有意識到比起輕微的痛苦，強烈的痛苦更容易觸動自己的心理防禦，所以在面對不同程度的不幸事件時，就會誤判自己的情緒反應。

選擇權的代價

強烈的痛苦是觸動心理防禦的因素之一，並以意想不到的方式影響人的情緒。但還有其他因素也會觸動心理防禦。舉例來說，為什麼我們會原諒兄弟姐妹，卻無法容忍朋友做同樣的事？為什麼我們對總統的一些作為無動於衷，但如果是在選舉前發生，我們就不會投票給他？為什麼我們對員工的慣性拖延會睜一隻眼閉一隻眼，卻不願雇用一個在面試當天遲到兩分鐘的求職者？一些可能的原因是：血濃於水、政治領袖能滿足民眾對權威的需求、第一印象最重要。但還有另一種可能的原因：人類傾向為無法擺脫的事情找出正向之處，而對可以擺脫的事情則不會。[26]朋友來來去去，換掉候選人就跟換襪子一樣容易。而兄弟姐妹和總統屬於「我們的」，無論好壞，當他們出生或當選，這種既定事實就難以改變了。當我們擁有的不是自己想要的體驗，第一反應就是換一個，所以我們會退掉不滿意的租車、離開糟糕的飯店、不再跟那些在公共場所挖鼻孔的人來往。

我們只有在無法改變體驗時，才會設法改變自己對該體驗的看法，所以我們會喜歡在車道上奔馳的這輛破車、家人住了好幾年的破舊房子，也不排斥謝爾頓舅公，雖然他喜歡探索自己的鼻孔。人們只有在必要時才會去尋找一線希望，所以當基因檢測顯示沒有、或確實有致命的基因缺陷，都讓人更開心，而不明確的結果則不會讓人開心。[27]只有在無法擺脫、逃避、逆轉自己的命運時，我們才會盡量看開一點。

無法擺脫、逃避、逆轉的情形會觸動心理免疫系統，但就跟強烈的痛苦一樣，人們不見得知道會有這種現象。例如，一項研究找來一群選修黑白攝影課的大學生為研究對象。[28]他們讓每個學生拍了十幾張具有個人意義的人物或風景照，並接受一堂個別指導，其中老師會花一、兩個小時教這些學生如何沖洗自己最滿意的兩張照片。當照片風乾完成之後，老師告訴學生可以選一張帶回家，但另一張要當作上課成品，留在學校存檔。A組學生被告知，一旦選定要帶回家的照片後就不能再更改（無法改變組），B組則被告知，選好照片之後還有幾天可以改變心意（可以改變組），老師很樂意讓他們交換照片。兩組學生最後都選一張帶回家。過了幾天，這些學生必須回答一些問題，包括對自己所選的照片的滿意度。結果顯示，B組學生比A組更不喜歡自己選的照片。有趣的是，同樣的研究者找來另一群學生，他們卻預測：能否改變心意並不會影響自己對照片的滿意度。顯然，「無法改變」會觸動心理防禦，讓我們對這種情況產生正向看法，但我們卻沒有預料到。

人們無法預料哪些因素會觸動心理免疫系統（進而提升幸福感和滿意度），所以會犯下一些痛苦的錯誤。例如，當另一組選修攝影課的學生被問到：是否希望選完照片還有機會改變心意，大多數學生都表示贊同。也就是說，大多數學生都想參加一堂「最後會對自己的照片不滿意」的攝影課。怎麼會有人不想要更滿意，而寧願讓自己不滿意？當然，沒有人希望如此，但多數人確實也希望得到更多自由。事實上，當人們無法自由地決定，或無法做出決定之後又改變心意，就會強烈渴望爭取這樣的機會[29]。所以有些商店會用「限量商品」或「今天晚上十二點截單」來威脅消費者選購的自由。[30]我們對「自由」的渴求，導致我們會去逛價格昂貴但允許退貨的百貨公司，而不去參加不能退貨的拍賣會；或願意以高昂的價格租汽車，而不願用低價把它買下……大多數人願意事先付出額外的代價，換取未來能改變心意的機會，這樣做是可以理解的。花幾天試駕輕型紅色跑車，就能體會擁有跑車的感覺，所以多花一點錢簽下包含退貨期的合約，有時是明智的。

保留自己的選擇權雖然有好處，但也要付出代價。輕型紅色跑車的空間比較狹小，而已經擁有它的堅定車主會用正向態度，來看待這個事實（哇！感覺好像戰鬥機！），但簽下可以取消的合約的買家卻不會（這輛車真小，還是退掉好了）。堅定的車主眼中只有車子的優點，而無視缺點，所以會竄改事實來獲得充分滿足。而還有機會退貨（且心理防禦還沒被引發）的買家會更嚴格地挑剔新車，所以在決定是否要保留這輛車時，會特別注意不完美的地方。自由的好處和代價都顯而易見，可惜的是，這兩者不是同樣清楚：我們不難預見自由可能帶來的好處，卻忽略了這對快樂可能造成的破壞。[31]

訊息留白效果

如果你曾經在吃完焗烤鮪魚義大利麵後沒多久就吐得亂七八糟，而且有好幾年都不想碰這種東西，那你一定可以體會果蠅的感覺。沒錯，果蠅不會吃鮪魚，也不會吐。但果蠅確實會把最好／最壞的體驗，跟不久前以及當下的情境連結在一起，好讓牠之後可以找到／避開同樣的情境。假如把果蠅放在充滿網球鞋氣味的環境中，並施以極輕微電擊，那麼牠在接下來短暫的生命裡，都會避開散發網球鞋氣味的地方。把快樂／痛苦跟情境連結起來的能力非常重要，所以大自然賦予了每一種生物這一種能力，從黑腹果蠅到發現古典制約現象的帕夫洛夫（Ivan Pavlov）都不例外。

但是，如果這對我們這種生物來說有必要性，那顯然還不夠，因為這種能力提供的學習非常有限。如果一個有機體只會把特定體驗和特定情境連結在一起，那牠能學到的教訓會非常少——只會在未來找到或避開那些特定情境。電擊或許能讓果蠅學會避開網球鞋的氣味，卻無法讓牠們避開雪靴、芭蕾舞鞋、時尚品牌莫羅．伯拉尼克（Manolo Blahnik）的高跟鞋和拿著小型電擊槍的科學家的氣味。我們為了盡量獲得快樂、減少痛苦，除了必須能連結體驗和產生該體驗的情境，還必須能解釋那些情境「如何」以及「為何」會產生該體驗。

如果我們在摩天輪上轉了幾圈之後覺得反胃，然後解釋成自己的平衡感不好，那我們在未來就會避開摩天輪。跟果蠅一樣。但跟果蠅不同的是，我們還會避開一些跟反胃**無關**的事物（如高空彈跳和帆船），而不會避開一些跟反胃有關的事物（如手搖琴音樂和小丑）。「解釋」不同於單純的「連結」，前者讓我們能確定，情境的某一個面向（旋轉）是體驗的起因，而其他面向（音樂）則與該體驗無關。所以我們從自己的嘔吐物中學到的東西比果蠅還多。

「解釋」讓我們能夠充分利用自己的體驗，但也改變了體驗的本質。正如先前已經討論過的，當我們擁有不愉快的體驗，就會立刻用其他方式加以解釋，好讓自己心情好一點（我沒得到這份工作，是因為面試官對在摩天輪上嘔吐的人有偏見）。事實上研究顯示，光是「解釋」這個舉動，就有助於消除不愉快。舉例來說，光是把創傷事件（如失去所愛之人、遭受身體暴力）寫下來，就能顯著提升主觀幸福感和身體健康（像是減少看醫生的次數、增加抗體數量）。[32]而且，把對該創傷的**解釋**寫出來的人，從中獲益最多。[33]

不過，「解釋」雖然能夠減輕不愉快事件造成的衝擊，但也會減少愉快事件帶來的滿足。例如，一項研究讓大學生以為自己進入線上聊天室跟其他大學的學生互動[34]，但這其實是一套精密的電腦程式所模擬的學生。虛擬學生會向真人學生自我介紹（嗨，我叫伊娃，我喜歡當志工），接下來，研究人員假裝要求虛擬學生決定最喜歡聊天室裡的哪一個人，並請他們寫一段話解釋原因，然後寄給真人學生。就在短短幾分鐘內，神奇的事發生了：真人學生收到所有虛擬學生的電子郵件，並得知自己是他們最喜歡的人！例如，一個虛擬學生寫的內容是：「看了你的回覆之後，我覺得你跟我很有默契，真可惜我們不在同一所學校！」另一個虛擬學生寫著：「你是我最感興趣的人，我非常欣賞你的嗜好和價值觀。」還有一個寫道：「我想和你見面聊聊，因為……我想問你喜不喜歡水上活動（我愛滑水），還有你喜不喜歡義大利菜（這是我的最愛）。」

關鍵在於：A組真人學生知道每一封電子郵件是由哪一個虛擬學生寄出（知情組），B組收到的電子郵件則隱去寄件者的資料（不知情組）。換句話說，每一個真人學生都收到一模一樣的電子郵件，並得知自己獲得聊天室裡所有虛擬學生的好感。但只有A組知道寄件者的姓名，所以他們可以解釋自己的好運（伊娃欣賞我的價值觀，是因為我們都有參加仁人家園。而卡塔琳會提到義大利菜也是有原因的），而B組則沒辦法解釋自己的好運（有人欣賞我的價值觀……是誰啊？而且為什麼有人提到義大利菜？）。研究人員在真人學生收到電子郵件後，便馬上詢問其快樂程度，並在十五分鐘後又詢問一次。兩組學生一開始都很高興被大家選為最喜歡的人，但十五分鐘後，只有B組還維持同樣的心情。如果你有過神祕的仰慕者，就能明白B組為何會一直很開心，而A組很快就恢復平靜或變得低落。

無法解釋的事有兩個特性，導致它對人們的情緒影響會放大或延伸。第一：這類事件給人一種罕見和不尋常的印象。[35]如果我說：「我跟哥哥、姐姐都在同一天出生。」你可能會認為這很稀奇。而一旦我說我們是三胞胎，你就會覺得這沒什麼了。事實上，我給出的**任何**解釋（同一天的意思是都在星期四出生／我們都是剖腹產，因為爸媽為了最高減稅優惠，算好了我們的出生時間），都能讓一件巧合看起來更有可能發生，所以變得沒那麼神奇。「解釋」讓人得以理解事件發生的經過和原因，也讓人立刻明白該事件未來會如何再發生，以及再次發生的原因。事實上，我們在說一件事不可能發生（例如讀心術、懸浮在空中，或限制在位者權力的法律）的時候，通常是說：就算它發生了，也沒辦法解釋。無法解釋的事似乎很罕見，而比起普通事件，罕見事件當然會造成更大的情緒衝擊。人們對日蝕相當敬畏，但對日落只是印象深刻。但後者卻是更壯觀的視覺饗宴。

無法解釋的事之所以會帶來不成比例的情緒衝擊，第二個原因是：這類事件特別會盤據在腦海中。人們會自動地尋求事件的解釋[36]，且研究顯示，如果人們沒有完成預計要做的事，就特別會去思索、並不時想起這種沒完成的事。[37]人們一旦找到事件的解釋，就可以像是整理剛洗好的衣服一樣，把它折好，並放進記憶的抽屜裡，接著繼續解釋下一個事件。而如果一個事件無法被解釋，就會變成一道難解之謎，我們都知道，難解之謎不會安分地待在大腦的儲藏室。導演和小說家經常利用這一點，讓故事有未知結局。研究顯示，當人們無法解釋電影主角後來的遭遇，就更有可能不斷思考那部電影。而如果他們喜歡那部電影，神祕感可以讓他們的觀影樂趣維持得更久。[38]

「解釋」之所以能消除一件事對人的情緒影響，是因為它讓那件事變得合理，所以人就不會繼續想那件事。奇怪的是，「解釋」實際上並不需要**說明**任何東西，就能達到前述效果——只要**看起來**有說明就行了。例如在一項研究中，一名研究人員走向圖書館裡的大學生，並遞給他們一張貼有一美元硬幣的卡片（有兩種款式）。你應該同意這是一件需要解釋的怪事。如圖9-2所示，兩種款式的卡片上都表明研究人員是「微笑協會」的成員，且該協會致力於「隨機行善」。但下圖那一款還多了兩句話：「我們是誰？」「我們為什麼要這樣做？」這兩句空泛的話沒有提供任何新訊息，卻足以讓學生**覺得**這件怪事已經獲得解釋（哈，我**現在**知道他們幹嘛給我一美元了！）。大約五分鐘後，另一名研究人員向拿到卡片的學生攀談，告知正在進行一項關於「社區思考與感受」的課堂報告，並請學生回

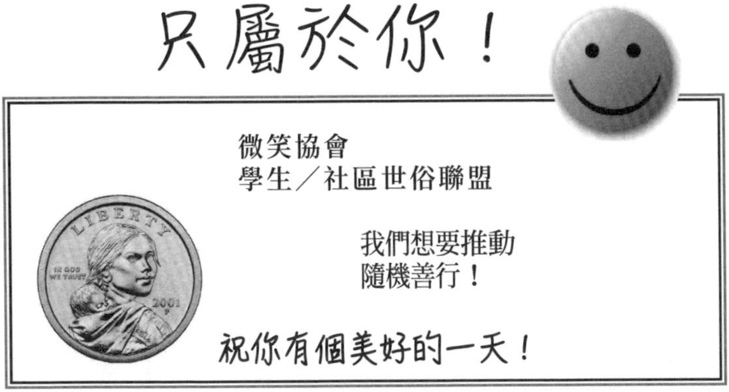
只屬於你！
微笑協會
學生／社區世俗聯盟
我們想要推動
隨機善行！
祝你有個美好的一天！

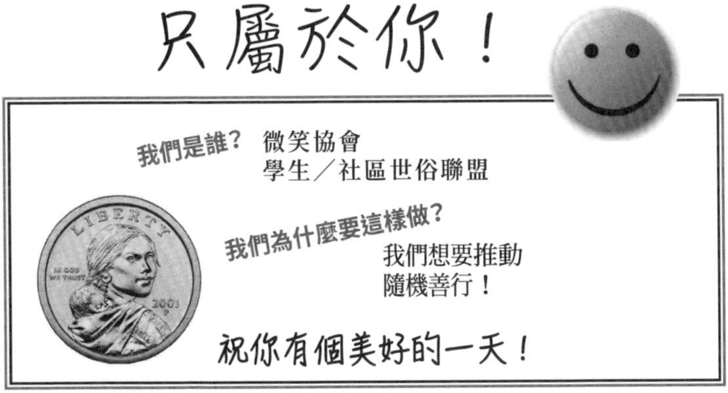
只屬於你！
我們是誰？
微笑協會
學生／社區世俗聯盟
我們為什麼要這樣做？
我們想要推動
隨機善行！
祝你有個美好的一天！

圖 9-2：這兩款卡片上的訊息完全相同，但下圖還包括兩句看似給了答案的話，讓那款卡片看起來更合理。（資料來源：T. D. Wilson et al., "The Pleasures of Uncertainty: Prolonging Positive Moods in Ways People Do Not Anticipate," *Journal of Personality and Social Psychology* 88:5–21 [2005]。）

答一些調查問題，包括「你現在的心情是正向或負向，程度如何？」結果顯示，拿到下圖那張有「偽解釋」的卡片的學生，開心程度反而比拿到上圖那張卡片的學生低。顯然，就算解釋很虛假，但也足以讓人把一件事消化，然後進行下一件事。

既然「不確定性」可以維持並延長幸福快樂的感受，想必人們應該更喜歡不確定性。但事實正好相反。當研究者詢問另一群學生：「圖9-2的兩張卡片中，哪一張會讓你更快樂？」七五%的人選擇下圖（附有無意義解釋的那一張）。同樣地，在前述的線上聊天室研究中，當另一組學生被問到：「想不想知道給予自己高評價的信件是誰寫的？」一〇〇%的學生都表示想知道。雖然事實證明在前述兩種情況下，「確定性」和「搞清楚」會降低幸福快樂的程度，但學生仍然選擇了確定性而捨棄不確定性。詩人濟慈（John Keats）指出，偉大的作家「能夠處在不確定、謎霧和疑惑之中，而不會急著尋找真相和原因」，而一般人則「無法忍受一知半解」。[39]我們不斷渴望解釋一切事物，這讓我們有別於果蠅，卻也扼殺了自己的快樂心情。

小結

眼睛和大腦是共謀者，它們就像大多數的共謀者，在我們不知情的情況下，關好門窗在密室裡偷偷策畫。因為我們沒有察覺自己對當下的體驗形成了正向的看法，所以不知道自己將來還會這麼做。我們的無知不但讓自己高估未來逆境的痛苦程度和持續時間，也讓自己的行為破壞了眼睛和大腦的共謀。讓我們更有可能形成正向、可靠看法的，其實是採取行動、而不是不作為，是痛苦而不是有點惱人的事物。但是，我們通常會選擇不作為而排斥行動，選擇自由而拒絕受限的情境。我們透過很多方式來形成正向看法：關注自己偏好的訊息、讓自己的身邊充滿能提供這類訊息的人，然後不加批判地全盤接受這類訊息。這種傾向讓我們很容易找到理由來解釋不愉快的情境，為自己開脫並獲得安慰。不過，忍不住去解釋一切的傾向，也常常讓我們付出代價：理解之後反而破壞了最愉快的體驗。

在這場想像之旅中，我已經帶各位探索過很多領域——第三部談現實主義、第四部談現在主義、第五部解釋合理化，所以在邁向終點之前，知道自己的所在位置可能會有幫助。我們已經看到，準確預測自己對未來事件的情緒反應其實非常困難，因為我們很難想像事件發生時的真實情況，也很難想像一旦發生之後，自己會有什麼想法。我在本書藉由感知和記憶來類比想像，並試圖說服各位：我們在「預測未來」時很容易出錯，就像「視覺」和「回憶」也不可靠一樣。戴上眼鏡可以補救不可靠的視力，把過去用文字記錄下來可以改善不可靠的回憶，那麼「預測失準」呢？我們無法用眼鏡幫助自己看清未來，也無法記錄尚未發生的事，那麼該如何修正預測失準的問題？我們接下來會看到，這個問題確實有解法，只是我們通常不那麼做。

第六部

當大腦看錯未來、編造過去，你可以……

大腦在處理過去體驗、預測未來感受時，有可改正（corrigibility）的傾向。能加以修正、改革或改善。

第10章 可靠的記憶犯了三個錯

「經驗，啊，你這最虛假的說詞。」

——莎士比亞，《辛白林》

過去十幾年來，坊間突然冒出許多關於便便的書籍。我兩歲的孫女爬到我腿上時，她通常會帶著厚厚一疊繪本，有幾本就詳細探討了排便的奇蹟與室內管道系統（廁所）的奧祕。其中一些書為這群小小解剖學家提供了詳細解說，另一些則是畫了開心的兒童在廁所裡蹲著、站著或擦屁股。雖然這類書籍各有特色，但每一本都傳達出同樣的訊息：「大人不會在褲子裡便便，可是如果你這樣做了，也不用太擔心。」我孫女似乎覺得這個訊息讓人放心又振奮，她開始學到有些排便方式是正確的，有些則是錯誤的。雖然我們並不指望她現在用正確的方式排便，但我們希望她注意到，她身邊有許多人都學會這件事，這表示只要稍加練習和接受指導，她也能學會正確的排便方式。

我們不只透過「練習」和「接受指導」來學會排便這項技能，事實上，我們是利用這兩種方法來學習所有已知事物。知識只分成兩種：一手知識和二手知識。無論我們要精通哪一種任務（像是排便、烹飪、投資、滑雪），都必須透過自己的直接經驗來學習，或接受有直接經驗的人的指導。嬰兒是排便新手，而且無法向老手請益，所以會在尿布裡便便。正因為嬰兒缺乏一手知識和二手知識，即正確的如廁禮儀，所以我們早就知道他們會搞得臭氣沖天、一團混亂，但我們也預期只要經過練習和指導，他們就能在幾年內改正排便行為，到時候，**經驗和教育會馴服他們的天真**，錯誤的排便將永遠消失。那麼，同樣的分析為什麼無法類推到其他類型的錯誤呢？

我們都直接經歷過讓自己開心或不開心的事，也都聽過朋友、治療師、計程車司機和脫口秀主持人告訴我們，哪些事情會讓人開心、哪些事情不會。但是，就算經過這麼多練習和指導，我們追尋幸福快樂的結局卻經常是臭氣沖天、一團混亂。就算先前的經驗不好，別人也不斷勸戒下一回不會更好，我們還是期待下一輛車、下一棟房子或下一次升遷會讓自己快樂。為什麼我們能夠學會不弄髒尿布，卻沒辦法學會避開那些錯誤？如果練習和接受指導可以讓我們學會保持褲子乾爽，那為什麼這兩種方法不能讓我們學會

最不容易發生的，最深刻

變老有很多好處，只是沒人知道。我們老人總是在不恰當的時間睡著和醒來、就算吃得下也不敢吃太飽，還要靠吃藥才能記住該吃哪些藥。事實上，變老唯一的好處是：那些頭髮還很多的人有時候必須閃到一邊，並且對老人的豐富經驗敬佩不已。年輕人認為老人的經歷是一種財富，因為它可以讓人不再重蹈覆徹。有一些事**確實**是我們這種經驗豐富的人絕不會再犯的，我現在就想到不能一邊幫貓洗澡一邊喝薄荷杜松子酒。總之，還有很多錯誤是我們這種老江湖會一犯再犯的。我們再婚的對象神似之前離婚的對象；我們每年都參加家庭聚會，而且每年都發誓再也不會有下一次；我們仔細規畫每個月的開銷，好確保自己一到「三字頭」的日子，就會再度變成窮光蛋。

這種一犯再犯的行為似乎說不過去，畢竟，人不是應該從經驗中汲取教訓嗎？想像力固然有缺點，所以我們在從未有過類似經驗的情況下，很可能會錯估自己對未來事件的感受。可是一旦我們參加家庭聚會，結果男性長輩卻一直找機會來激怒晚輩，然後女性長輩又跟男性長輩大吵一架；一旦我們拮据地等待著發薪日，從中對米飯和豆類有更深刻的體悟；那麼，我們不就可以用適當的準確度來想像這些事件，並做些事以防再度發生嗎？

應該如此。只是沒有各位預期的那麼頻繁，效果也沒那麼好。我們試圖重複記憶中愉快、得意的經驗，並試圖避免難堪、遺憾的部分。[1] 問題是，**我們的記憶經常出錯**。回憶一段經歷感覺上就像打開抽屜，然後拿出那天寫完就歸檔的日記，但正如前幾章提過的，這種「感覺」是人腦最複雜的錯覺之一。記憶並不是老實的抄寫員，不會幫你照實記錄個人經歷。它像個老練的編輯，只會把一段經歷的關鍵元素剪下來並加以儲存，然後在我們要求重讀那段經歷時，它就用那些元素來改寫故事。這種「剪下並儲存」的方法通常很管用，因為「記憶」這位編輯大多時候都很敏銳，知道哪些元素重要、哪些可以丟棄。所以我們會記得新郎吻新娘的樣子，而不會記得花童用哪一根手指挖鼻孔。只可惜，「記憶」雖然有高超的編輯技巧，但它會扭曲過去，導致我們錯誤地想像未來。

例如，你可能會**使用**「四字單詞」，也可能不會，但我敢保證你沒有計算過它們的數量。不然猜猜看：以k開頭的單字比較多（簡稱k1），還是第三個字母為k的單字（簡稱k3）比較多？如果你跟大多數人一樣，就會猜k1比k3多。[2] 你可能會快速核對一下記憶

（嗯……有風箏〔kite〕、蘇格蘭短裙〔kilt〕、羽衣甘藍〔kale〕……），然後發現回想k1比較容易，所以認為數量一**定**大於k3。這通常是合理推論，畢竟你可以**回想起**的四腿象比六腿象還要多，因為四腿象**本來**就比六腿象多。四腿象和六腿象在這世上的數量，決定了你遇到的頻率，而你遇到牠們的頻率又決定了你回想起那些經歷的難易度。

不過，雖然你可以用這種推論方式來判斷大象的數量，但用來判斷單字的數量就會出錯。回想k1的確比回想k3容易，但並不是因為你遇到的k1比k3多，而是因為我們在回想任何單字時，以「第一個」字母為線索，會比以「第三個」字母為線索要簡單。心智字典的編排方式大致上跟韋氏字典一樣，是按照字母順序排列，所以用第一個字母來「查找」單字比較容易。事實上，k3比k1多，但回想k1比較容易，所以多數人都以為k1比較多。多數人答錯這個問題，是因為他們**理所當然地假設：容易回想的東西就是經常遇到的東西**。而這個假設是錯的。

適用於大象和英文單字的原則，也適用於個人經驗。[3]大多數人比較容易回想起騎腳踏車的經驗，而不是騎犛牛的經驗，所以能正確地判斷：自己騎過的腳踏車比騎過的犛牛多。這個邏輯無懈可擊，除了一件事：一個經驗是否容易被回想起來，並不只取決於過往發生的頻率。事實上，我們最容易想起罕見或不尋常的經驗，所以大多數美國人都清楚記得二〇〇一年九月十一日早上自己在哪裡，但不記得九月十日早上自己在哪裡。[4]罕見的經驗很快就會浮現在腦海中，導致我們會得出一些奇怪的結論。比方說，我在成年後常常有種鮮明的印象：在商店結帳時，我總是挑中前進速度最緩慢的隊伍，而當我等得不耐煩於是換到另一排，原本那排又開始快速前進，比現在這排還快。[5]如果這個印象屬實，如果是我真的衰神附身，導致我排的隊伍都會變慢，那一定會有人覺得自己遇上超自然的好運，才可以一直排到快速前進的隊伍吧。

畢竟怎麼可能**所有人**每一次都排到最慢的隊伍，是吧？但在**我**認識的人之中，沒有一個人自認擁有「加快自己隊伍前進速度」的超能力。反之，我認識的人幾乎都跟我一樣，覺得自己老是挑中最慢的隊伍。就算我們試圖阻擋命運的捉弄，也只會減慢所在隊伍的速度、加快放棄的那個隊伍的速度。為什麼我們都會有這種印象？因為排在一個快速、甚或以中等速度前進的隊伍中，是讓人容易麻痺的普通經驗，所以我們不會留意或記得，而只會無聊地站在隊伍中，偶爾瞄一下八卦周刊、巧克力棒，思考是哪一位蠢蛋，決定用A的數量來區分電池尺寸，而不用「大、中、小」。在這種情況下，我們不會轉身對另一半說：「嘿，你有沒有發現這個隊伍前進的速度太**正常**了？我是說，這實在普通得要命，我必須記下來，以後才有故事好說。」不，關於排隊的經驗，我們**記得**的是：那個戴著鮮紅色帽子的傢伙本來排在我們後面，後來他換到另一排。而且我們都還沒移動到收銀機前面，那個傢伙竟然就結完帳、走出商店，坐進他的車子裡。因為排在我們前面那位慢條斯理的老奶奶，還在對著店員揮舞手中的折價券，爭論著「截止日期」的真實定義。這種情況其實不常發生，但跟以k開頭的英文單字一樣，容易回想，所以我們才會覺得經常遇到。

最不可能發生的事件，卻最可能被想起——這導致我們在預測未來體驗時會嚴重失準。[6]例如，一項研究請在地鐵月臺候車的乘客想像：如果錯過當天的班車，心情會如何。[7]A組乘客必須回想並描述「一次錯過班車的經驗」（任意記憶組），B組則必須回想並描述「**最糟糕**的一次錯過班車的經驗」（最糟記憶組）。結果顯示，A組乘客想起的情節，跟B組想起的情節一樣糟糕。換句話說，當乘客想到「錯過班車」，其腦海中通常會浮現最不順利、最懊惱的一次經驗：「我一聽到班車進站就加快腳步想要趕上，卻在樓梯上跌了一跤，還撞倒一個賣雨傘的小販。結果我面試遲到半小時，趕到的時候，他們已經錄取別人了。」大多數錯過班車的情形都很普通、容易遺忘，所以我們在回想錯過班車的經驗時，通常只記得最特殊的例子。

不過，這跟預測自己的未來感受有何關聯？我們很容易想起以k開頭的英文單字，是因為心智字典的編排方式，而不是它們很常見；我們腦海中會迅速浮現商店結帳隊伍移動緩慢的記憶，是**因為特別留意自己曾經被卡在隊伍中，而不是這種情形很常出現**。但我們並不知道那些記憶更容易被想起來的真正原因，所以會錯誤地斷定它們比實際上更常見。同樣地，我們很快就想起錯過班車的糟糕經驗，原因不是這很常發生，而是因為很特殊。而我們不知道那些糟糕的經驗更容易被想起的真正原因，所以也會錯誤地斷定：它們比實際上更常見。事實上，當乘客被要求預測「錯過當天班車的心情」時，也會錯誤地預期自己會比實際上遭遇更多麻煩和挫折。

這種偏好仰賴特殊經驗的回想，就是導致我們經常重蹈覆轍的原因之一。我們在回想去年的家庭旅遊時，並不會從兩個星期的愛達荷州之旅中，公正地抽取出一個具有代表性的樣本。反之，我們最容易、最快想到的是第一個週六下午，帶孩子們騎著金毛銀鬃馬登上山脊，眺望一片壯麗的山谷。陽光灑落，波光粼粼的河面像一條閃亮的緞帶，蜿蜒地流向遠方。空氣清新，樹林幽靜，孩子們突然停止吵鬧，坐在馬背上呆望著這片美景。有人輕輕發出「哇」的讚嘆聲，大家不禁相視微笑，這一刻彷彿被凍結起來，永遠保存為這趟旅行最精彩的部分。所以我們才會立刻想起那一幕。但是，如果我們只憑著那個回憶來規畫下一次旅行，而忽略了上次旅行一如往常令人掃興的其他部分，那麼隔年，我們可能又會同樣出現在擁擠的露營區，同樣吃著不新鮮的三明治，被同樣兇狠的螞蟻螫咬，還納悶自己怎麼沒有從上次學到教訓。我們往往只記得最美好和最糟糕的時刻，而忽略最可能發生的事件。所以，年輕人所敬佩的豐富經驗，不見得會帶來好處。

結局好，萬事好

最近我跟太太起了口角，因為她堅持我喜歡《辛德勒的名單》這部電影。她不是堅持我**會**喜歡這部電影，或我應該喜歡這部電影，而是堅持我確實喜歡這部我們在一九九三年一起看的電影。這讓我非常不平。我不見得能正確判斷很多事，但絕對知道自己喜歡什麼。更何況十幾年來，我一直告訴所有願意聽的人：「我不喜歡《辛德勒的名單》。」而我太太竟然說我錯了，作為一名科學家，我在道德上必須檢驗任何跟我吃爆米花的行為有關的假設。所以我們租了《辛德勒的名單》重看一遍，而實驗結果清楚顯示：我跟太太都是對的。她是對的，因為在電影的前兩百分鐘裡，我的確看得目不轉睛。但我也是對的，因為電影的結尾真是糟透了。導演史蒂芬·史匹伯並沒有在故事尾聲就結束這部電影，而是在最後一幕讓劇中角色的本尊現身，向電影中的英雄致敬。我覺得那一幕實在太突兀、太矯情、太多餘了，於是對我太太說：「拜託！真是夠了！」顯然，我在一九九三年也曾用非常大的音量對全電影廳的人說這句話。

這部電影的前九八％都非常精彩，但最後二％非常愚蠢。而我記得自己不喜歡這部電影，因為（對我而言）結局很糟糕。這段記憶唯一奇怪的地方，在於我看過非常多電影，其精彩部分遠低於九八％，但其中有幾部我還蠻喜歡的，只是在那幾部電影中，糟糕的部分是出現在開頭、中間或其他地方，而不是結尾。為什麼我喜歡結局完美的普通電影，而不是近乎完美、但結局糟糕的電影？畢竟相較於普通電影，近乎完美的電影觸動我的情緒、讓我滿意的時刻不是更多嗎？

是的，但顯然那不是重點。正如我們所看到的，記憶中存放的並不是一段經驗的完整情節，而是該經驗的重點提示，而且記憶的特性之一，就是會牢牢固著在結局上。[8]無論是聽到一連串聲音、看到一連串圖片、聞到一連串氣味，或遇到一連串的人，我們都比較**容易記得那段經驗的最後部分，而不是開頭或中間的內容**。[9]這麼一來，我們對那整段經驗的印象，就非常容易受到最後部分的影響。[10]這種傾向在我們回顧快樂和痛苦的經驗時，特別明顯。

例如，一項研究要求受試者把手放進冰水中（這個實驗項目會帶來相當大的痛苦，但不至於造成傷害），同時必須使用電子量表，即時回報自己的痛苦程度。[11]每個受試者都接受了短試驗和長試驗。在短試驗中，受試者要把手泡在冰水中六十秒，水溫維持在攝氏十三度。在長試驗中，受試者要把手泡在冰水中九十秒，前六十秒的水溫維持在冰冷的攝氏十三度，後三十秒的水溫則悄悄升溫到微涼的十五度。所以，短試驗包含冰冷的六十秒，長試驗則包含同樣冰冷的六十秒，以及微涼的三十秒，那麼，哪一個試驗比較痛苦？

這取決於我們對痛苦的定義。長試驗顯然包含了較長的痛苦，而受試者的即時回報也顯示：他們在兩個試驗的前六十秒經歷了同樣的痛苦，但在接下來的三十秒，手繼續泡在水裡（長試驗）則會比手離開水中（短試驗）更痛苦。但是（抱歉），當受試者被要求回憶自己的體驗，並說出剛才的痛苦程度，卻通常會說短試驗比長試驗更痛苦。雖然長試驗要求受試者額外忍受五〇%泡在冰水中的時間，但水溫最後稍微上升，所以受試者的記憶中，長試驗反而比較不痛苦。記憶對結局的固著也說明了，為何女性記憶中的分娩沒有實際上那麼痛苦[12]，以及為何關係變差的夫婦記得，兩人從一開始就沒有真正快樂過。[13]正如莎士比亞寫道：「落日餘暉、樂曲尾聲，就像宴席最後的甜點，意味最悠遠，比任何往事更能銘刻於心。」[14]

我們經常憑一段經驗的結局來判斷它的好壞，這導致我們做出一些奇怪的選擇。例如，在前述冰水實驗中，當受試者被問到如果重做一次試驗，寧願接受短試驗或長試驗，結果六九%的受試者選擇長試驗，也就是說，他們寧願多忍受三十秒的痛苦。因為在受試者的記憶中，長試驗不像短試驗那麼痛苦，所以他們選擇了前者。我們很輕易就能質疑這種選擇的合理性，畢竟要判斷一段經驗的「整體愉悅度」必須同時考量質跟量，而前述受試者顯然**沒有考慮到「量」的問題**。[15]不過，我們也可以很輕易替這種選擇辯護。我們挑戰鬥牛機或擺姿勢跟帥氣的電影明星合照，並不是因為那短暫經驗令人開心，而是為了留下一段美好回憶，供日後可以向他人提起：「我在鬥牛機上待了整整一分鐘！」如果我們願意花好幾個小時沉浸於回憶，回味當初那只有幾秒鐘的體驗，而且如果**記憶總是過度強調結局**，那我們何不多忍受一點痛苦，來換取一段沒那麼痛苦的記憶？[16]

前述兩種觀點都有道理，無論你支持哪一種都說得通。問題是，你很可能**同時**抱持那兩種觀點。舉例來說，在一項研究中，A組受試者得知一名女士（姑且稱之為「虛線女士」）在六十歲之前都過著非常美好的生活，但是在六十歲之後，她的生活就從「非常美好」變成「尚可」。[17]後來她在六十五歲時死於一場車禍。整體來說，虛線女士的生活（如圖10-1虛線所示）有多令人滿意呢？A組受試者認為，如果滿分是九，那麼虛線女士的生活應該是五・七分。B組受試者則得知另一名女士（姑且稱之為實線女士）在六十歲時死於一場車禍，但是在那之前她都過著非常美好的生活。整體來說，實線女士的生活（如圖10-1實線所示）有多令人滿意呢？B組受試者認為實線女士的生活應該是六・五分。看來，這些受試者比較喜歡實線女士的美好生活，而不喜歡虛線女士那種同樣美好、但有幾年尚可的生活。

如果你仔細想想，就能發現這種觀點正好跟冰水研究中受試者的觀點一樣。虛線女士一生的「快樂總量」大於實線女士一生的「快樂總量」，而實線女士的晚年則優於虛線女士的晚年。顯

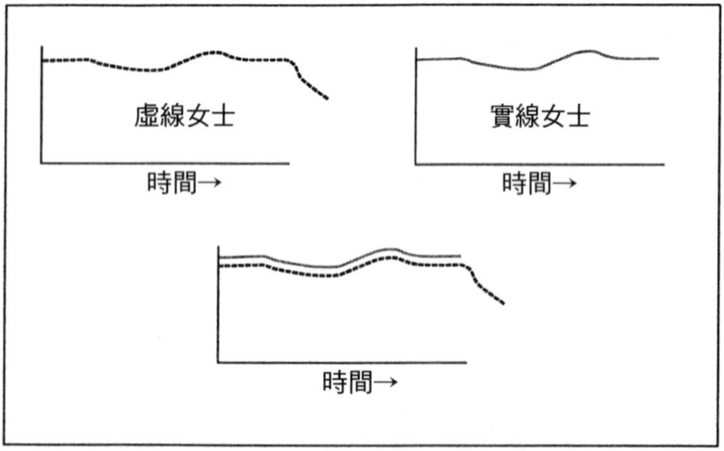

圖10-1：人在分別考量兩種生活時，會著重曲線的形狀。畢竟，沒有人喜歡結局糟糕的人生。但如果把兩種生活放在一起比較，就會著重曲線的長度。畢竟，沒有人喜歡早早結束的人生。

然，受試者更注重臨終前的生活品質，而不是一生的快樂總量。但是我還沒有把這個研究說完。當C組受試者將那兩名女士的生活擺在一起比較，他們並沒有出現前述偏好（見圖10-1下方）。一旦受試者必須同時考量那兩種生活，進而注意到「量」的差異，就不那麼確定自己是否寧願活得痛快、死得早、留下一副快樂的遺骸。顯然，除非認真思考，否則人們比較重視一段經歷的結局，而不是擁有過的快樂總量。

大腦畫出了「記憶」這幅畫

一九八八年十一月八日晚上，如果你是符合投票年齡的美國公民，那可能正在家裡觀看杜卡基斯（Michael Dukakis）和老布希的總統競選結果。當你回想那次選舉，可能會想起臭名昭彰的「威利．霍頓廣告」[1]，想到布希以杜卡基斯是「美國公民自由聯盟的正式成員」[2]來攻擊他，以及副總統候選人班森（Lloyd Bentsen）犀利地反駁奎爾（Dan

1 霍頓（Willie Horton）是一名非脅性侵殺人犯，該廣告被用來攻擊反對死刑的杜卡基斯。

2 該聯盟因支持被告人的公民自由而受到反對。

Quayle）：「參議員，你並不是甘迺迪。」而你絕對記得所有選票都開出的結果：美國人決定不讓麻州的自由主義者入主白宮。杜卡基斯雖然輸掉大選，但贏得了一些較偏自由派的州的選民支持。而既然我們在討論記憶，請各位現在閉上眼睛，並試著回憶：在新聞主播宣布杜卡基斯拿下加州的那一刻，你的心情是什麼？你當時是失望或開心？跳起來歡呼或搖頭嘆氣？留下高興或難過的淚水？脫口而出的是「感謝上帝保佑西岸！」或「你對同性戀和瘋子能有什麼期待？」如果你屬於政治光譜上的自由派，那應該記得自己在加州到手時雀躍無比。如果你屬於保守派，那應該記得自己當時不太開心。而如果你記得這些事，那麼我的朋友和同胞們，今天，我要站在各位面前宣布：你們的記憶是錯的。一九八八年，加州人把票投給了老布希。

為什麼這種粗劣的騙術輕易就能讓人上當？因為記憶是一種「重新建構」的過程。當我們回想一件事，記憶就會利用任何訊息來建構腦海中的心像。例如「加州比較傾向自由派」，這則訊息就讓人聯想到：超覺靜坐、堅果燕麥片、迷幻搖滾、「月光州長」[3]、情色電影《黛比上達拉斯》（*Debbie Does Dallas*）。所以你會認為杜卡基斯跟柯林頓（Bill Clinton）、高爾（Al Gore）和凱瑞（John Kerry）一樣輕而易舉地拿下加州。但是，在加州人開始支持那三位民主黨員之前，他們是把票投給共和黨的福特（Gerald Ford）、雷根

（Ronald Reagan）和尼克森（Richard Nixon）。除非你是政治學家、CNN的忠實觀眾，或長時間住在加州的居民，否則不可能記得這種政治上的小細節。所以你會理所當然地推論：既然加州偏向自由派，而杜卡基斯又是自由派的候選人，那加州人一定會把票投給他。正如人類學家是利用事實（在墨西哥城附近發現一顆一萬三千年前的狹長頭骨）和理論（狹長頭骨表示這些人來自歐洲），來推測過去的歷史：高加索人先來到美洲新大陸，兩千年後才被蒙古人取代。人腦也會利用事實（杜卡基斯是自由主義者）和理論（加州人偏自由派），來推測過去的事件：加州人把票投給了杜卡基斯。遺憾的是，因為人腦採用了錯誤的理論，所以前述推測也錯了。

人腦不但利用事實和理論來推測過去事件，在推測過去感受時也會這麼做。[18]由於感受不像總統大選和古文明那樣會留下事實，所以人腦在建構關於過去感受的記憶時，必須更仰賴理論。而一旦理論出錯，人就會搞錯當時的感受。我們來看看一些理論將如何影響一個人對於過去感受的回憶。以性別為例，多數人都認為：男生不像女生那麼情緒化（她哭了，但他沒哭）、男生和女生對於同樣事件會有不同的情緒反應（他很生氣，她

3 即民主黨籍的布朗（Jerry Brown），曾兩度擔任加州州長。

很難過）、女生在生理期的時候，特別容易有負面情緒（她今天比較暴躁，你懂我的意思）。但事實上，幾乎沒有證據能夠支持這樣的觀念。更重要的是，前述觀念所依據的理論，會影響一個人對於過去感受的回憶。例如：

- 一項研究要求A組受試者回想幾個月前的心情，結果男、女性都記得自己當時的情緒很強烈。[19]B組受試者則必須先思考「性別」，然後再回想一個月前的心情。結果，在受試者被「提醒」考慮性別的情況下，女性會記得自己的情緒更強烈，男性則會記得自己的情緒沒那麼強烈。
- 一項研究讓幾組團隊互相競賽，每個團隊的成員都包含男性和女性。[20]A組受試者必須在比賽結束後立刻回報自己的心情，B組則在一週後回想自己當時的心情。結果，A組受試者在比賽結束後所回報的情緒類型，並沒有出現性別差異。但一週後，B組的女性則回想起較典型的女性情緒（如同情和內疚），男性則回想起較典型的男性情緒（如憤怒和驕傲）。
- 一項研究要求女性受試者每天寫日記以及填寫心情量表，並且必須持續四到六週。[21]結果，這些心情量表顯示女性的情緒並不會隨著生理週期而變化。不過，當受試者後來被要求重讀日記，並回想自己當時的心情，她們卻通常記得在生理期那幾天情緒特別糟。

看來，我們對於「自己性別**通常**會有何種情緒」的理論，會影響我們實際感受的回憶。人們抱持的很多**理論都會改變記憶**，跟性別有關的理論只是其中一項。舉例來說，亞洲文化不像歐洲文化那麼重視個人的幸福快樂，所以亞裔美國人通常認為自己不像歐裔美國人那麼幸福快樂。一項研究要求受試者持續一週隨身攜帶掌上型電腦，並且在電腦隨機發出嗶嗶聲時，立刻記錄自己當下的感受。[22]電腦紀錄顯示：在所有受試者中，亞裔美國人的快樂程度略高於歐裔美國人。但是，當受試者事後回憶那一週的感受，亞裔美國人卻記得自己較不快樂。另一項類似的研究顯示，在特定的一週裡，西班牙裔美國人和歐裔美國人所回報的感受大致相同。但是事後回憶起來，西班牙裔美國人的快樂程度卻高於歐裔美國人。[23]

人們抱持的理論不一定都涉及「難以改變的個人特徵」（如文化和性別）。例如，想想看哪一類學生會在考試中獲得高分？是擔心成績的學生，還是不擔心成績的學生？身為大學教授，我可以告訴各位，我自己的理論是：非常擔心自己表現的學生通常比較用功，所以成績會比懶散的學生好。學生似乎也抱持同樣的理論，因為研究顯示，如果學生考試成績不錯，他們記得自己在考前比實際上更焦慮。而如果學生考試成績很差，他們則記得自己在考前比實際上更不焦慮。[24]

我們記憶中的**過去感受，其實是「我們認為自己應該有的感受」**。而這種錯誤記憶的問題在於，它會讓我們無法發現自己在預想未來時所犯的錯誤。以二〇〇〇年美國總統大選為例，選民在二〇〇〇年十一月七日前往投票所，決定小布希或高爾將成為第四十三任美國總統。但是大家很快就發現，雙方的得票數過於接近，需要好幾週才能統計出結果。隔天（十一月八日）研究者讓選民預測：在得知支持的候選人當選或敗選的那一刻，自己會有什麼感受？十二月十三日，統計結果出爐，高爾輸給了小布希。隔天也就是十二月十四日，研究者測量了選民的實際感受。四個月後（二〇〇一年四月），研究者再次聯繫那些選民，並請他們回想自己在前一年的十二月十四日的感受。如圖10-2所示，該研究顯示出三點。第一：選舉結束後的隔天，如果最後小布希勝選，支持高爾的選民預期自己將痛不欲生，而支持小布希的選民則預期自己會欣喜若狂。第二：當小布希最後勝選，支持高爾的選民並沒有自己當初預期的那麼痛苦，而支持小布希的選民也沒有自己預期的那麼開心。第三，也是最重要的一點：選舉結果底定的幾個月後，選民所記得的感受都跟當初自己的預期感受一致，而跟實際感受不一致。

看來，人類在「回想過去」和「預期未來」時的結果，都偏離了真實體驗。[25]我們所抱持的理論導致我們預期某一件事會讓自己開心（如果小布希贏了，我就樂翻了），也導致我們記得事實就是如此（小布希贏的那一刻，我樂翻了），進而**掩蓋了理論有誤的證據**。這讓我們難以發現自己的預期總是會出錯，所以高估了自己在生日當天的快樂程度[26]，低估自己在週一上午的開心程度[27]。我們會一次又

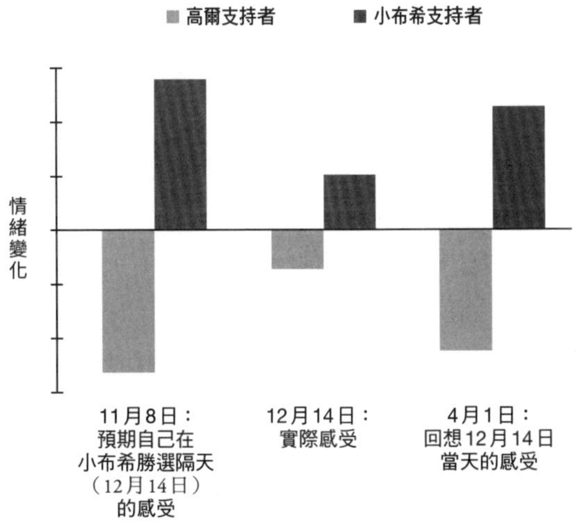

圖10-2：2000年美國總統大選時，支持者預期最高法院的判定會強烈影響自己的情緒（左）。幾個月後，支持者也記得自己當時的情緒受到強烈影響（右）。但是，這些支持者情緒受影響的真實程度，遠低於其預期或記憶中的情況（中）。（資料來源：T. D. Wilson, J. Meyers, and D. T. Gilbert, "'How Happy Was I Anyway?': A Retrospective Impact Bias," *Social Cognition* 21:407–32 [2003]。）

一次做出這些錯誤的日常預測，儘管不符合事實。我們無法正確回憶自己的感受，這就是過去的豐富經驗往往變得一文不值的部分原因。

小結

如果問：假設你家失火，你會盡力搶救哪一樣東西？最常聽到的回答是「我的相簿」（這讓家裡的狗狗很失望）。我們不但珍惜自己的回憶，我們本身**就是**回憶。但研究顯示，記憶並不像珍藏的照片，反而更像藝術家縱情創作的一幅幅印象派畫作。記憶的主題越模糊，藝術家可以發揮的空間就越大。而最模糊的主題，當屬個人的情緒體驗。我們對過去情緒的記憶會受到一些因素的強烈影響，包括：罕見的特殊情況、事件的結局，以及自認「當時**應該**出現的感受」。這些因素都會嚴重破壞我們從自身經驗學習的能力。看來，「練習」不見得能帶來完美的表現。但是，回想一下本章開頭關於排便的討論，你會想起「練習」只是學習的兩種方式的其中一種。如果我們無法透過練習來改正錯誤，那「接受指導」是否會有幫助呢？

第11章
你的幸福不該被他人定義

「在遠古智慧的指導下，他肯定、必然、絕對聰明過人。」

——莎士比亞，《特洛伊羅斯與克瑞西達》

希區考克在一九五六年重拍了自己的作品：《擒凶記》（*The Man Who Knew Too Much*），主題曲是由一代歌后桃樂絲・黛（Doris Day）演唱，最後的歌詞如下：

當我上了小學以後，
我問老師：「我該學習什麼？」
該學畫畫嗎？該學唱歌嗎？
她有智慧地回答：

「世事難料，順其自然。」

「未來不是我們能夠預料的，順其自然吧。」[1]

我不是故意要挑作詞者的毛病，我對桃樂絲．黛也充滿美好的回憶，但事實上，歌詞中老師的回答並不是特別有智慧。當學生詢問老師該往哪個方向學習，老師應該提供更好的答案，而不是說些陳腔濫調。是的，沒錯，未來難以預料。但我們終究已經在前往未來的路上，就算難以想像，還是得做一些決定，才能判斷自己要追求什麼樣的未來、避開什麼樣的未來。如果想像未來時容易犯錯，那我們**該**如何決定要怎麼做？

這個問題的答案連小孩都知道：問老師。我們身為社會性、具有語言能力的動物，好處之一就是可以利用他人的經驗，而不需要自己努力搞懂一切。數百萬年來，人類藉由分工探索並互相交流彼此的發現，來克服自己的無知。這就是為何匹茲堡的普通送報童於對宇宙的了解，會勝過伽利略、亞里斯多德、達文西或任何一位眾所周知的聰明人。我們每一個人都充分利用了這種資源。如果你寫下自己知道的所有事情，然後從頭檢核、勾出哪一些是透過別人轉告才知道的訊息，那麼你就會得到重複性動作傷害，因為你知道的**每件事**幾乎都是二手訊息。

加加林（Yury Gagarin）是第一個上太空的人嗎？「可頌」（croissant）是法文嗎？中國的人口比北達科他州多嗎？（真如俗諺所說）及時縫一針就能省下日後的九針嗎？雖然我們並沒有親眼目睹「東方一號」（Vostok I）發射升空、沒有親身見證語言的演變、沒有親自數過中國和北達科他州的人數，也沒有進行過完全隨機的雙盲縫針研究，但大多數人都知道答案。我們之所以知道，是因為別人告訴我們。**交流是一種「替代觀察」**[2]，讓人用不著離開舒適的躺椅就能了解世界。覆蓋在地球表面、相互連結的幾十億人口，組成了一個擁有一百多億隻眼睛的龐然大物，每一雙眼睛所看到的任何東西，都可能在幾個月、幾天、甚至幾分鐘之內就被整個龐然大物知道。

人類可以互相交流經驗，這個事實理論上可以輕易解決本書討論的核心問題。沒錯，我們在想像未來感受時會出錯，但沒關係，因為我們不必想像跟律師結婚、搬到德州或吃蝸牛是什麼感覺，畢竟有很多經歷過的人都非常樂意跟我們分享經驗。老師、鄰居、同事、父母、朋友、愛人、孩子、叔叔、表親、教練、計程車司機、酒保、髮型設計師、廣告商……每一個人對於生活在這樣而不是那樣的未來，都有自己的看法。而且我們隨時可以確定：其中有人確實經歷過我們正在考慮的事。由於我們是會表現和敘述的哺乳類，所以每個人都可以得到幾乎所有想像得到的經驗，以及許多想像不到的相關資訊。輔導老師會告訴我們最好的職業，美食評論家會告訴我們最好的餐廳，旅行社會告訴我們最好的行程，朋友則會告訴我們最好的旅行社。我們每個人身邊都圍繞著一大群「親愛的艾比」[1]這種諮詢顧問，他們會詳細描述自己的經歷，藉此告訴我們應該追求什麼樣的未來。

既然生活中有如此多的顧問、榜樣、心靈導師、好管閒事者和愛聊八卦的親戚，所以我們每一個人在決定要住哪裡、去哪裡工作、跟誰結婚等重大生活事件時，應該都能做出最好的選擇。但是，美國人平均搬家超過六次[3]，換工作超過十次[4]，結婚超過一次。[5]這表示，大多數人都會做出很多錯誤的選擇。如果人類是一座真人圖書館，能告訴我們各種經歷會帶來的感受，那為什麼有借書證的人還是會做出這麼多錯誤的決定？只有兩種可能：第一，別人也給了很多糟糕的建議，而我們卻愚蠢地接受了。第二，別人給了很多很棒的建議，而我們卻愚蠢地拒絕了。所以到底是那一種？在別人給建議時，我們是聽得太仔細，還是聽得不夠仔細？答案為：**都是**。

替代觀察效應——為什麼要生兒育女？

哲學家羅素（Bertrand Russell）曾說，相信是「我們所做的最具精神性的行為」。[6]或許如此。但那也是我們所做的最具社會性的舉動。正如我們藉由遺傳基因來創造出長相跟自己相似的人，我們也藉由傳遞信念，來創造出想法跟自己相似的人。我們每一次告訴別人任何事，幾乎都是企圖改變對方的大腦運作方式，即企圖改變對方看待世界的方式，好讓他的世界觀更接近我們的世界觀。幾乎每一個主張，從最神聖「上帝對你有計畫」，到最世俗「前面紅綠燈左轉，再走三公里多，就會看到甜甜圈專賣店在右手邊」，都是為了讓聆聽者對世界的信念更符合述說者的見解。這樣的企圖有時成功，有時失敗。那麼，是什麼原因決定了一個人的信念，是否能順利傳到另一個人的腦袋？正如有些基因比其他基因更容易傳播，這個原理也能用來解釋某些信念的傳播。[7]演化生物學告訴我們，任何基因只要能夠觸發「傳播媒介」，該基因在人口中所占的比例就會隨著時間而增加。例如，基因A專門負責「讓性高潮帶有愉悅感」的複雜神經迴路。現在假設我們挑選一百個健康、有生育能力的人，其中一半具有基因A，另一半不具基因A，然後把這些人送到一個適合居住的星球上。經過一百萬年左右，當我們重返那顆星球，就會發現人口變成數十萬、甚至數百萬，而且幾乎所有人都有基因A。為什麼？因為讓性高潮帶有愉悅感

1 作家菲力普斯（Pauline Phillips）為全球數百萬位觀眾解讀生活疑惑的專欄。

的基因A，通常會一代一代傳遞下去。這是一種無限循環：當基因促使我們去做傳遞基因的事，該基因一定會更容易被傳遞下去。更重要的是，就算是**壞**基因（例如讓我們容易罹患癌症或心臟病的基因），只要能觸發傳播媒介，並藉此彌補損失，那它也能成為超級複製因子（super-replicators）。比方說，假設基因A也會讓人容易罹患關節炎和蛀牙，但是它在人口中所占的比例還是會逐漸增加，因為相較於身體柔軟度佳且牙齒健康的人，那些罹患關節炎、牙齒掉光且享受性高潮的人更有可能生小孩。

同樣的原理也能用來解釋信念的傳遞。如果一個信念的特性有助於自身的傳播，那麼這個觀念就會被越來越多人接受。事實證明，有幾個特性能夠提高信念的成功傳遞率，其中最明顯的就是「正確性」。如果有人告訴我們在市中心哪裡可以找到停車位，或者如何在高海拔地區烤蛋糕，我們會採納並且告訴別人，因為它有助於我們和朋友去做我們想做的事，像是停車和烤蛋糕。正如一位哲學家指出：「除非傳遞正確的信念，否則『交流』這種能力無法在演化中占有一席之地。」[8]正確的信念能帶來力量，所以很容易理解為何它們如此容易在人群之間傳播。

但事實上，不正確的信念也很容易在人群之間傳播，這就沒那麼容易理解了。錯誤的信念就跟壞基因一樣，能夠（也確實會）成為超級複製因子。這個歷程能用一個思考實驗來說明。請想像兩支隊伍正在進行比賽，每支隊伍各有一千名隊員，每名隊員都用電話跟其他隊友聯繫。這場比賽的目標是讓自己的隊伍，盡可能共享最多的正確觀念。當隊員聽到一則訊息並認定它是正確的，就會把該訊息告訴一名隊友。但如果隊員認定聽到的訊息不正確，就不會把它傳遞出去。比賽結束時，裁判會吹哨子，並計算雙方的分數：如果一個正確訊息全隊都知道，每一則給一分；而如果一個錯誤訊息傳遍全隊，每一則扣一分。現在試想，兩支隊伍在一個晴朗的日子裡比賽，一隊叫做「完美隊」（成員總是傳遞正確訊息），另一隊則是「不完美隊」（成員偶爾會傳遞錯誤訊息）。我們應該預期「完美隊」會贏，是吧？

不見得。事實上，「不完美隊」在一些特殊情況下可能會大獲全勝。舉例來說，假設「不完美隊」有一名隊員發送一則錯誤訊息：「沒日沒夜講電話會讓人非常快樂。」且假設其他隊員都相信這則訊息並把它傳遞下去，那麼「不完美隊」最後就會被扣一分。但這種情況有一種補償作用：增加「不完美隊」的隊員講電話的時間，進而增加他們傳遞正確訊息的次數。在適當情況下，錯誤訊息帶來的好處遠遠超過損失，也就是說，它讓隊員的行為提高了他們分享其他正確訊息的機會。這場比賽帶來的啟示是：如果錯誤訊息能以某種方式觸發自己的「傳播媒介」，那它就會在「觀念傳播」的比賽中被擴散開來。這個例子的傳播媒介不是性愛，而是「交流」，所以任何能夠促進交流的觀念。不管正確與否，都很容易被快速散播開來。同樣地，那些恰好能夠促進社會穩定的錯誤信念很容易就會被擴散開來，因為抱持那種信念的人通常生活在穩定的社會，而穩定的社會就是錯誤信念的傳播媒介。

這不禁讓人懷疑，我們文化中對於幸福快樂的一些看法，看起來就像經過超級複製的錯誤信念。以金錢為例。如果你曾試著賣東西，那你應該會盡量提高售出的價格，而買方則會盡量壓低買進的價格。參與交易的雙方都認為：最後擁有的錢越多，生活就越美好。這個假設正是人類經濟行為的基礎。但是，能夠支持前述假設的科學證據，比你預期的還少。經濟學家、心理學家幾十年來不斷研究財富和幸福之間的關係，結論通常是：當財富讓人脫離赤貧而進入中產階級，這時財富能提升一個人的幸福感，但接下來對幸福感的作用就非常有限。[9] 年收入達五萬美元的美國人，比年收入一萬美元的美國人快樂許多，但年收入有五百萬美元的美國人，並不比年收入達十萬美元的美國人快樂多少。貧窮國家的人民遠不如中等收入國家的人民快樂，**但中等收入國家的人民並沒有比富裕國家的人民不快樂**。經濟學家解釋說，財富符合「邊際效應遞減」原則，意思是：人在捱餓、受凍、生病、疲憊和恐懼的狀態下，會非常痛苦，然而一旦用錢擺脫這些負擔，多餘的錢就會漸漸變成一堆廢紙。[10]

所以，我們賺到足夠用的金錢之後，就會辭職並且好好使用那筆金錢，對吧？錯。富裕國家的人為了賺取更多的錢，通常工時很長且工作勤奮，卻沒有從中獲得更多快樂。[11]這個現象讓我們困惑不已。畢竟，老鼠雖然會為了迷宮盡頭的乳酪而拼命奔跑，可是只要這個小傢伙吃飽了，就算看到最頂級的藍紋乳酪也懶得移動屁股。一旦我們的肚子已經裝滿鬆餅，那麼更多鬆餅也不會帶來滿足，所以我們就不會再設法找鬆餅來吃。但金錢方面似乎不是這樣。現代經濟學之父亞當・斯密在一七七六年寫道：「每一個人對於食物的渴望都會受到胃部狹窄的容量所限制。但是人類對於建築、衣著、設備和家具之便利性與裝飾物的渴望，卻似乎不受限制、也沒有明確的盡頭。」[12]

當我們一旦獲得足夠的食物和金錢，就不會因為獲得更多而更快樂，那麼在我們停止把食物塞進嘴裡的時候，為什麼還是不斷把錢塞進口袋？亞當・斯密給了答案。他開宗明義就承認多數人所懷疑的事：財富的累積不一定是個人幸福快樂的來源。

> 以構成人類生活福祉的真正要素而言，（窮人）絲毫不遜於那些看起來遠比他們富有的人。以身體的安適和心靈的平靜來說，各個階層的生活幾乎都在同一個水平

上。在路邊晒太陽的乞丐，擁有國王夢寐以求的安穩。[13]

聽起來不錯。但如果這是真的，那我們都有大麻煩了。如果富有的國王不比貧窮的乞丐快樂，那貧窮的乞丐為何不繼續在路邊晒太陽，卻努力成為富有的國王？如果沒有人想要變得富裕，那我們就會面臨嚴重的經濟問題，因為我們必須不斷採購和消費彼此的商品與服務，才能維持經濟繁榮。市場經濟仰賴所有人都無止盡地追求物質享受，而一旦每個人都滿足於自己擁有的物質，經濟就會陷入停滯。不過，如果這是嚴重的經濟問題，那它就不屬於嚴重的個人問題。或許美國聯準會主席每天一起床就渴望做一些符合經濟需求的事，但大多數人一起床，則是渴望做些自己想做的事。這表示一個活絡的經濟體系的基本需求，不一定等同於一個幸福快樂的人的基本需求。那麼，是什麼推動我們每天努力工作，以滿足經濟體系的需求，而不是滿足自己的需求？

亞當·斯密跟許多思想家一樣，相信人所追求的只有一樣東西，即幸福快樂。也因此，只有在所有人都被誤導，相信財富會讓自己幸福快樂的情況下，經濟才得以蓬勃發展。[14]而且唯有大家都抱持著這種錯誤信念，才會進行足以維持經濟體系的生產、採購和消費。

> 財富和偉大帶來的喜悅……在人類的想像中變成了一種崇高、美好、高尚的事，讓人十分樂意付出所有的辛勞、終日焦慮，只為達到那樣的成就……正是這種誤會推動了人類的產業，並使之持續運轉。正是這種誤會促使人類開始耕地、蓋屋、建造城市和國家、創造與改良所有科學和藝術，進而讓生活更富足、更美好。這也徹底改變了整個地球的樣貌，把險惡的原始森林變成宜人且肥沃的平原，把人跡罕至且貧脊的海洋變成新的生存資源以及聯繫世界各國的重要通道。[15]

簡而言之，創造財富不一定會讓人幸福快樂，但它確實滿足了經濟需求，經濟又滿足了穩定的社會的需求，而穩定的社會又提供了一個網絡，讓關於幸福和財富的虛幻信念得以擴散。人類唯有努力工作，經濟才會繁榮。但是，由於人只會為自己的幸福而努力，所以就**誤以為生產和消費才是通往幸福**之路。雖然「虛幻」這種字眼似乎在暗示，有幾個人穿著深色西裝一起暗中策畫陰謀，但前述「觀念傳播」比賽告訴我們，錯誤信念的擴散不一定是有心人士**故意**欺騙無辜的大眾。在這個過程中並沒有高層的陰謀，沒有專斷的法庭，也沒有操控專家狡詐地利用洗腦和宣傳手法，欺騙所有人，讓我們都相信金錢可以買到愛情。相反地，這樣的錯誤信念是一種超級複製因子，它會促使我們去進行那些讓它不斷延續的活動。[16]

「觀念傳播」比賽說明了，為什麼我們在幸福快樂這個主題上，會相信一些根本就不正確的看法。財富與幸福快樂的關係就是一例。而孩子與幸福快樂的關係，則是多數人更能切身體會的另一例。每一種文化都告訴其成員：有了小孩就會幸福快樂。當一個人想到自己的孩子（無論是想像中的未來後代或是想到目前的子女），通常會浮現下列畫面：嬰兒在搖籃裡咿咿呀呀地笑著；還在學走路的可愛小童搖搖晃晃地在草坪上亂跑；帥氣的男孩和美麗的女孩在學校樂隊裡演奏小號和低音號；順利畢業的大學生，即將擁有浪漫的婚禮、滿意的工作；容易被糖果收買的天真無邪的小孫子、小孫女。那些未來的父母們都知道，有一堆髒尿布等著自己去換、一堆家事等著自己去做，還要把辛苦賺來的錢奉獻給牙齒矯正醫師，資助他去加勒比海的阿魯巴島（Aruba）度假。

儘管如此，他們大致上還是覺得養兒育女是幸福快樂的事，所以多數人最後會一頭栽進那個行列。當為人父母者回顧養育孩子的歷程，他們記憶中的感受，就是期待成為父母的人的預期感受。很少有人不會陶醉在這種美好的畫面之中。我有一個二十九歲的兒子，我百分之百認為他是、而且一直都是我生活中最大的幸福快樂來源之一。直到最近他才稍微輸給我那兩歲大的孫女，她一樣可愛，而且現在還不會要求我必須走在後面、假裝不認識她。當人們被問到什麼是幸福快樂的來源，他們都會跟我一樣，指向自己的孩子。

但是，當我們測量有孩子的人的**真實**滿意度，卻發現事實並非如此。如下頁圖11-1所示，夫妻通常在剛結婚時都很幸福，但滿意度卻隨著共同生活的時間增長而逐漸下降，直到孩子離家才回復到婚姻初期的滿意度。[17]不論我們在大眾媒體上看到什麼資訊，「空巢症候群」(empty nest syndrome)唯一已知的症狀是笑容變多了。[18]有趣的是，相較於男性，通常作為孩子的主要照顧者的女性對生活滿意度的變化更符合這個趨勢。[19]研究者進一步調查女性在進行日常活動時的感受，結果顯示：相較於用餐、運動、購物、午睡或看電視，女性在照顧孩子時較不快樂。[20]事實上，帶小孩似乎只比做家事稍微好一點。

這些事實不該讓我們驚訝。每個父母都知道養育小孩要費很多心力，而且非常辛苦。雖然也有許多讓人欣慰的時刻，但絕大多數時候都是在做乏味的工作、無私地照顧對方，而且那個人要過了幾十年才會感謝我們付出的一切。如果養兒育女如此艱辛，那為何我們還認為這件事很美好？一個原因是，我們整天都在跟社會的股東（即我們的母親、叔叔、私人教練）「講電話」，那些人不斷向我們傳遞他們信以為真的想法，但該想法並不是因為正確才被傳播出去。「孩子會帶來幸福快樂」也屬於超級複製因子。我們所屬的信念

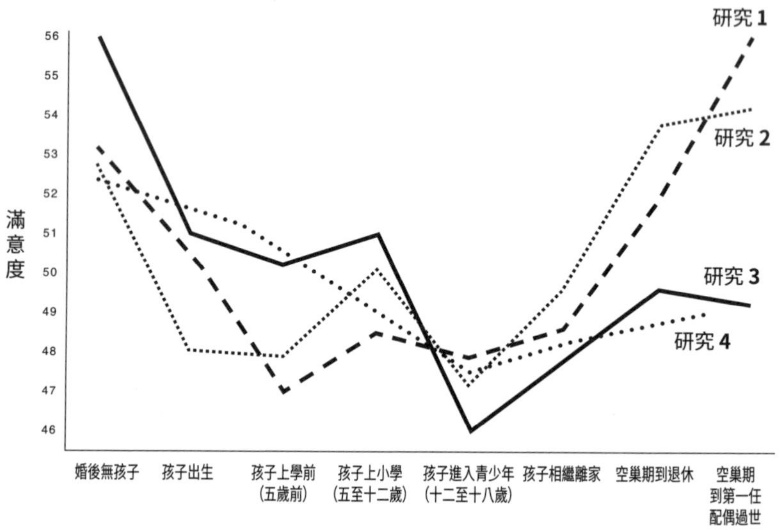

圖 11-1：許多研究顯示，婚姻滿意度會隨著時間而大幅下降，直到孩子離家時才會提升。相較之下，沒有孩子的夫婦（最左邊）幸福程度最高。（資料來源：Source: M. Argyle, *The Psychology of Happiness*, 2nd ed. [London: Routledge, 2001], p. 82。）

傳播網絡必須有源源不絕的新血為它傳遞信念，否則就無法運作。「孩子是幸福快樂的來源」這個信念之所以會成為傳統文化的一部分，單純是因為：任何社會若抱持相反的信念，就會破壞自身的結構。的確，那些認為孩子會帶來痛苦與絕望的人（他們因此不再生小孩），大約五十年內就會讓他們的信念傳播網絡瓦解，從而終結了讓他們毀滅的信念。震教徒（Shakers）興起於十九世紀，是一個烏托邦式的農業社群，當時大約有六千名成員。他們不排斥小孩，但反對生小孩的自然行為。多年來，震教徒嚴格遵守獨身主義，以致於該社群越來越小，後來只剩下幾位老邁的教徒，徒然地向彼此傳遞他們的末日信念。

我們參與的這個「觀念傳播」比賽，讓我們必須相信孩子和金錢能帶來幸福快樂。這不表示我們現在都應該辭掉工作、拋棄家庭。相反地，這表示：雖然我們**相信**養育孩子和工作賺錢是為了增加自己的幸福額度，但事實上，我們並沒有意識到自己做這些事的真正原因。我們都是社會網絡中的節點，隨著網絡的規則而起起落落。所以我們會繼續努力工作、繼續傳宗接代、繼續天真地期待所有的幸福快樂降臨，並繼續在期待落空時困惑、失望。

他山之石，可以攻錯

我的朋友告訴我，我總是指出問題而沒有提供解決方法。但他們也從來沒有告訴我該怎麼做。在前面幾章，我描述了想像力無法讓我們準確預測未來感受的原因。我提過我們在想像未來時，常常會填補或遺漏一些訊息，而且很少考慮到當未來真正降臨，那時的自己可能又有不同的想法。我也提過，個人經驗和傳統智慧都無法彌補想像力的缺點。我已經讓各位徹底了解人類心智有哪些怪僻、偏見、盲點和錯誤，以致於你們可能會納悶：這樣說來，人類烤吐司的時候怎麼有辦法不把奶油塗到膝蓋上？如果我說的沒錯，想必各位會很高興地知道，不論是誰都可以用一種簡單的方法，非常準確地預測自己的未來感受。但你們可能又會沮喪地發現，大部分的人都不想用那個方法。

我們為什麼一開始就非得仰賴想像力？因為想像力是窮人的蟲洞。我們等不到時光機問世，所以我們只能想像未來。但是，雖然我們無法在時間維度裡穿梭，卻還是可以在空間維度裡旅行。而且很有可能在其他的三度空間裡，有個人正經歷著我們想像中的未來事件。我們絕不是第一個考慮搬到辛辛那提（Cincinnati）或經營一家汽車旅館的人，也不是第一個考慮再點一份蛋黃派，或發生婚外情的人，而且在大多數情況下，已經嘗試過那些事的人都很樂意分享他們的經驗。確實，當一個人在述說自己的過去體驗（冰水其實沒有很冰／我喜歡帶小孩），他記憶中的小缺失可能會讓他的說法不可靠。不過，當一個人述說的是當下的體驗（你問我現在覺得如何？我現在很想把手從冰桶裡拿出來，然後把我家那個小屁孩的頭塞進去！），他便提供了關於自己主觀狀態的報告。這是衡量幸福／快樂程度的黃金標準。

如果你跟我一樣相信，一個人在被詢問的當下能夠說出確切感受，那麼，預測自己的未來感受的方法之一，就是找到一個目前正在體驗我們打算做的事的人，並詢問對方的感受。與其為了模擬自己的未來體驗而回想過去經驗，我們應該簡單地審視其他人，正如他們對內在狀態的反思。或許我們應該完全放棄回憶和想像，改由他人來擔任「未來的我們」的替身。

這個方法聽起來實在太過簡單，所以我猜你可能這麼反對：「是的，其他人現在可能正在體驗我打算做的事。但我沒辦法用別人的體驗，來代替我自己的體驗，因為那些人並不是我。每個人都是獨一無二的，所以，了解別人在遇到我所面臨的情況時的感受，對我的幫助並不大。除非他們的經歷跟我一模一樣，否則他們的反應一定跟我不同。我有自己說話、走路的特殊風格，所以最好還是根據我的想像來預測，而不是根據那些人來預測，畢竟他們的喜好、品味和情緒傾向都跟我截然不同。」那你說的很有道理，所以我要用兩道步驟來拆解。第一，我會向你證明：一個隨機人選所擁有的體驗，有時比你自己的想像，更能準確預測你的未來體驗。第二，我會告訴你，為什麼你（跟我）會覺得第一點令人難以置信。

最準確的未來：借鏡他人

想像力有三個缺點，這分別在第三部至第五部闡述。如果你知道，那你應該會知道第一個缺點是：

缺點一、想像力會在我們不知情的情況下**填補和遺漏一些訊息**：任何人都想像不到未來事件的所有特徵與後果，所以在考慮一些情況的同時，一定也會漏掉一部份。問題在於，我們沒考慮到的特徵和後果，往往非常重要。記不記得第五章提過一項研究，讓大學生想像美式足球校隊跟勁敵比賽結束後的幾天，自己會有什麼感受。[21]結果顯示，那群學生高估了比賽影響情緒的持續時間，因為他們在想像自己的未來體驗時，只想到校隊會贏球（比賽結束的那一刻，我們將衝上球場，每個人都在歡呼……），卻沒想到自己接下來的活動（然後我要回家準備期末考）。因為學生的注意力都集中在比賽，所以沒料到比賽結束後所發生的事，會影響自己的情緒。那麼，他們應該怎麼做？

他們應該完全放棄想像。試想另一項研究讓受試者處在類似的情境，並且迫使他們放棄想像力。在這項研究中，A組受試者（報告者）先獲得一份誘人的獎品：冰淇淋店的禮券，然後必須進行一項冗長、乏味的任務：計算並記錄出現在電腦螢幕上的幾何圖形。[22]最後A組要回報自己的感受。接下來，B組受試者被告知他們也會得到獎品，而且也要做同樣無聊的工作。B組又細分為兩組，其中B1（模擬者）被告知獎品是什麼，並且必須運用想像力來預測自己的未來感受。B2（有替身者）則未被告知獎品是什麼，但會得知從A組隨機挑選的一個報告者所回報的內容。

由於B2不知道獎品是什麼，所以無法運用想像力，而必須仰賴A的回報，來預測自己的未來感受。全部的B組受試者做出預測之後，就會獲得獎品，然後完成那項冗長、乏味的任務，並且報告自己的真實感受。如圖11-2最左邊的長條圖所示，B1並不如自己想像中那麼快樂。為什麼？因為他們沒有想到接下來要完成冗長、乏味的任務。這跟前述美式足球校隊的粉絲所犯的錯誤完全一樣。但再看看B2，他們對未來感受的預測非常準確。B2不知道會得到什麼獎品，只知道得到獎品的人（A）在完成一項無聊的工作時不

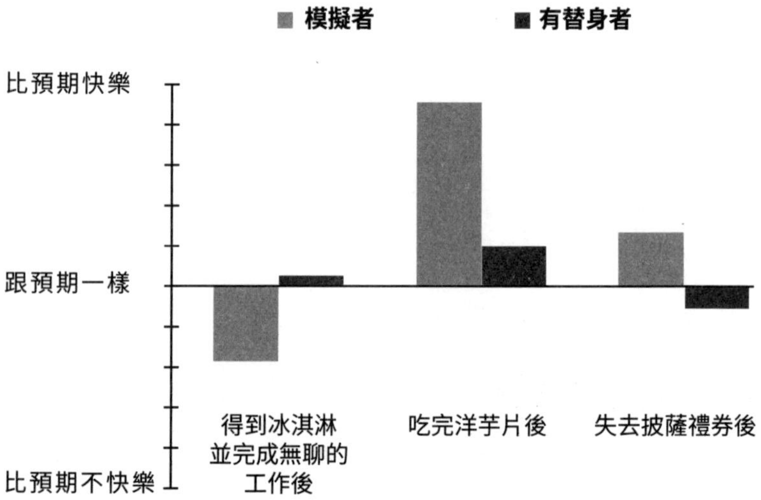

圖 11-2：當受試者知道別人在相同情況下的感受（有替身者），比起試圖想像自己會有的感受（模擬者），前者更能準確預測自己的未來感受。（資料來源：Source: R. J. Norwick, D. T. Gilbert, and T. D. Wilson, "Surrogation: An Antidote for Errors in Affective Forecasting" [unpublished ms., Harvard University, 2005]。）

太開心。所以他們聳聳肩，推測自己在完成這項無聊的工作時也不會太開心，而他們猜對了！

缺點二、經常把現在投射到未來：當想像力描繪出一幅未來的圖象，其中一定遺漏了許多細節，而想像力的解決方式，就是借用當下的細節來填補空白。任何人只要曾經空腹購物、熄掉菸屁股後發誓戒菸，或在假期時求婚，都知道當下感受會錯誤地影響我們對未來感受的**預測**。事實證明，「替身」也可以補救這個缺點。在一項研究中，A組受試者吃了洋芋片，並回報自己對洋芋片的喜好程度（報告者）。[23] B組受試者則吃了椒鹽脆餅、花生醬起司餅乾、玉米片、麵包棒、脆片吐司。如你所猜想，B組吃得很撐，而且完全不想再吃鹹的零食。研究者要求B組預測自己隔天對某種食物的喜好程度。B組又細分為兩組，其中B1被告知隔天要吃洋芋片，並且必須運用想像力來預測自己吃完洋芋片的感受（模擬者）。B2則未被告知隔天要吃的食物，但會得知從A組隨機挑選的一個報告者所回報的內容（有替身者）。

B2僅能仰賴報告者的回報，來預測自己未來對該食物的喜好程度。B組受試者做出預測之後就會離開，隔天再返回實驗室吃洋芋片，並回報自己對洋芋片的喜好程度。如

圖11-2中間的長條圖所示，B1實際上比自己想像中更喜歡洋芋片。為什麼？因為他們在預測時已經吃了一堆餅乾。而B2在預測時也吃了一堆餅乾，但他們是依據A「沒有吃得很撐」的回報，所以能做出更準確的預測。值得注意的是，雖然B2不知道要吃什麼，卻還是能夠準確預測自己未來對食物的喜好程度。

缺點三、它沒有意識到在事情發生之後，我們對那件事的想法就會改變。尤其是，糟糕的事情看起來會好很多：例如，當我們想像自己失業，只會聯想到痛苦的體驗（老闆走進我的辦公室，並關上身後的門……），而不會想到心理免疫系統將如何改變失業的意義（我發現這是一個離開零售業的大好機會，這樣我就能做自己真正想做的事，去當雕刻家）。「替身」也可以補救這個缺點嗎？為了得到答案，研究者設計一個實驗，讓受試者擁有不太愉快的體驗。A組受試者（報告者）被告知，研究人員將會丟一枚銅板，如果正面朝上，他們就可以獲得披薩店的禮券。銅板丟出後，「喔，很抱歉」，結果是反面，所以A組受試者什麼都得不到。[24]研究人員請A組回報自己的感受。接下來，B組被告知丟銅板的遊戲規則，並且預測如果反面朝上而自己沒機會吃到折價披薩的感受。B組又細分為兩組，其中B1被告知禮券的市值，而B2（有替身者）只有得知從一名A組隨機報告者的回報。

B組受試者都做出預測之後，研究人員就開始丟銅板，「喔，很抱歉」，結果是反面。然後B組受試者要報告自己的感受。如圖11-2最右邊的長條圖所示，B1在失去披薩禮券時的實際感受，比他們所預期的還正向。為什麼？因為他們在預測時並沒有意識到，自己很快就能合理化損失（披薩太容易讓人發胖了，而且我也不喜歡那家餐廳）。但是B2只根據隨機挑選的回報做判斷，所以預測的準確度更高。

我們都高估了個體差異

前述三項研究顯示，當一個人缺乏「想像」所需的訊息，並且不得不以別人作為自己的替身，反而能非常準確地預測自己的未來感受。這表示：如果要預測未來感受，最好的方法就是參考別人的現在感受。[25]既然這個簡單的方法非常有用，那很多人應該會盡量向別人借鏡吧。並沒有。當另一組受試者被告知前述三種情況（得到獎品、吃神祕食物、失去禮券），並被詢問希望獲得哪一種訊息來幫助自己預測未來感受：一、關於獎品、食物和禮券的訊息。二、在得到獎品、吃了食物、輸掉禮券之後，隨機一人的感受。結果，幾乎每個受試者都選擇第一種。如果你沒看到前面的研究結果，大概也會做出同樣的選擇。而如果我向你提議：「只要你能夠準確預測自己在一家餐廳用餐後的感受，那頓飯就由我買單。」那麼你會想參考餐廳的菜單，還是隨機挑選的客人給的評語？如果你跟多數人一樣，那你會想看菜單。而且，如果你跟多數人一樣，最後你就得自己掏腰包買單。為什麼？

因為如果你跟多數人一樣，那你也會不知道，自己其實跟多數人一樣。科學提供了許多關於一般人的事實，其中最一致的發現就是：一般人並不認為自己是一般人。大部分學生自認比一般學生聰明[26]，大部分經營者自認比一般經營者更有能力[27]，而大部分美式足球員自認「球感」比隊友好。[28]九〇%的駕駛自認比一般駕駛更注重安全[29]，九四%的大學教授自認比一般教授更優秀。[30]諷刺的是，這種自以為勝過一般人的偏誤，也讓人自以為比一般人更不偏頗。[31]正如一組研究團隊的結論：「多數人顯然都認為自己比一般人更敏捷、聰明、有條理、有道德、有邏輯、有趣、公平、健康，更不用說比一般人更有魅力。」[32]

這種自認比別人好的傾向，不一定是豪不節制的自戀表現，而是一種更普遍的傾向，即自認跟別人不同。通常是自認比別人好，有時則是自認比別人差。當被問到有多慷慨，人們會說自己的慷慨行為比別人多。而當被問到有多自私，人們則會說自己的自私舉動比別人多。[33]當被問到開車或騎腳踏車之類的簡單能力，人們自認比別人優秀。但是當被問到執行困難任務的能力，像是特技表現或下棋，人們則自認比別人差。[34]我們不見得認為自己比較優秀，但幾乎**總是認為自己很獨特**。就算我們的行為舉止跟別人一樣，我們也會認為自己是出於獨特的理由才這麼做。

比方說，我們傾向把別人的選擇歸因於對方的特質（菲爾修這門課，是因為他就是那種文藝型的人），而把自己的選擇歸因於選項的特性（但我修這門課，是因為它比經濟學輕鬆）。[35]

我們知道自己的決定會受到社會常規的影響（雖然我很困惑，但還是不好意思在課堂上舉手發問），卻沒意識到別人的決定也會受到同樣因素的影響（沒有人舉手發問，因為沒有人跟我一樣困惑）。[36]

我們知道自己的選擇有時是反映自己的厭惡（我投給凱瑞是因為我受不了布希），卻假設別人的選擇反映了他們的偏好（如果瑞貝卡投給凱瑞，那她一定喜歡他）。[37]這份差異清單很長，但結論很短：每個人都認為自己非常獨特。[38]

為什麼我們認為自己如此特別？至少有三個原因。第一：就算我們並不特別，但我們認識自己的方式很特別。我們是世界上唯一能夠從內心了解自己的人。我們直接體驗自己的想法和感受，卻必須推測別人也在體驗同樣的想法和感受。我們相信在那些眼睛背後、腦袋裡面，朋友和鄰居擁有的主觀體驗，跟我們自己的主觀體驗非常類似。但這種相信只是一種信念，不是我們的主觀體驗所構成的那種顯而易見、不證自明的真理。「做愛」和「閱讀關於做愛的描述」有差別，而同樣的差別區分了我們對自己心智狀態以及對別人心智狀態的了解。由於我們了解自己和別人的方式不同，所以收集到的訊息種類及數量也大不相同。我們在清醒的每一刻都留意著自己腦中不斷流瀉的想法和感受，但我們只能觀察別人的外在言行，而且要他們在我們身邊才有辦法。所以，我們認為自己如此特別的一個原因是：我們用一種特別的方式來了解自己。

第二：我們喜歡認為自己很特別。大多數人都想融入同儕，卻又不希望太過融入。[39]我們重視自己的獨特個性，且研究顯示，當一個人**覺得自己跟別人太像**，**心情就會變得很糟**，並且試著用各種方法跟別人保持距離、有所區分。[40]如果你曾經在派對上發現，別人的衣服或領帶跟自己的一模一樣，那你就能體會，跟一個你不想擁有的雙胞胎姐妹／兄弟共處一室有多麼討厭，因為對方的存在會暫時削弱你的獨特性。我們是如此**重視**自己的獨特性，所以也難怪我們總是會高估自己的獨特性。

第三：我們常常高估每個人的獨特性，也就是說，我們常常認為人跟人之間的差異比實際上還大。面對現實吧，每個人都有一些相似處，同時也有一些差異處。心理學家、生物學家、經濟學家和社會學家的目標，就是尋找人類行為的普遍規律，所以自然會關心人們的相似處，而一般人主要關心的則是差異。我們的社會生活也包含：要選擇誰來當我們的另一半、商業夥伴、保齡球友……所以我們需要關注人與人之間的差異，而不是共通點。這就是為什麼我們更可能在個人簡介上提到對芭蕾舞的熱愛，而不是對氧氣的熱愛。「熱衷氧氣」解釋了很多人類行為，像是人為什麼生活在陸地上、為什麼有高山症、為什麼有肺、為什麼窒息時會拼命掙扎、為什麼喜歡樹林等，絕對比「熱衷芭蕾舞」還能解釋更多，但無法區分人與人的差異。所以一般人在日常生活中選擇商業交易、交談或發生性行為的對象時，就完全不在意「熱衷氧氣」這個特質。

人與人之間有很多相似處，不過我們對此並不關心，因為相似處無法幫助我們完成必要任務，即分辨傑克、吉爾和珍妮佛的差異。這麼一來，個體間的相似性就變成不起眼的背景，並凸顯出相對瑣碎的少數個體差異。由於我們花太多時間尋找、關注、思考並記住個體差異，所以常常會高估它們的重要性和頻率，最後就認為人與人之間的差異比實際上還大。如果你用一整天的時間，按照不同的形狀、顏色和品種來分類葡萄，你就會變成那種惹人厭的葡萄愛好者，喋喋不休地談論著味道上的細微差異和口感上的變化。

你會認為葡萄有無數種差異，而忘了幾乎所有關於葡萄的真正重要資訊，都可以從「它是葡萄」這個簡單的事實推論出來。當涉及情緒層面，我們就會特別注意到個體間的差異，以及自己的獨特性。[41]因為我們能感受自己的情緒，卻必須藉由看表情和聽聲音來推測別人的情緒，所以**經常以為別人體驗到的情緒不如我們的強烈**，這就是為什麼我們即使無法體會別人的感受，卻還是希望別人體會我們的感受。[42]這種情緒上的獨特感很早就會出現。如果要求幼兒園的小朋友預測自己和其他人在各種情況下的感受，他們認為自己會有獨特的感受（比利會難過，但我不會），並且為自己的感受提供了獨特的理由（我會告訴自己倉鼠上天堂了，但比利只會一直哭）。[43]這正是成年人在做同樣預測時所做的事。[44]

我們對個體差異性和獨特性的迷思，是我們拒絕以他人作為替身的主要原因。畢竟，只有在我們認為替身的情緒反應大致跟我們一樣時，使用替身才有幫助。而如果我們相信人類的情緒反應比實際上差異更大，那替身對我們來說似乎又不如實際上有用了。這真的很諷刺，使用替身可以幫助我們快速又有效地預測自己的未來情緒，但由於我們不知道人跟人之間其實很相似，所以拒絕採用這個可行的方法，反而選擇依賴有缺點又容易出錯的想像力。

小結

雖然「餿水」(hogwash)這個單字跟水有關，但意思是給豬吃的東西，而不是幫豬洗澡。餿水是豬吃的東西，也是牠喜歡和需要的東西。豬農會餵豬吃餿水，因為不這樣做的話，豬就會生氣。「瞎話」(hogwash)這個單字也可以指人們互相鬼扯的話。就跟豬農餵豬吃餿水的目的一樣，我們的朋友、老師和父母向我們鬼扯一些瞎話，也是為了讓我們幸福快樂。但不同的是，豬吃了餿水會快樂，而人類聽了瞎話卻不見得會幸福快樂。

正如我們所見，如果一種觀念可以維繫允許其傳播的社會體系，那它就會廣為流傳。而因為個人通常不認為自己有責任維繫社會體系，所以那些觀念就必須偽裝成個人幸福快樂的處方。我們或許期待只要活得夠久，個人的豐富經驗就能揭穿它們，但我們不一定做得到。要從經驗汲取教訓，就必須回想過去，但基於各種原因，記憶並不是一個可靠的朋友。練習和接受指導能讓我們擺脫尿布、穿上褲子，但還不足以讓我們擺脫當下、走進未來。這種困境的諷刺之處在於，能幫助我們預測未來感受的資訊就在眼前，但我們似乎視而不見。

聽取別人所謂的幸福觀點不見得有幫助，但觀察別人在不同情境下的快樂程度卻非常實用。只可惜，我們自認是獨一無二的個體，有著與眾不同的心智，所以常常拒絕借鏡其他人的情緒體驗。

後記

一塊錢的心理漲幅

「我的心預示了大獲全勝的快樂。」

——莎士比亞，《亨利六世》（*King Henry VI*）

大多數人一生中至少會做三個重大決定：住哪裡、做什麼事，以及跟誰一起做那件事。我們選擇居住的城鎮和社區，選擇自己的工作和嗜好，選擇自己的配偶和朋友。我們在成年後理所當然地做這些決定，以致於常常忘了：我們是最早做這些決定的人類之一。歷史記載大多顯示，過去的人一輩子生活在自己的出生地、做父母所做的事、結交做同樣事情的人。姓米勒（Miller）的人在磨坊工作，姓史密斯（Smith）的人鑄鐵，而小米勒和小史密斯則各自奉父母之命成婚。社會結構（例如：宗教和世襲階級）和物理結構（例如：山脈和海洋）是至高無上的獨裁者，決定了人的一生應該做什麼、住在哪裡，以及跟誰一起度過。這讓多數人幾乎沒有自主決定的自由與空間。但是農業、工業和科技革命改變了這一切，隨之而來的個人自由度大增，也創造了一連串讓人眼花撩亂的選項和替代方案，以及讓人困惑的抉擇與決定，這些都是我們的祖先不曾遇過的局面。有史以來，我們的幸福第一次掌握在自己手中。

那我們該如何做出正確的決定？一七三八年，一位名叫白努利（Daniel Bernoulli）的荷蘭博學家宣稱自己找到了答案。他認為可以藉由簡單的計算來判斷一個決定是否明智，只要把該決定「能讓人得到想要的東西的機率」乘上「得到想要的東西之後所獲得的效益」。白努利所說的「效益」是指「好處」或「快樂」之類的東西。[1]白努利這一條算式的第一個部分很容易操作，因為我們多半可以粗略估計，一個抉擇能讓我們達到目標的機率。

如果你去ＩＢＭ上班，那升上總經理的機會有多高？如果你搬到聖彼得堡，那在海灘上度過週末的可能性有多大？如果你跟愛洛絲結婚，那必須賣掉摩托車的機率有多高？計算這一種機率相對簡單，所以保險公司只要精算出你的房子被燒毀、車被偷、生命提前結束的機率，他們就能致富。只要稍加調查，再加上一枝筆、一塊好用的橡皮擦，通常就能估算（至少能粗略估算）出一個選擇帶給我們想要的結果的機率。

問題是我們很難估計，自己在得到想要的東西之後會有什麼感受。白努利的天賦不在於數學，而在於心理學——他意識到，人類擁有的客觀物質（財富）不等於擁有它之後的主觀感受（效益）。財富可以藉由計算金錢來衡量，**但效益必須藉由計算這些金錢能夠換到多少好處來衡量**。[2]財富並不重要，效益才重要。我們在乎的並不是金錢、升遷或海灘度假本身，而是這些形式的財富能夠（或不能）帶來的好處或快樂。明智的選擇必須能夠帶來最大的快樂，而不是最多金錢。所以如果我們希望做出明智的選擇，就必須正確預測那些錢能換來多少快樂。白努利知道，預測一個選擇能帶來多少財富很容易，而預測一個選擇能產生多少效益卻困難得多。所以他設計了一個簡單的轉換公式，好讓任何人都能將前者的估計值轉換成後者的估計值。白努利認為，每一元所帶來的快樂程度都比前面的一元少一點，所以只要修正一個人擁有的金錢數量，就可以算出此人能從一塊錢獲得多少快樂。

衡量一樣物品的「價值」時，應該基於它能產生多少「效益」，而非其「價格」。物品的價格只取決於該物品本身，所以對每個人來說都是一樣的。但是，物品的效益則取決於衡量者所處的情境。所以毫無疑問，獲得一千枚硬幣對窮人的影響比對富人的影響更大，雖然金額對他們來說都是一樣的。[3]

白努利正確地意識到，人類對「相對值」比對「絕對值」敏感，而他設計的轉換公式就是刻意考量這個基本的心理事實。但白努利也知道，將財富轉換為效益並不像他說的那麼簡單，他的公式還忽略了其他心理事實。

> 雖然以同樣的金錢來說，窮人能從中獲得的效益遠大於富人。但可以想見，一個富有的囚犯雖然已經擁有兩千枚硬幣，但如果還需要兩千枚硬幣才能贖回自由，那他就會比窮人更看重這兩千枚硬幣的價值。雖然類似的例子不勝枚舉，但它們只是極為罕見的例外。[4]

這是個不錯的開始。白努利認為人在獲得第一百枚硬幣（或第一百個吻、第一百個甜甜圈、第一百個在草地上嬉鬧的幼兒）時，通常不如第一次擁有它時那麼快樂，這個想法是對的。但他錯誤地認為那是財富和效益的唯一差異，所以才錯誤地認為從財富預測效益時，只需要修正那個差異即可。事實證明，白努利所忽略的「不勝枚舉的例外」並不是極為罕見。除了銀行的存款數目，還有許多因素會影響，下一塊錢可以提供的效益。例如，人們通常在擁有一樣東西之後會給它更高的評價，並且更重視眼前的東西、更在意小損失、認為失去一樣東西的痛苦遠大於得到它的快樂等。本書討論的各種現象就是一些「不那麼罕見的例外」，凸顯出白努利原理不過是一個美麗而不切實際的抽象概念。

我們在做選擇時，確實**應該**把一件事的機率和效益相乘，但如果我們**無法事先估計效益**，又怎麼可能做到這一點？同樣的客觀情境會引發各式各樣的主觀感受，所以我們很難從預想的客觀情境去預測未來的主觀感受。很可惜，把財富轉換成效益（也就是說，用我們對即將擁有的東西的認知，來預測自己的感受），並不類似把公尺轉換成碼，或把德文轉換成英文。計量跟計量、語言跟語言之間存在一種簡單、有規則的對應關係，但那種關係並不存在於客觀事件和情緒體驗之間。

那麼我們應該如何做選擇？由於沒有能夠預測效益的公式，所以我們通常會做只有人類才做得到的事：想像。人腦有個獨特的結構，能讓我們在腦海中把自己送到未來的情境，然後問自己「在那裡感覺如何」。我們不用靠精準的數學來計算未來效益，只需要站在未來的角度去體會那樣做是否恰當。我們能夠及時把自己送到未來，並在一件事發生之前先行體驗，這種能力讓我們得以在不犯錯的情況下從錯誤中學習，在沒有採取行動的情況下評估行動。這是大自然所賦予我們最偉大的天賦。但同樣值得注意的是，我們模擬未來自我和未來情境的能力並不完美。我們在想像未來情境時，總是填補不會發生的細節，並遺漏會發生的細節。我們在想像未來感受時，總是擺脫不了自己的當下感受，也無法意識到未來的自己將有不同的想法。在白努利的夢想世界裡，一個簡單的公式就能讓所有人明智地預想並決定自己的未來。但「預想」是一種不可靠的天賦，它經常讓我們必須瞇著眼睛、努力去看如果擁有這個、搬去那裡或做那件事會怎樣。尋找幸福沒有簡單的公式。不過，就算我們聰明優秀的大腦無法讓我們穩穩當當地走向未來，至少它可以讓我們明白，為什麼我們在追求幸福的路上總是跌跌撞撞。

致謝

很多書的作者通常都會在這部分宣稱：「沒有人能憑一己之力寫完一本書。」然後列出所有可能幫忙寫書的人的名字。唉，有這種朋友真好，可惜這本書全是我一個人寫的。所以我來感謝另一些人。他們運用自己的才華，使我能夠獨自寫完一本書。

首先，我要感謝我指導過的研究生與學生，他們進行本書提到的大部分研究，並讓我分享功勞。史蒂芬、雷恩、大衛、艾琳、麗茲、珍、麥可、薩利特、卡里姆、黛比、馬特、傑伊、凱莉、克莉斯蒂安、貝卡、凱文、莉絲、簡恩、托德、班、塔莉雅。能跟你們一起做事，是我莫大的榮幸。

我要特別感謝我的好友以及長期合作夥伴，便是維吉尼亞大學的提摩西・威爾森（Timothy Wilson），他的創造力與智慧向來是我靈感、研究經費與眾人目光的來源。這是本書唯一不靠他協助我也能寫出來的一句話。

我的幾個同事試讀了幾章，提供了非常棒的建議和資訊，讓我不至於浪費時間做些徒勞的事。西賽拉、艾倫、派屈克、尼克、南西、湯姆、理查德、丹尼、波亞茲、杰伊、史蒂夫、大衛、安德魯、史蒂芬、蕾貝嘉、喬納森、南希、丹、羅伯特、丹尼爾，當然還有提摩西，感謝你們。

我的經紀人卡迪卡叫我不要再碎念了，並催促我開始動筆。雖然她不是唯一叫我不要再碎念的人，但她是我唯一還喜歡的人。我在克諾夫出版社（Knopf）的編輯馬蒂有非常出色的領悟力和高超的編輯功力，如果你覺得本書讀來缺乏樂趣，那你一定是看到他還沒編輯過的版本。

我在學術休假期間完成這本書的大部分，對此我要感謝下列單位的資助：哈佛大學校董委員會（President and Fellows of Harvard College）、古根漢紀念基金會（John Simon Guggenheim Memorial Foundation）、卡特爾基金會（James McKeen Cattell Foundation）、美國哲學會（American Philosophical Society）、美國國家心理衛生研究院（National Institute of Mental Health）、芝加哥大學商學院（Chicago Graduate School of Business）。感謝這些機構和單位出錢讓我消失一段時間。

最後是感性的部分。我非常感謝我的妻子，以及我最要好的一位朋友，她們的名字恰巧都是瑪麗蓮・奧莉芬特（Marilynn Oliphant）。對於我腦袋裡所有不成熟的想法，不是每一個人都需要裝得很有興趣。沒人該這麼做，但有人卻這麼做了。吉爾伯特和奧莉芬特家族的成員共同守護著我的心，他們是拉瑞、葛洛莉雅、雪莉、斯科特、黛安娜、麥基、喬、丹尼、修納、阿洛、亞曼達、大Z、莎拉、雷恩和黛琳，感謝他們讓我的心有個家。

最後，請容我心懷感激地追憶兩個高貴的靈魂，他們值得去比天堂更好的地方：我的導師奈德・瓊斯（Ned Jones），和我的母親朵莉絲。

撰於麻州劍橋市

注釋

前言　我們每一天都在否定前一天

[1] 本書的注釋提供了內文論點的相關科學文獻，有時也包含一些有趣的額外資訊，但它們不是本書論述的重點。如果你不在意資料來源、對無關緊要的東西不感興趣，而且討厭閱讀時要把書翻來翻去，那麼請放心，本書唯一重要的注釋只有這一個。

第1章：讓我歡喜讓我憂——控制感

[1] W. A. Roberts, "Are Animals Stuck in Time?" *Psychological Bulletin, 128:* 473–89 (2002).

[2] D. Dennett, *Kinds of Minds.* (New York: Basic Books, 1996).

[3] M. M. Haith, (1997). "The Development of Future Thinking as Essential for the Emergence of Skill in Planning," in *The Developmental Psychology of Planning: Why, How, and When Do We Plan?,* eds. S. L. Friedman and K. Scholnick (Mahwah, N.J.: Lawrence Erlbaum, 1997), 25–42.

[4] E. Bates, J. Elman, and P. Li, "Language In, On, and About Time," in *The Development of Future Oriented Processes,* eds. M. M. Haith, et al. (Chicago: University of Chicago Press, 1994).

[5] B. M. Hood et al., "Gravity Biases in a Nonhuman Primate?" *Developmental Science 2:* 35–41 (1999). 亦見 D. A. Washburn and D. M. Rumbaugh, "Comparative Assessment of Psychomotor Performance: Target Prediction by Humans and Macaques *(Macaca mulatta),*" *Journal of Experimental Psychology: General 121:*

305–12 (1992).

[6] L. M. Oakes and L. B. Cohen, "Infant Perception of a Causal Event," *Cognitive Development 5:* 193–207 (1990). 亦參考 N. Wentworth, and M. M. Haith, "Event-Specific Expectations of 2-and 3-Month-Old Infants," *Developmental Psychology 28:* 842–50 (1992).

[7] C. M. Atance and D. K. O'Neill, "Planning in 3-Year-Olds: A Reflection of the Future Self?" in *The Self in Time: Developmental Perspectives,* eds. C. Moore and K. Lemmon (Mahwah, N.J.: Lawrence Erlbaum, 2001)，以及 J. B. Benson, "The Development of Planning: It's About Time," in Friedman and Scholnick, *Developmental Psychology of Planning.*

[8] 雖然兒童在兩歲左右就開始談論未來，但直到四歲左右才能完整了解這個概念。請見：D. J. Povinelli and B. B. Simon, "Young Children's Understanding of Briefly Versus Extremely Delayed Images of the Self: Emergence of the Autobiographical Stance," *Developmental Psychology 34:* 188–94 (1998)，以及 K. Nelson, "Finding One's Self in Time," in *The Self Across Psychology: Self-Recognition, Self-Awareness, and the Self Concept*, eds. J. G. Snodgrass and R. L. Thompson (New York: New York Academy of Sciences, 1997), 103–16。

[9] C. A. Banyas, "Evolution and Phylogenetic History of the Frontal Lobes," in *The Human Frontal Lobes,* eds. B. L. Miller and J. L. Cummings (New York: Guilford Press, 1999), 83–106.

[10] 顯然蓋吉在他的下半輩子無論走到哪裡都帶著那根鐵棒。他應該會很高興，因為最後那根鐵棒跟他的頭顱都永久展示於哈佛大學的華倫解剖學博物館（Warren Anatomical Museum）。

[11] 現代學者經常引用蓋吉的案例來支持額葉重要性，但當時的人並不這樣認為。見 M. B. Macmillan, "A Wonderful Journey Through Skull and Brains: The Travels of Mr. Gage's Tamping Iron," *Brain and Cognition 5:* 67–107 (1986).

[12] M. B. Macmillan, "Phineas Gage's Contribution to Brain Surgery," *Journal of the History of the Neurosciences 5:*

56–77 (1996).

[13] S. M. Weingarten, "Psychosurgery," in Miller and Cummings, *Human Frontal Lobes,* 446–60.

[14] D. R. Weinberger et al., (1994). "Neural Mechanisms of Future-Oriented Processes," in Haith et al., *Future Oriented processes,* 221–42.

[15] J. M. Fuster, The Prefrontal Cortex: Anatomy, Physiology, and Neuropsychology of the Frontal Lobe (New York: Lippincott-Raven, 1997), 160–61.

[16] A. K. MacLeod and M. L. Cropley, "Anxiety, Depression, and the Anticipation of Future Positive and Negative Experiences," *Journal of Abnormal Psychology 105:* 286–89 (1996).

[17] M. A. Wheeler, D. T. Stuss, and E. Tulving, "Toward a General Theory of Episodic Memory: The Frontal Lobes and Autonoetic Consciousness," *Psychological Bulletin 121:* 331–54 (1997).

[18] F. T. Melges, "Identity and Temporal Perspective," in *Cognitive Models of Psychological Time,* ed. R. A. Block (Hillsdale, N.J.: Lawrence Erlbaum, 1990), 255–66.

[19] P. Faglioni, "The Frontal Lobes," in *The Handbook of Clinical and Experimental Neuropsychology,* eds. G. Denes and L. Pizzamiglio (East Sussex, U.K.: Psychology Press, 1999), 525–69.

[20] J. M. Fuster, "Cognitive Functions of the Frontal Lobes," in Miller and Cummings, *Human Frontal Lobes,* 187–95.

[21] E. Tulving, "Memory and Consciousness," *Canadian Psychology 26:* 1–12 (1985). 關於這個案例更完整的訊息，請見下列文獻對「K.C.」的描述：E. Tulving et al., "Priming of Semantic Autobiographical Knowledge: A Case Study of Retrograde Amnesia," *Brain and Cognition 8:* 3–20 (1988).

[22] Tulving, "Memory and Consciousness."

[23] R. Dass, *Be Here Now.* (New York: Crown, 1971).

[24] L. A. Jason et al., "Time Orientation: Past, Present, and Future Perceptions," *Psychological Reports 64:* 1199–

1205 (1989).
[25] E. Klinger and W. M. Cox, "Dimensions of Thought Flow in Everyday Life," *Imagination, Cognition, and Personality 72:* 105–28 (1987-88)，以及E. Klinger, "On Living Tomorrow Today: The Quality of Inner Life as a Function of Goal Expectations," in P*sychology of Future Orientation,* ed. Z. Zaleski (Lublin, Poland: Towarzystwo Naukowe KUL, 1994).
[26] J. L. Singer, Daydreaming and Fantasy (Oxford: Oxford University Press, 1981); E. Klinger, Daydreaming: Using Waking Fantasy and Imagery for Self-Knowledge and Creativity (Los Angeles: Tarcher, 1990); G. Oettingen, Psychologie des Zukunftdenkens (On the Psychology of Future Thought) (Goettingen, Germany: Hogrefe, 1997).
[27] G. F. Loewenstein and D. Prelec, "Preferences for Sequences of Outcomes," *Psychological Review 100:* 91–108 (1993). 亦見G. Loewenstein," Anticipation and the Valuation of Delayed Consumption, *Economy Journal 97:* 666–84 (1987)，以及 J. Elster and G. F. Loewenstein, "Utility from Memory and Anticipation," in *Choice Over Time,* eds. G. F. Loewenstein and J. Elster (New York: Russell Sage Foundation, 1992), 213–34.
[28] G. Oettingen and D. Mayer, "The Motivating Function of Thinking About the Future: Expectations Versus Fantasies," *Journal of Personality and Social Psychology 83:* 1198–1212 (2002).
[29] A. Tversky and D. Kahneman, "Availability: A Heuristic for Judgment Frequency and Probability," *Cognitive Psychology 5:* 207–32 (1973).
[30] N. Weinstein, "Unrealistic Optimism About Future Life Events," *Journal of Personality and Social Psychology 39:* 806–20 (1980).
[31] P. Brickman, D. Coates, and R. J. Janoff-Bulman, "Lottery Winners and Accident Victims: Is Happiness Relative?," *Journal of Personality and Social Psychology 36:* 917–27 (1978).

[32] E. C. Chang, K. Asakawa, and L. J. Sanna, “Cultural Variations in Optimistic and Pessimistic Bias: Do Easterners Really Expect the Worst and Westerners Really Expect the Best When Predicting Future Life Events?” *Journal of Personality and Social Psychology 81:* 476–91 (2001).

[33] J. M. Burger and M. L. Palmer, “Changes in and Generalization of Unrealistic Optimism Following Experiences with Stressful Events: Reactions to the 1989 California Earthquake,” *Personality and Social Psychology Bulletin 18:* 39–43 (1992).

[34] H. E. Stiegelis et al., “Cognitive Adaptation: A Comparison of Cancer Patients and Healthy References,” *British Journal of Health Psychology 8:* 303–18 (2003).

[35] A. Arntz, M. Van Eck, and P. J. de Jong, “Unpredictable Sudden Increases in Intensity of Pain and Acquired Fear,” *Journal of Psychophysiology 6:* 54–64 (1992).

[36] 既然提到電擊，順道說明一下，這類心理學實驗通常必須符合美國心理學會（American Psychological Association）嚴格的倫理準則，而且執行之前必須取得大學研究倫理委員會的許可。自願參與的受試者通常會被充分告知該研究可能造成的任何身心健康或個人福祉的風險，而且隨時可以退出，無須擔心會被懲罰。如果受試者在實驗過程得到任何錯誤的訊息，在實驗結束後一定會被告知真相。總之，我們心理學家真的是很善良的人。

[37] M. Miceli and C. Castelfranchi, “The Mind and the Future: The (Negative) Power of Expectations,” *Theory and Psychology 12:* 335–66 (2002).

[38] J. N. Norem, “Pessimism: Accentuating the Positive Possibilities,” in *Virtue, Vice, and Personality: The Complexity of Behavior,* eds. E. C. Chang and L. J. Sanna (Washington, D.C.: American Psychological Association, 2003), 91–104; J. K. Norem and N. Cantor, “Defensive Pessimism: Harnessing Anxiety as Motivation,” *Journal of Personality and Social Psychology 51:* 1208–17 (1986).

[39] A. Bandura, “Self-Efficacy: Toward a Unifying Theory of Behavioral Change,” *Psychological Review 84:* 191–

215 (1977)，以及“Self-Efficacy: Mechanism in Human Agency,” *American Psychologist 37:* 122–47 (1982).

[40] M. E. P. Seligman, Helplessness: On Depression, Development, and Death (San Francisco: Freeman, 1975).

[41] E. Langer and J. Rodin, “The Effect of Choice and Enhanced Personal Responsibility for the Aged: A Field Experiment in an Institutional Setting,” *Journal of Personality and Social Psychology 34:* 191–98 (1976)，以及 J. Rodin and E. J. Langer, “Long-Term Effects of a Control-Relevant Intervention with the Institutional Aged,” *Journal of Personality and Social Psychology 35:* 897–902 (1977).

[42] R. Schulz and B. H. Hanusa, “Long-Term Effects of Control and Predictability-Enhancing Interventions: Findings and Ethical Issues,” *Journal of Personality and Social Psychology 36:* 1202–12 (1978).

[43] E. J. Langer, “The Illusion of Control,” *Journal of Personality and Social Psychology 32:* 311–28 (1975).

[44] 同上。

[45] D. S. Dunn and T. D. Wilson, “When the Stakes Are High: A Limit to the Illusion of Control Effect,” *Social Cognition 8:* 305–323 (1991).

[46] L. H. Strickland, R. J. Lewicki, and A. M. Katz, “Temporal Orientation and Perceived Control as Determinants of Risk Taking,” *Journal of Experimental Social Psychology 2:* 143–51 (1966).

[47] Dunn and Wilson, “When the Stakes Are High.”

[48] S. Gollin et al., “The Illusion of Control Among Depressed Patients,” *Journal of Abnormal Psychology 88:* 454–57 (1979).

[49] L. B. Alloy and L. Y. Abramson, “Judgment of Contingency in Depressed and Nondepressed Students: Sadder but Wiser?,” *Journal of Experimental Psychology: General 108:* 441–85 (1979). 相反的觀點請見：D. Dunning and A. L. Story, “Depression, Realism and the Overconfidence Effect: Are the Sadder Wiser When Predicting Future Actions and Events?,” *Journal of Personality and Social Psychology 61:* 521–32 (1991); 以及 R. M. Msetfi et al., “Depressive Realism and Outcome Density Bias in Contingency Judgments: The Effect

of the Context and Intertrial Interval," *Journal of Experimental Psychology: General 134:* 10–22 (2005).

[50] S. E. Taylor and J. D. Brown, "Illusion and Well-Being: A Social-Psychological Perspective on Mental Health," *Psychological Bulletin 103:* 193–210 (1988).

第2章：幸福只是你的詮釋

[1] N. L. Segal, Entwined Lives: *Twins and What They Tell Us About Human Behavior* (New York: Dutton, 1999).

[2] N. Angier, "Joined for Life, and Living Life to the Full," *New York Times*, 23 December 1997, F1.

[3] D. Dreger, "The Limits of Individuality: Ritual and Sacrifice in the Lives and Medical Treatment of Conjoined Twins," *Studies in History and Philosophy of Biological and Biomedical Sciences 29*: 1–29 (1998).

[4] 同上。這篇研究發表之後，至少有一對成年連體嬰尋求分離手術並在過程中死亡。"A Lost Surgical Gamble," *New York Times*, 9 July 2003, 20.

[5] J. R. Searle, Mind, Language, and Society: Philosophy in the Real World (New York: Basic Books, 1998).

[6] 主觀狀態只能根據其客觀前置因子或其他主觀狀態加以定義，但是對有形物體來說也是如此。如果一個有形物體（如棉花糖）無法用其帶來的主觀狀態（一種軟軟、黏黏、甜甜的東西）或任何其他有形物體（它是用玉米糖漿、糖漿、香草精和蛋白做成的）加以定義，那我們將無法對它下定義。任何定義都必須將「欲定義的事物」跟「相同本體範疇的事物」進行比較（例如：有形事物跟有形事物比較），或將它對應到「不同本體範疇的事物」上（例如：有形事物對應到主觀狀態）。至今尚未有人提出第三種定義方法。

[7] R. D. Lane et al. "Neuroanatomical Correlates of Pleasant and Unpleasant Emotion," *Neuropsychologia 35:* 1437–44 (1997).

[8] C. Osgood, G. J. Suci, and P. H. Tannenbaum, *The Measurement of Meaning* (Urbana: University of Illinois

Press, 1957). 研究發現，詞彙的語意通常可以從三個面向來區分：評價性（evaluation），即好或壞；活動性（activity），即主動或被動；效能性（potency）即強或弱。所以心理學家會討論一個字詞的E特性、A特性和P特性。大聲說出這些術語，你就知道科學家超沒幽默感。

[9] T. Nagel, "What Is It Like to Be a Bat?" *Philosophical Review 83:* 435–50 (1974).

[10] 見A. Pope, *Essay on Man, Epistle 4* (1744), in *The Complete Poetical Works of Alexander Pope*, ed. H. W. Boynton (New York: Houghton-Mifflin, 1903).

[11] S. Freud, Civilization and Its Discontents, vol. 1 of Standard Edition of the Complete Psychological Works of Sigmund Freud, 1930; London: Hogarth Press and Institute of Psychoanalysis, 1953), 75–76.

[12] B. Pascal, "Pensees," in *Pensees,* ed. W. F. Trotter (1660; New York: Dutton, 1908).

[13] R. Nozick, *The Examined Life*. (New York: Simon & Schuster, 1989), 102.

[14] J. S. Mill, *On Liberty, the Subjection of Women and Utilitarianism* (1863), in "Utilitarianism" (1863) in *The Basic Writings of John Stuart Mill:* ed. D. E. Miller (New York: Modern Library, 2002).

[15] R. Nozick, *Anarchy, State, and Utopia*. (New York: Basic Books, 1974).

[16] Nozick, *The Examined Life,* p. 111。學者經常引用諾齊克的「幸福機器」問題，但他們通常沒考慮到三件事。第一：誰說沒有人想跟這臺機器連在一起？世界上到處都是追求幸福快樂的人，他們一點都不在乎那是不是「應得的」。第二：那些宣稱不想跟這臺機器連在一起的人，搞不好已經這麼做了。畢竟，約定就是忘掉之前的決定。第三：沒有人能真正回答這個問題，因為這個問題涉及想像一個未來狀態，而在該未來狀態中，當事人並不知道自己目前正在思考的問題。見E. B. Royzman, K. W. Cassidy, and J. Baron, "'I Know, You Know': Epistemic Egocentrism in Children and Adults," *Review of General Psychology 7:* 38–65 (2003).

[17] D. M. MacMahon, "From the Happiness of Virtue to the Virtue of Happiness: 400 bc–ad 1780," *Daedalus: Journal of the American Academy of Arts and Sciences 133:* 5–17 (2004).

[18] 同上。

[19] 有一些針對道德式幸福和情感式幸福之差異的討論，其立場皆與我相反，請見：D. W. Hudson, *Happiness and the Limits of Satisfaction* (London: Rowman & Littlefield, 1996); M. Kingwell, *Better Living: In Pursuit of Happiness from Plato to Prozac* (Toronto: Viking, 1998)，以及 E. Telfer, Happiness (New York: St. Martin's Press, 1980).

[20] N. Block, "Begging the Question Against Phenomenal Consciousness," *Behavioral and Brain Sciences 15:* 205–6 (1992).

[21] J. W. Schooler and T. Y. Engstler-Schooler, "Verbal Overshadowing of Visual Memories: Some Things Are Better Left Unsaid," *Cognitive Psychology 22:* 36–71 (1990).

[22] G. W. McConkie and D. Zola, "Is Visual Information Integrated in Successive Fixations in Reading?" *Perception and Psychophysics 25:* 221–24 (1979).

[23] D. J. Simons and D. T. Levin, "Change Blindness," *Trends in Cognitive Sciences 1:* 261–67 (1997).

[24] M. R. Beck, B. L. Angelone, and D. T. Levin, "Knowledge About the Probability of Change Affects Change Detection Performance," *Journal of Experimental Psychology: Human Perception and Performance 30:* 778–91 (2004).

[25] D. J. Simons and D. T. Levin, "Failure to Detect Changes to People in a Real-World Interaction," *Psychonomic Bulletin and Review 5:* 644–49 (1998).

[26] R. A. Rensink, J. K. O'Regan, and J. J. Clark, "To See or Not to See: The Need for Attention to Perceive Changes in Scenes," *Psychological Science 8:* 368–73 (1997).

[27] B. Fischoff, "Perceived Informativeness of Facts," Journal of Experimen tal Psychology: Human Perception and Performance 3: 349–58 (1977).

[28] A. Parducci, Happiness, Pleasure, and Judgment: The Contextual Theory and Its Applications (Mahwah, N.J.:

Lawrence Erlbaum, 1995).
[29] Shackleton, E. *South* (1959; New York: Carroll & Graf, 1998), 192.

第3章：當情緒被歸錯類……

[1] J. LeDoux, The Emotional Brain: The Mysterious Underpinnings of Emotional Life (New York: Simon & Schuster, 1996).

[2] R. B. Zajonc, (1980). "Feeling and Thinking: Preferences Need No Inferences," *American Psychologist 35:* 151–75; R. B. Zajonc, "On the Primacy of Affect," *American Psychologist 39:* 117–123 (1984)，以及"Emotions," in *The handbook of Social Psychology*, eds. D. T. Gilbert, S. T. Fiske, and G. Lindzey, 4th ed., *vol. 1* (New York: McGraw-Hill, 1998), 591–632.

[3] S. Schachter and J. Singer, "Cognitive, Social and Physiological Determinants of Emotional State," *Psychological Review 69:* 379–99 (1962).

[4] D. G. Dutton and A. P. Aron, "Some Evidence for Heightened Sexual Attraction Under Conditions of High Anxiety," *Journal of Personality and Social Psychology 30:* 510–17 (1974).

[5] 同樣有趣的是，有時光是發現自己的情緒就能夠消除該情緒。見：A. R. Hariri, S. Y. Bookheimer, and J. C. Mazziotta, "Modulating Emotional Response: Effects of a Neocortical Network on the Limbic System," *NeuroReport 11:* 43–48 (2000)，以及M. D. Lieberman et al., "Two Captains, One Ship: A Social Cognitive Neuroscience Approach to Disrupting Automatic Affective Processes"（未出版的手稿, UCLA, 2003).

[6] G. Greene, *The End of the Affair* (New York: Viking Press, 1951), 29.

[7] R. A. Dienstbier and P. C. Munter, "Cheating as a Function of the Labeling of Natural Arousal," *Journal of Personality and Social Psychology 17:* 208–13 (1971).

[8] M. P. Zanna and J. Cooper, "Dissonance and the Pill: An Attribution Approach to Studying the Arousal Properties of Dissonance," *Journal of Personality and Social Psychology 29:* 703–9 (1974).

[9] D. C. Dennett, *Brainstorms: Philosophical Essays on Mind and Psychology*. (Cambridge, Mass.: Bradford/MIT Press, 1981), 218.

[10] J. W. Schooler, "Discovering Memories in the Light of Meta-Consciousness," *Journal of Aggression, Maltreatment, and Trauma 4:* 105–36 (2001).

[13][12][11] L. Weiskrantz, Blindsight (Oxford: Oxford University Press, 1986).

A. Cowey, and P. Stoerig, "The Neurobiology of Blindsight," *Trends in Neuroscience 14:* 140–45 (1991).

E. J. Vanman, M. E. Dawson, and P. A. Brennan, "Affective Reactions in the Blink of An Eye: Individual Differences in Subjective Experience and Physiological Responses to Emotional Stimuli," *Personality and Social Psychology Bulletin 24:* 994–1005 (1998).

[14] R. D. Lane et al., "Is Alexithymia the Emotional Equivalent of Blindsight?," *Biological Psychiatry 42:* 834–44 (1997).

[15] 十九世紀的經濟學家埃奇沃思（Francis Edgeworth）稱之為快樂測量儀。請見F. Y. Edgeworth, Mathematical Psychics: *An Essay on the Application of Mathematics to the Moral Sciences* (London: Kegan Paul, 1881).

[16] N. Schwarz and F. Strack, "Reports of Subjective Well-Being: Judgmental Processes and Their Methodological Implications," in *Well-Being: The Foundations of Hedonic Psychology*, eds. D. Kahneman, E. Diener, and N. Schwarz (New York: Russell Sage Foundation, 1999), 61–84; D. Kahneman, "Objective Happiness," 同上，3–25.

[18][17] R. J. Larsen and B. L. Fredrickson, "Measurement Issues in Emotion Research," 同上，40–60.

M. Minsky, *The Society of Mind* (New York: Simon & Schuster, 1985); W. G. Lycan, "Homuncular

Functionalism Meets PDP," in *Philosophy and Connectionist Theory*, eds. W. Ramsey, S. P. Stich, and D. E. Rumelhart (Mahwah, N.J.: Lawrence Erlbaum, 1991), 259–86.

[19] O. Jowett, *Plato's Protagoras* (New York: Prentice Hall, 1956).

第4章：思考得越深，就越失真

[1] R. O. Boyer and H. M. Morais, *Labor's Untold Story* (New York: Cameron, 1955); P. Avrich, *The Haymarket Tragedy* (Princeton, N.J.: Princeton University Press, 1984).

[2] E. Brayer, *George Eastman: A Biography* (Baltimore: Johns Hopkins University Press, 1996).

[3] R. Karniol and M. Ross, "The Motivational Impact of Temporal Focus: Thinking About the Future and the Past," *Annual Review of Psychology 47:* 593–620 (1996)，以及B. A. Mellers, "Choice and the Relative Pleasure of Consequences," *Psychological Bulletin 126:* 910–24 (2000).

[4] D. L. Schacter, Searching for Memory: The Brain, the Mind and the Past (New York: Basic Books, 1996).

[5] E. F. Loftus, D. G. Miller, and H. J. Burns, "Semantic Integration of Verbal Information into Visual Memory," *Journal of Experimental Psychology: Human Learning and Memory 4:* 19–31 (1978).

[6] E. F. Loftus, "When a Lie Becomes Memory's Truth: Memory Distortion after Exposure to Misinformation," *Current Directions in Psychological Sciences 1:* 121–23 (1992).反面觀點請參考：M. S. Zaragoza, M. McCloskey, and M. Jamis, "Misleading Postevent Information and Recall of the Original Event: Further Evidence Against the Memory Impairment Hypothesis," *Journal of Experimental Psychology: Learning, Memory, and Cognition 13:* 36–44 (1987).

[7] M. K. Johnson and S. J. Sherman, "Constructing and Reconstructing the Past and the Future in the Present," in *Handbook of Motivation and Cognition: Foundations of Social Behavior*, eds. E. T. Higgins and R.

M. Sorrentino, vol. 2. (New York: Guilford Press, 1990), 482–526・以及M. K. Johnson and C. L. Raye, "Reality Monitoring," *Psychological Review 88:* 67–85 (1981).

[8] J. Deese, "On the Predicted Occurrence of Particular Verbal Intrusions in Immediate Recall," *Journal of Experimental Psychology 58:* 17–22 (1959).

[9] H. L. Roediger and K. B. McDermott, "Creating False Memories: Remembering Words Not Presented in Lists," *Journal of Experimental Psychology: Learning, Memory, and Cognition 21:* 803–14 (1995).

[10] K. B. McDermott and H. L. Roediger, "Attempting to Avoid Illusory Memories: Robust False Recognition of Associates Persists under Conditions of Explicit Warnings and Immediate Testing," *Journal of Memory and Language 39:* 508–20 (1998).

[11] R. Warren, "Perceptual Restoration of Missing Speech Sounds," *Science 167:* 392–93 (1970).

[12] A. G. Samuel, "A Further Examination of Attentional Effects in the Phonemic Restoration Illusion," *Quarterly Journal of Experimental Psychology 43A:* 679–99 (1991).

[13] R. Warren, "Perceptual Restoration of Obliterated Sounds," *Psychological Bulletin 96:* 371–83 (1984).

[14] L. F. Baum, *The Wonderful Wizard of Oz* (New York: G. M. Hill, 1900), 113–19.

[15] Locke, J. Book IV *An Essay Concerning Human Understanding*, vol. 2 (1690; New York: Dover, 1959).

[16] I. Kant, *Critique of Pure Reason,* trans. N. K. Smith, (1781; New York: St. Martin's Press, 1965), 93.

[17] W. Durant, *The Story of Philosophy* (New York: Simon & Schuster, 1926).

[18] A. Gopnik and J. W. Astington, Children's Understanding of Representational Change and Its Relation to the Understanding of False Beliefs and the Appearance-Reality Distinction," *Child Development 59:* 26–37 (1988)・以及H. Wimmer and J. Perner, "Beliefs About Beliefs: Representation and Constraining Function of Wrong Beliefs in Young Children's Understanding of Deception," *Cognition 13:* 103–28 (1983).

[19] J. Piaget, *The Child's Conception of the World* (London: Routledge & Kegan Paul, 1929), 1660.

[20] B. Keysar et al., "Taking Perspective in Conversation: The Role of Mutual Knowledge in Comprehension," *Psychological Science 11:* 32–38 (2000).

[21] D. T. Gilbert, "How Mental Systems Believe," *American Psychologist 46:* 107–19 (1991).

[22] 有趣的是，人會隨著年齡漸增而逐漸獲得這項能力，但在老年時又會逐漸失去這項能力。見C. Ligneau-Hervé and E. Mullet, "Perspective-Taking Judgments Among Young Adults, Middle-Aged, and Elderly People," *Journal of Experimental Psychology: Applied 11:* 53–60 (2005).

[23] Piaget, Child's Conception, 124.

[24] G. A. Miller, "Trends and Debates in Cognitive Psychology," *Cognition 10:* 215–25 (1981).

[25] D. T. Gilbert and T. D. Wilson, "Miswanting: Some Problems in the Forecasting of Future Affective States," in *Feeling and Thinking: The Role of Affect in Social Cognition,* ed. J. Forgas (Cambridge: Cambridge University Press, 2000), 178–97.

[26] D. Dunning et al.,"The Overconfidence Effect in Social Prediction,"*Journal of Personality and Social Psychology 58:* 568–81 (1990)，以及R. Vallone et al., "Overconfident Predictions of Future Actions and Outcomes by Self and Others,"*Journal of Personality and Social Psychology 58:* 582–92 (1990).

[27] D. W. Griffin, D. Dunning, and L. Ross, "The Role of Construal Processes in Overconfident Predictions About the Self and Others," *Journal of Personality and Social Psychology 59:* 1128–39 (1990).

[28] Kant, Critique, 93.

第5章：管子裡的真相

[1] A. C. Doyle, "Silver Blaze," in *The Complete Sherlock Holmes* (1892; New York: Gramercy, (2002), 149.

[2] 同上。

[3] R. S. Sainsbury and H. M. Jenkins, "Feature-Positive Effect in Discrimination Learning," *Proceedings of the Annual Convention of the American Psychological Association 2:* 17–18 (1967).

[4] J. P. Newman, W. T. Wolff, and E. Hearst, "The Feature-Positive Effect in Adult Human Subjects," *Journal of Experimental Psychology: Human Learning and Memory 6:* 630–50 (1980).

[5] H. M. Jenkins and W. C. Ward, "Judgment of Contingency Between Responses and Outcomes," *Psychological Monographs 79* (1965); P. C. Wason, "Reasoning About a Rule," *Quarterly Journal of Experimental Psychology 20* (1968)，以及D. L. Hamilton and R. K. Gifford, "Illusory Correlation in Interpersonal Perception: A Cognitive Basis of Stereotypic Judgements," *Journal of Experimental Social Psychology 12:* 392–407 (1976)。亦見J. Crocker, "Judgment of Covariation by Social Perceivers," *Psychological Bulletin 90:* 272–92 (1981); L. B. Alloy and N. Tabachnik, "The Assessment of Covariation by Humans and Animals: The Joint Influence of Prior Expectations and Current Situational Information," *Psychological Review 91:* 112–49 (1984).

[6] F. Bacon, *Novum organum,* in eds. and trans. P. Urbach and J. Gibson (1620; Chicago: Open Court, 1994), 60.

[7] 同上，57.

[8] J. Klayman and Y. W. Ha, "Confirmation, Disconfirmation, and Information in Hypothesis-Testing," *Psychological Review 94:* 211–28 (1987).

[9] A. Tversky, "Features of Similarity," *Psychological Review 84:* 327–52 (1977).

[10] E. Shafir, "Choosing Versus Rejecting: Why Some Options Are Both Better and Worse Than Others," *Memory & Cognition 21:* 546–56 (1993).

[11] T. D. Wilson et al., "Focalism: A Source of Durability Bias in Affective Forecasting," *Journal of Personality and Social Psychology 78:* 821–36 (2000).

[12] 這篇文獻還提到其他研究，其中一項研究要求受試者預測自己在下列情況的感受：一、如果哥

倫比亞號太空梭爆炸，機上所有太空人都罹難。二、如果美國發起的伊拉克戰爭推翻海珊政權。令人毛骨悚然的是，該研究是在一九九八年進行的——那兩件真實事件發生的前五年。信不信由你。

[13] D. A. Schkade and D. Kahneman, "Does Living in California Make People Happy? A Focusing Illusion in Judgments of Life Satisfaction," *Psychological Science 9:* 340–46 (1998).

[14] 對生活在「強調整體思維」之文化中的人來說，這一點可能不太正確。見 K. C. H. Lam et al., "Cultural Differences in Affective Forecasting: The Role of Focalism," *Personality and Social Psychology Bulletin 31:* 1296–309 (2005).

[15] P. Menzela et al., "The Role of Adaptation to Disability and Disease in Health State Valuation: A Preliminary Normative Analysis," *Social Science & Medicine 55:* 2149–58 (2002).

[16] C. Turnbull, *"The Forest People"* (New York: Simon & Schuster, 1961), 222.

[17] Y. Trope and N. Liberman, "Temporal Construal," *Psychological Review 110:* 403–21 (2003).

[18] R. R. Vallacher and D. M. Wegner, *A Theory of Action Identification* (Hillsdale, N.J.: Lawrence Erlbaum, 1985), 61–88.

[19] N. Liberman and Y. Trope, "The Role of Feasibility and Desirability Considerations in Near and Distant Future Decisions: A Test of Temporal Construal Theory," *Journal of Personality and Social Psychology 75:* 5–18 (1998).

[20] M. D. Robinson and G. L. Clore, "Episodic and Semantic Knowledge in Emotional Self-Report: Evidence for Two Judgment Processes," *Journal of Personality and Social Psychology 83:* 198–215 (2002).

[21] T. Eyal et al., "The Pros and Cons of Temporally Near and Distant Action," *Journal of Personality and Social Psychology 86:* 781–95 (2004).

[22] I. R. Newby-Clark and M. Ross, "Conceiving the Past and Future," *Personality and Social Psychology Bulletin*

29: 807–18 (2003)，以及"Construing the Past and Future," *Social Cognition 16:* 133–50 (1998).
[23] N. Liberman, M. Sagristano, and Y. Trope, "The Effect of Temporal Distance on Level of Mental Construal," *Journal of Experimental Social Psychology 38:* 523–34 (2002).
[24] G. Ainslie, "Specious Reward: A Behavioral Theory of Impulsiveness and Impulse Control," *Psychological Bulletin 82:* 463–96 (1975)，以及G. Ainslie, *Picoeconomics: The Strategic Interaction of Successive Motivational States Within the Person* (Cambridge: Cambridge University Press, 1992).
[25] 柏拉圖是第一個注意到這一點的人，並用這個事實來證明他對幸福的客觀測量的看法：「同一個物體，距離我們近的時候看起來會比較大，距離遠的時候看起來則比較小，不是嗎？現在，假設幸福是去做或選擇較大的東西，而不做或避免較小的東西，那麼人生的保全原則是什麼？是衡量的藝術？或是外表的力量？後者不就是一種讓我們猶豫不決的騙術嗎？它讓我們做了或選擇了某件事之後，又後悔不已」。請見：O. Jowett, *Plato's Protagoras* (New York: Prentice Hall, 1956).
[26] G. Loewenstein, "Anticipation and the Valuation of Delayed Consumption," *Economy Journal 97:* 666–684 (1987).
[27] S. M. McClure et al. "The Grasshopper and the Ant: Separate Neural Systems Value Immediate and Delayed Monetary Rewards," *Science 306:* 503-7 (2004).
[28] Doyle, Complete Sherlock Holmes, 147.

第6章：當情緒超載……

[1] 大家都認為克耳文在一八九五年說了這句話，但我找不到可以佐證的原始出處。
[2] S. A. Newcomb, *Side-Lights on Astronomy* (New York: Harper & Brothers, 1906), 355.
[3] W. Wright, "Speech to the Aero Club of France," in *The Papers of Wilbur and Orville Wright,* ed. M.

McFarland (New York: McGraw-Hill, 1908), 934.

[4] A. C. Clarke, (1963). *"Profiles of the Future"* (New York: Bantam, 1963)，順帶一提，Clarke對「老年」的定義是三十歲至四十五歲，哈哈！

[5] G. R. Goethals and R. F. Reckman, "The Perception of Consistency in Attitudes," *Journal of Experimental Social Psychology 9:* 491–501 (1973).

[6] C. McFarland and M. Ross, "The Relation Between Current Impressions and Memories of Self and Dating Partners," *Personality and Social Psychology Bulletin 13:* 228–38 (1987).

[7] M. A. Safer, L. J. Levine, and A. L. Drapalski, "Distortion in Memory for Emotions: The Contributions of Personality and Post-Event Knowledge," *Personality and Social Psychology Bulletin 28:* 1495–1507 (2002).

[8] E. Eich et al., "Memory for Pain: Relation Between Past and Present Pain Intensity," *Pain 23:* 375–80 (1985).

[9] L. N. Collins et al. "Agreement Between Retrospective Accounts of Substance Use and Earlier Reported Substance Use," *Applied Psychological Measurement 9:* 301–9 (1985); G. B. Markus, "Stability and Change in Political Attitudes: Observe, Recall, and 'Explain,'" *Political Behavior 8:* 21–44 (1986); D. Offer et al., "The Altering of Reported Experiences," *Journal of the American Academy of Child and Adolescent Psychiatry 39:* 735–42 (2000).

[10] M. A. Safer, G. A. Bonanno, and N. P. Field, "'It Was Never That Bad': Biased Recall of Grief and Long-Term Adjustment to the Death of a Spouse," *Memory 9:* 195–204 (2001).

[11] 請見M. Ross的回顧："Relation of Implicit Theories to the Construction of Personal Histories," *Psychological Review 96:* 341–57 (1989); L. J. Levine and M. A. Safer, "Sources of Bias in Memory for Emotions," *Current Directions in Psychological Science 11:* 169–173 (2002).

[12] L. J. Levine, "Reconstructing Memory for Emotions," *Journal of Experimental Psychology: General 126:* 165–77 (1997).

[13] G. F. Loewenstein, (1996). "Out of Control: Visceral Influences on Behavior," *Organizational Behavior and Human Decision Processes 65:* 272–92 (1996); G. F. Loewenstein, T. O'Donoghue, and M. Rabin, "Projection Bias in Predicting Future Utility, *Quarterly Journal of Economics 118:* 1209–48 (2003); G. Loewenstein and E. Angner, "Predicting and Indulging Changing Preferences," in *Time and Decision, eds. G. Loewenstein,* D. Read, and R. F. Baumeister (New York: Russell Sage Foundation, 2003), 351–91; L. van Boven, D. Dunning, and G. F. Loewenstein, "Egocentric Empathy Gaps Between Owners and Buyers: Misperceptions of the Endowment Effect," *Journal of Personality and Social Psychology 79:* 66–76 (2000).

[14] R. E. Nisbett and D. E. Kanouse, "Obesity, Food Deprivation and Supermarket Shopping Behavior," *Journal of Personality and Social Psychology 12:* 289–94 (1969); D. Read, and B. van Leeuwen, "Predicting Hunger: The Effects of Appetite and Delay on Choice," *Organizational Behavior and Human Decision Processes 76*: 189–205 (1998).

[15] G. F. Loewenstein, D. Prelec, and C. Shatto, "Hot/Cold intrapersonal Empathy Gaps and the Under-prediction of Curiosity" (unpublished manuscript, *Carnegie-Mellon University,* (1998), cited in G. F. Loewenstein, "The Psychology of Curiosity: A Review and Reinterpretation," *Psychological Bulletin 116:* 75–98 (1994).

[16] S. M. Kosslyn et al., "The Role of Area 17 in Visual Imagery: Convergent Evidence from PET and rTMS," *Science 284:* 167–70 (1999).

[17] P. K. McGuire, G. M. S. Shah, and R. M. Murray, "Increased Blood Flow in Broca's Area During Auditory Hallucinations in Schizophrenia," *Lancet 342:* 703–6 (1993).

[18] D. J. Kavanagh, J. Andrade, and J. May, "Imaginary Relish and Exquisite Torture: The Elaborated Intrusion Theory of Desire," *Psychological Review 112:* 446–67 (2005).

[19] A. K. Anderson and E. A. Phelps, "Lesions of the Human Amygdala Impair Enhanced Perception of

Emotionally Salient Events," *Nature 411:* 305–9 (2001); E. A. Phelps et al. "Activation of the Left Amygdala to a Cognitive Representation of Fear," *Nature Neuroscience 4:* 437–41 (2001); and H. C. Breiter et al., "Functional Imaging of Neural Responses to Expectancy and Experience of Monetary Gains and Losses," *Neuron 30* (2001).

[20] 據我所知，「預先感受」這個詞最早被亞特・林賽（Arto Lindsay）用來當作一九九九年的專輯《Prize》中一首歌的歌名。亦見C. M. Atance and D. K. O'Neill, "Episodic Future Thinking," *Trends in Cognitive Sciences 5:* 533–39 (2001).

[21] T. D. Wilson et al., "Introspecting About Reasons Can Reduce Postchoice Satisfaction," *Personality and Social Psychology Bulletin 19:* 331–39 (1993). 亦見T. D. Wilson and J. W. Schooler, "Thinking Too Much: Introspection Can Reduce the Quality of Preferences and Decisions," *Journal of Personality and Social Psychology 60:* 181–92 (1991).

[22] C. N. DeWall and R. F. Baumeister, Alone but Feeling No Pain: Effects of Social Exclusion on Physical Pain Tolerance and Pain Threshold, Affective Forecasting, and Interpersonal Empathy (未發表的手稿, Florida State University, 2005).

[23] D. Reisberg et al. "'Enacted' Auditory Images Are Ambiguous; 'Pure' Auditory Images Are Not," *Quarterly Journal of Experimental Psychology: Human Experimental Psychology 41:* 619–41 (1989).

[24] 聰明的心理學家已經為這個原則設計出一些例外的情況，參見：C. W. Perky, "An Experimental Study of Imagination," *American Journal of Psychology 21*: 422–52 (1910). 同樣值得注意的是，我們雖然知道當下看到的東西不同於想像中的東西，但在回憶時卻不見得能夠做同樣的區分，見M. K. Johnson and C. L. Raye, "Reality Monitoring," *Psychological Review 88:* 67–85 (1981).

[25] N. Schwarz and G. L. Clore, "Mood, Misattribution, and Judgments of Well-Being: Informative and Directive Functions of Affective States," *Journal of Personality and Social Psychology 45:* 513–23 (1983).

[26] L. van Boven and G. Loewenstein, "Social Projection of Transient Drive States," *Personality and Social Psychology Bulletin 29:* 1159–68.

[27] A. K. MacLeod and M. L. Cropley, "Anxiety, Depression, and the Anticipation of Future Positive and Negative Experiences," *Journal of Abnormal Psychology 105:* 286–89 (1996).

[28] E. J. Johnson and A. Tversky, "Affect, Generalization, and the Perception of Risk," *Journal of Personality and Social Psychology 45:* 20–31 (1983)，以及D. DeSteno et al., "Beyond Valence in the Perception of Likelihood: The Role of Emotion Specificity," *Journal of Personality and Social Psychology 78:* 397–416 (2000).

第7章：明天、一個月後，對大腦來說無不同

[1] M. Hegarty, "Mechanical Reasoning by Mental Simulation," *Trends in Cognitive Sciences, 8:* 280–85 (2004).

[2] G. Lakoff and M. Johnson, *Metaphors We Live By* (Chicago: University of Chicago Press, 1980).

[3] D. Gentner, M. Imai, and L. Boroditsky, (2002). "As Time Goes By: Evidence for Two Systems in Processing Space Time Metaphors," *Language and Cognitive Processes 17:* 537–65 (2002); and L. Boroditsky, "Metaphoric Structuring: Understanding Time Through Spatial Metaphors," *Cognition 75:* 1–28 (2000).

[4] B. Tversky, S. Kugelmass, and A. Winter, "Cross-Cultural and Developmental Trends in Graphic Productions," *Cognitive Psychology 23:* 515–57 (1991).

[5] L. Boroditsky, "Does Language Shape Thought? Mandarin and English Speakers' Conceptions of Time," *Cognitive Psychology 43:* 1–22 (2001).

[6] R. K. Ratner, B. E. Kahn, and D. Kahneman, "Choosing Less-Preferred Experiences for the Sake of Variety," *Journal of Consumer Research 26:* 1–15 (1999).

[7] D. Read and G. F. Loewenstein, "Diversification Bias: Explaining the Discrepancy in Variety Seeking

Between Combined and Separated Choices," *Journal of Experimental Psychology: Applied 1:* 34–49 (1995). See also I. Simonson, "The Effect of Purchase Quantity and Timing on Variety-Seeking Behavior," *Journal of Marketing Research 27:* 150–62(1990).

[8] T. D. Wilson and D. T. Gilbert, *Making Sense: A Model of Affective Adaptation*（未發表的手稿, University of Virginia, 2005).

[9] 人類並非唯一懂得欣賞多樣化的動物。「柯立茲效應」(*Coolidge effect*)源自美國總統柯立茲（Calvin Coolidge）和妻子參觀農場時，領班告訴他們有一隻冠軍公雞可以整天做愛。柯立茲夫人聽了便說：「真的嗎？請轉告我的丈夫。」柯立茲總統轉身向領班詢問：「那隻公雞每次都跟同一隻母雞做愛嗎？」領班回答：「不是，每次都是不同的母雞。」柯立茲總統聽了就說：「真的嗎？請轉告我的妻子。」這個故事可能是虛構的，但這個現象卻千真萬確：雄性哺乳動物就算在交配後已經精疲力盡，卻通常還是會被新的雌性對象吸引而再次交配。見J. Wilson, R. Kuehn, and F. Beach, "Modifications in the Sexual Behavior of Male Rats Produced by Changing the Stimulus Female," *Journal of Comparative and Physiological Psychology 56:* 636–44 (1963)。事實上，以機器採集種牛的精液時，就算把同一臺機器移到不同的位置，也能縮短種牛射精的時間。E. B. Hale and J. O. Almquist, "Relation of Sexual Behavior to Germ Cell Output in Farm Animals," *Journal of Dairy Science 43:* Supp., 145–67 (1960).

[10] 值得注意的是，如果我們改變自己的假設（尤其是習慣化假設），那麼從長遠來看，在我們最喜歡的食物失去優勢時交換盤子，則是一種糟糕的策略，無法讓人獲得最大的快樂。R. J. Hernstein, *The Matching Law: Papers in Psychology and Economics,* eds. H. Rachlin and D. I. Laibson (Cambridge, Mass.: Harvard University Press, 1997).

[11] 我想藉此順道一提，雖然我對通姦的郵差的執念，暴露出我那幼稚的幽默感。但這個例子完全是虛構的，並不是要故意貶低我遇過的許多優秀郵差和伴侶。

[12] D. T. Gilbert, "Inferential Correction," in *Heuristics and Biases: The Psychology of Intuitive Judgment,* eds. T. Gilovich, D. W. Griffin, and D. Kahneman (Cambridge: Cambridge University Press, 2002), 167–84.

[13] A. Tversky and D. Kahneman, "Judgment Under Uncertainty: Heuristics and Biases," *Science 185:* 1124–31 (1974).

[14] N. Epley and T. Gilovich, "Putting Adjustment Back in the Anchoring and Adjustment Heuristic: Differential Processing of Self-Generated and Experimenter-Provided Anchors," *Psychological Science 12:* 391–96 (2001).

[15] D. T. Gilbert, M. J. Gill, and T. D. Wilson, "The Future Is Now: Temporal Correction in Affective Forecasting," *Organizational Behavior and Human Decision Processes 88:* 430–44 (2002).

[16] 亦參考 J. E. J. Ebert, "The Role of Cognitive Resources in the Valuation of Near and Far Future Events," *Acta Psychologica 108:* 155–71 (2001).

[17] G. F. Loewenstein and D. Prelec, "Preferences for Sequences of Outcomes," *Psychological Review 100:* 91–108 (1993).

[18] D. Kahneman and A. Tversky, "Prospect Theory: An Analysis of Decision Under Risk," *Econometrica 47:* 263–91 (1979).

[19] J. W. Pratt, D. A. Wise, and R. Zeckhauser, "Price Differences in Almost Competitive Markets," Quarterly Journal of Economics 93: 189–211 (1979); A. Tversky and D. Kahneman, "The Framing of Decisions and the Psychology of Choice," *Science 211:* 453–58 (1981); R. H. Thaler, "Toward a Positive Theory of Consumer Choice," *Journal of Economic Behavior and Organization 1:* 39–60 (1980).

[20] R. H. Thaler, "Mental Accounting Matters," *Journal of Behavioral Decision Making 12:* 183–206 (1999).

[21] R. B. Cialdini et al., "Reciprocal Concessions Procedure for Inducing Compliance: The Door-in-the-Face Technique," *Journal of Personality and Social Psychology 31:* 206–15 (1975). 關於這種效應是否實際上

是來自大請求和小請求的對比，存在一些爭議。見J. P. Dillard, "The Current Status of Research on Sequential-Request Compliance Techniques," *Personality and Social Psychology Bulletin 17:* 283–88 (1991).

[22] D. Kahneman and D. T. Miller, "Norm Theory: Comparing Reality to Its Alternatives," *Psychological Review 93:* 136–53 (1986).

[23] O. E. Tykocinski and T. S. Pittman, "The Consequences of Doing Nothing: Inaction Inertia as Avoidance of Anticipated Counterfactual Regret," *Journal of Personality and Social Psychology 75:* 607–16 (1998)，以及O. E. Tykocinski, T. S. Pittman, and E. E. Tuttle, "Inaction Inertia: Foregoing Future Benefits as a Result of an Initial Failure to Act," *Journal of Personality and Social Psychology 68:* 793–803 (1995).

[24] D. Kahneman and A. Tversky, "Choices, Values, and Frames," *American Psychologist 39:* 341–50 (1984).

[25] I. Simonson and A. Tversky, "Choice in Context: Tradeoff Contrast and Extremeness Aversion," *Journal of Marketing Research 29:* 281–95 (1992).

[26] R. B. Cialdini, *Influence: Science and practice* (Glenview, Ill.: Scott, Foresman, (1985).

[27] D. A. Redelmeier and E. Shafir, "Medical Decision Making in Situations That Offer Multiple Alternatives," *JAMA: Journal of the American Medical Association 273:* 302–5 (1995).

[28] S. S. Iyengar and M. R. Lepper, "When Choice Is Demotivating: Can One Desire Too Much of a Good Thing?" *Journal of Personality and Social Psychology 79:* 995–1006 (2000); and B. Schwartz, "Self-Determination: The Tyranny of Freedom," *American Psychologist 55:* 79–88 (2000).

[29] A. Tversky, S. Sattath, and P. Slovic, "Contingent Weighting in Judgment and Choice," *Psychological Review 95:* 371–84 (1988).

[30] C. K. Hsee et al., "Preference Reversals Between Joint and Separate Evaluations of Options: A Review and Theoretical Analysis," *Psychological Bulletin 125:* 576–90 (1999).

[31] C. Hsee, "The Evaluability Hypothesis: An Explanation for Preference Reversals Between Joint and Separate

Evaluations of Alternatives," *Organizational Behavior and Human Decision Processes 67:* 247–57 (1996).
[32] J. R. Priester, U. M. Dholakia, and M. A. Fleming, "When and Why the Background Contrast Effect Emerges: Thought Engenders Meaning by Influencing the Perception of Applicability," *Journal of Consumer Research 31:* 491–501 (2004).
[34][33] K. Myrseth, C. K. Morewedge, and D. T. Gilbert, unpublished raw data, Harvard University, 2004.
D. Kahneman and A. Tversky, "Prospect Theory: An Analysis of Decision Under Risk," *Econometrica 47:* 263–91 (1979); A. Tversky and D. Kahneman, (1981). "The Framing of Decisions and the Psychology of Choice," *Science 211:* 453–58，以及A. Tversky and D. Kahneman, "Loss Aversion in Riskless Choice: A Reference-Dependent Model," *Quarterly Journal of Economics 106:* 1039–61 (1991).
[35] D. Kahneman, J. L. Knetsch, and R. H. Thaler, "Experimental Tests of the Endowment Effect and the Coase Theorem," *Journal of Political Economy 98:* 1325–48 (1990)，以及D. Kahneman, J. Kentsch, and D. Thaler, "The Endowment Effect, Loss Aversion, and Status Quo Bias," *Journal of Economic Perspectives 5:* 193–206 (1991).
[36] L. van Boven, D. Dunning, and G. F. Loewenstein, "Egocentric Empathy Gaps Between Owners and Buyers: Misperceptions of the Endowment Effect," *Journal of Personality and Social Psychology 79:* 66–76 (2000)，以及Z. Carmon and D. Ariely, "Focusing on the Foregone: How Value Can Appear So Different to Buyers and Sellers," *Journal of Consumer Research 27:* 360–70 (2000).
[37] L. Hunt, "Against Presentism," *Perspectives 40* (2002).

第8章：快樂是詮釋世界的方式

[1] C. B. Wortman and R. C. Silver, "The Myths of Coping with Loss," *Journal of Consulting and Clinical*

Psychology 57: 349–57 (1989); G. A. Bonanno, "Loss, Trauma, and Human Resilience: Have We Underestimated the Human Capacity to Thrive After Extremely Aversive Events?," *American Psychologist 59:* 20–28 (2004)，和C. S. Carver, "Resilience and Thriving: Issues, Models, and Linkages," *Journal of Social Issues 54:* 245–66 (1998).

[2] G. A. Bonanno and S. Kaltman, "Toward an Integrative Perspective on Bereavement," *Psychological Bulletin 125:* 760–76 (1999); and G. A. Bonnano et al., "Resilience to Loss and Chronic Grief: A Prospective Study from Preloss to 18-Months Postloss," *Journal of Personality and Social Psychology 83:* 1150–64 (2002).

[3] E. J. Ozer et al., "Predictors of Posttraumatic Stress Disorder and Symptoms in Adults: A Meta-analysis," *Psychological Bulletin 129:* 52–73 (2003).

[4] G. A. Bonanno, C. Rennicke, and S. Dekel, "Self-Enhancement Among High-Exposure Survivors of the September 11th Terrorist Attack: Resilience or Social Maladjustment?" *Journal of Personality and Social Psychology, 88:* 984–98(2005).

[5] R. G. Tedeschi and L. G. Calhoun, "Posttraumatic Growth: Conceptual Foundations and Empirical Evidence," *Psychological Inquiry 15:* 1–18 (2004); P. A. Linley and S. Joseph, "Positive Change Following Trauma and Adversity: A Review," *Journal of Traumatic Stress 17:* 11–21 (2004)，和C. S. Carver, "Resilience and Thriving: Issues, Models, and Linkages," *Journal of Social Issues 54:* 245–66 (1998).

[6] K. Sack, "After 37 Years in Prison, Inmate Tastes Freedom," *New York Times,* 11 January 1996, 18.

[7] C. Reeve, Ohio State University commencement speech, 13 June, 2003.

[8] D. Becker, "Cycling Through Adversity: Ex-World Champ Stays on Cancer Comeback Course," *USA Today* 22 May 1998, 3C.

[9] R. G. Tedeschi and L. G. Calhoun, *Trauma and Transformation: Growing in the Aftermath of Suffering* (Sherman Oaks, Calif.: Sage, 1995), 1.

[10] R. Schulz and S. Decker, (1985). "Long-Term Adjustment to Physical Disability: The Role of Social Support, Perceived Control, and Self-Blame," *Journal of Personality and Social Psychology 48:* 1162–72 (1985); C. B. Wortman and R. C. Silver, "Coping with Irrevocable Loss," in *Cataclysms, Crises, and Catastrophes: Psychology in Action,* eds. G. R. VandenBos and B. K. Bryant (Washington, D.C.: American Psychological Association, 1987), 185–235,和P. Brickman, D. Coates, and R. J. Janoff-Bulman, "Lottery Winners and Accident Victims: Is Happiness Relative?" *Journal of Personality and Social Psychology 36:* 917–27 (1978).

[11] S. E. Taylor, "Adjustment to Threatening Events: A Theory of Cognitive Adaptation," *American Psychologist 38:* 1161–73 (1983).

[12] D. T. Gilbert, E. Driver-Linn, and T. D. Wilson, "The Trouble with Vronsky: Impact Bias in the Forecasting of Future Affective States," in *The Wisdom in Feeling: Psychological Processes in Emotional Intelligence,* eds. L. F. Barrett and P. Salovey (New York: Guilford Press, 2002), 114–43,以及T. D. Wilson and D. T. Gilbert, "Affective Forecasting," in *Advances in Experimental Social Psychology,* ed. M. Zanna, vol. 35 (New York: Elsevier, 2003).

[13] D. L. Sackett and G. W. Torrance, "The Utility of Different Health States as Perceived by the General Public," *Journal of Chronic Disease* (1978). 697–704; P. Dolan and D. Kahneman, *Interpretations of Utility and Their Implications for the Valuation of Health* (unpublished manuscript, Princeton University, 2005),和J. Riis et al., "Ignorance of Hedonic Adaptation to Hemo-Dialysis: A Study Using Ecological Momentary Assessment," *Journal of Experimental Psychology:* General 134: 3–9 (2005).

[14] P. Menzela et al., "The Role of Adaptation to Disability and Disease in Health State Valuation: A Preliminary Normative Analysis," *Social Science & Medicine 55:* 2149–58 (2002).

[15] P. Dolan, "Modelling Valuations for EuroQol Health States," *Medical Care 11:* 1095–1108 (1997).

[16] J. Jonides and H. Gleitman, "A Conceptual Category Effect in Visual Search: O as Letter or as Digit,"

Perception and Psychophysics 12: 457–60 (1972).

[17] C. M. Solley and J. F. Santos, "Perceptual Learning with Partial Verbal Reinforcement," *Perceptual and Motor Skills 8:* 183–93 (1958); E. D. Turner and W. Bevan, "Patterns of Experience and the Perceived Orientation of the Necker Cube," *Journal of General Psychology 70:* 345–52 (1964).

[18] D. Dunning, J. A. Meyerowitz, and A. D. Holzberg, "Ambiguity and Self- Evaluation: The Role of Idiosyncratic Trait Definitions in Self-Serving Assessments of Ability," *Journal of Personality and Social Psychology 57*: 1–9 (1989).

[19] C. K. Morewedge and D. T. Gilbert, 未發表的原始資料, Harvard University, 2004.

[20] J. W. Brehm, "Post-decision Changes in Desirability of Alternatives," *Journal of Abnormal and Social Psychology 52:* 384–89 (1956).

[21] E. E. Lawler et al., "Job Choice and Post Decision Dissonance," *Organizational Behavior and Human Decision Processes 13:* 133–45 (1975).

[22] S. Lyubomirsky and L. Ross, "Changes in Attractiveness of Elected, Rejected, and Precluded Alternatives: A Comparison of Happy and Unhappy Individuals," *Journal of Personality and Social Psychology 76:* 988–1007 (1999).

[23] R. E. Knox and J. A. Inkster, "Postdecision Dissonance at Post Time," *Journal of Personality and Social Psychology 8:* 319–23 (1968).

[24] O. J. Frenkel and A. N. Doob, "Post-decision Dissonance at the Polling Booth," *Canadian Journal of Behavioural Science 8:* 347–50 (1976).

[25] F. M. Voltaire, *Candide* (1759), chap. 1. 我尚未看到滿意的英文譯本，所以自己試著翻譯，但很抱歉，我的法文不夠好。

[26] R. F. Baumeister, "The Optimal Margin of Illusion," *Journal of Social and Clinical Psychology 8:* 176–89

(1989); S. E. Taylor, *Positive illusions* (New York: Basic Books, 1989); S. E. Taylor and J. D. Brown, "Illusion and Well-Being: A Social-Psychological Perspective on Mental Health," *Psychological Bulletin 103:* 193–210 (1988); Z. Kunda, "The Case for Motivated Reasoning," *Psychological Bulletin 108:* 480–98 (1990); T. Pyszczynski and J. Greenberg, "Toward an Integration of Cognitive and Motivational Perspectives on Social Inference: A Biased Hypothesis-Testing Model," in *Advances in Experimental Social Psychology,* vol. 20, ed. L. E. Berkowitz (San Diego: Academic Press, 1987), 297–340.

[27] 佛洛伊德和他的女兒安娜．佛洛伊德都把這個系統命名為「防衛機制」，此後幾乎每一位心理學家都對這個系統有所著墨，並給予它不同的名稱。你可以在下列這本書中找到近代關於心理防衛機制的文獻整理：D. L. Paulhus, B. Fridhandler, and S. Hayes, "Psychological Defense: Contemporary Theory and Research," in *Handbook of Personality Psychology,* eds. R. Hogan, J. Johnson, and S. Briggs (San Diego: Academic Press, 1997), 543–79.

[28] W. B. Swann, B. W. Pelham, and D. S. Krull, "Agreeable Fancy or Disagreeable Truth? Reconciling Self-Enhancement and Self-Verification," *Journal of Personality and Social Psychology 57:* 782–91 (1989); W. B. Swann, P. J. Rentfrow, and J. Guinn, "Self-Verification: The Search for Coherence," in *Handbook of Self and Identity,* eds. M. Leary and J. Tagney (New York: Guilford Press, 2002), 367–83，和 W. B. Swann, *Self-Traps: The Elusive Quest for Higher Self-Esteem* (New York: Freeman, 1996).

[29] W. B. Swann and B. W. Pelham, "Who Wants Out When the Going Gets Good? Psychological Investment and Preference for Self-Verifying College Roommates," *Journal of Self and Identity 1:* 219–33 (2002).

[30] J. L. Freedman and D. O. Sears, "Selective Exposure," in *Advances in Experimental Social Psychology,* ed. L. Berkowitz vol. 2 (New York: Academic Press, 1965), 57–97，和 D. Frey, "Recent Research on Selective Exposure to Information," in *Advances in Experimental Social Psychology,* ed. L. Berkowitz vol. 19 (New York: Academic Press, 1986), 41–80.

[31] D. Frey and D. Stahlberg, "Selection of Information After Receiving More or Less Reliable Self-Threatening Information," *Personality and Social Psychology Bulletin 12:* 434–41 (1986).

[32] B. Holton and T. Pyszczynski, (1989). "Biased Information Search in the Interpersonal Domain," *Personality and Social Psychology Bulletin 15:* 42–51.

[33] D. Ehrlich et al., "Postdecision Exposure to Relevant Information," *Journal of Abnormal and Social Psychology 54: 98–102 (1957).*

[34] R. Sanitioso, Z. Kunda, and G. T. Fong, "Motivated Recruitment of Autobiographical Memories," *Journal of Personality and Social Psychology 59:* 229–41 (1990).

[35] A. Tesser and S. Rosen, "Similarity of Objective Fate as a Determinant of the Reluctance to Transmit Unpleasant Information: The MUM Effect," *Journal of Personality and Social Psychology 23:* 46–53 (1972).

[36] M. Snyder and W. B. Swann, Jr., "Hypothesis Testing Processes in Social Interaction," *Journal of Personality and Social Psychology 36:* 1202–12 (1978); and W. B. J. Swann, T. Giuliano, and D. M. Wegner, "Where Leading Questions Can Lead: The Power of Conjecture in Social Interaction," *Journal of Personality and Social Psychology 42:* 1025–35 (1982).

[37] D. T. Gilbert and E. E. Jones, "Perceiver-Induced Constraint: Interpretations of Self-Generated Reality," *Journal of Personality and Social Psychology 50:* 269–80 (1986).

[38] L. Festinger, "A Theory of Social Comparison Processes," *Human Relations 7:* 117–40 (1954); A. Tesser, M. Millar, and J. Moore, "Some Affective Consequences of Social Comparison and Reflection Processes: The Pain and Pleasure of Being Close," *Journal of Personality and Social Psychology 54:* 49–61 (1988); S. E. Taylor and M. Lobel, "Social Comparison Activity Under Threat: Downward Evaluation and Upward Contacts," Psychological Review 96: 569–75 (1989)、和T. A. Wills, "Downward Comparison Principles in Social Psychology," Psychological Bulletin 90: 245–71 (1981).

[39] T. Pyszczynski, J. Greenberg, and J. LaPrelle, "Social Comparison After Success and Failure: Biased Search for Information Consistent with a Self-Servicing Conclusion," *Journal of Experimental Social Psychology 21:* 195–211 (1985).

[40] J. V. Wood, S. E. Taylor, and R. R. Lichtman, "Social Comparison in Adjustment to Breast Cancer," *Journal of Personality and Social Psychology 49:* 1169–83 (1985).

[41] S. E. Taylor et al., "Social Support, Support Groups, and the Cancer Patient," *Journal of Consulting and Clinical Psychology 54:* 608–15 (1986).

[42] A. Tesser and J. Smith, "Some Effects of Task Relevance and Friendship on Helping: You Don't Always Help the One You Like," *Journal of Experimental Social Psychology 16:* 582–90 (1980).

[43] A. H. Hastorf and H. Cantril, "They Saw a Game: A Case Study," *Journal of Abnormal and Social Psychology 49:* 129–34 (1954).

[44] L. Sigelman and C. K. Sigelman, "Judgments of the Carter-Reagan Debate: The Eyes of the Beholders," *Public Opinion Quarterly 48:* 624–28 (1984); R. K. Bothwell and J. C. Brigham, "Selective Evaluation and Recall During the 1980 Reagan-Carter Debate," *Journal of Applied Social Psychology 13:* 427–42 (1983); J. G. Payne et al., "Perceptions of the 1988 Presidential and Vice-Presidential Debates," American Behavioral Scientist 32: 425–35 (1989); G. D. Munro et al., "Biased Assimilation of Sociopolitical Arguments: Evaluating the 1996 U.S. Presidential Debate," *Basic and Applied Social Psychology 24:* 15–26 (2002).

[45] R. P. Vallone, L. Ross, and M. R. Lepper, "The Hostile Media Phenomenon: Biased Perception and Perceptions of Media Bias in Coverage of the Beirut Massacre," *Journal of Personality and Social Psychology 49:* 577–85 (1985).

[46] C. G. Lord, L. Ross, and M. R. Lepper, "Biased Assimilation and Attitude Polarization: "The Effects of Prior Theories on Subsequently Considered Evidence," *Journal of Personality and Social Psychology 37:* 2098–109 (1979).

[47] 我不是要安慰各位，但遺憾的是，在後來的研究中，無論是已經很有名望、或是初出茅廬的科學家，都表現出同樣的傾向：偏好能產生有利結論的研究方式。見J. J. Koehler, "The Influence of Prior Beliefs on Scientific Judgments of Evidence Quality," *Organizational Behavior and Human Decision Processes 56:* 28–55 (1993).

[48] T. Pyszczynski, J. Greenberg, and K. Holt, "Maintaining Consistency Between Self-Serving Beliefs and Available Data: A Bias in Information Evaluation," *Personality and Social Psychology Bulletin 11:* 179–90 (1985).

[49] P. H. Ditto and D. F. Lopez, "Motivated Skepticism: Use of Differential Decision Criteria for Preferred and Nonpreferred Conclusions," *Journal of Personality and Social Psychology 63:* 568–84 (1992).

[50] 同上。

[51] T. Gilovich, How We Know What Isn't So: The Fallibility of Human Reason in Everyday Life (New York: Free Press, 1991).

[52] 這種傾向可能帶來災難性的後果。例如在二〇〇四年，美國參議院情報委員會（U.S. Senate Intelligence Committee）斷定，ＣＩＡ錯誤地向白宮提供了關於伊拉克大規模毀滅性武器的訊息，導致美國入侵伊拉克。根據該報告，這種編造事實的傾向「導致情報機構的分析人員、情報收集者和管理階層將模擬兩可的證據，解讀為伊拉克正在擴展大規模毀滅性武器的明確證據，同時忽略或輕忽反面的證據」。K. P. Shrader, "Report: War Rationale Based on CIA Error," *Associated Press,* 9 July 2004.

[53] Agence-France-Presse, "Italy: City Wants Happier Goldfish," *New York Times,* 24 July 2004, A5.

第9章：沉沒成本謬誤——那些我以為無法承受的決定

[1] T. D. Wilson, Strangers to Ourselves: Discovering the Adaptive Unconscious (Cambridge: Harvard

University Press, 2002)、和J. A. Bargh, and T. L. Chartrand, "The Unbearable Automaticity of Being," *American Psychologist 54:* 462–79 (1999).

[2] R. E. Nisbett and T. D. Wilson, "Telling More Than We Can Know: Verbal Reports on Mental Processes," *Psychological Review 84:* 231–59 (1977); D. J. Bem, "Self-Perception Theory," in *Advances in Experimental Social Psychology,* (ed. L. Berkowitz, vol. 6, (New York: Academic Press, 1972), 1–62; M. S. Gazzaniga, *The Social Brain* (New York: Basic Books, 1985)、以及D. M. Wegner, *The Illusion of Conscious Will* (Cambridge, Mass.: MIT Press, (2003).

[3] E. T. Higgings, W. S. Rholes, and C. R. Jones, "Category Accessibility and Impression Formation," *Journal of Experimental Social Psychology 13:* 141–54 (1977).

[4] J. Bargh, M. Chen, and L. Burrows. "Automaticity of Social Behavior: Direct Effects of Trait Construct and Stereotype Activation on Action," *Journal of Personality and Social Psychology 71:* 230–44 (1996).

[5] A. Dijksterhuis and A. van Knippenberg. "The Relation Between Perception and Behavior, or How to Win a Game of Trivial Pursuit," *Journal of Personality and Social Psychology 74:* 865–77 (1998).

[6] Nisbett and Wilson, "Telling More Than We Can Know."

[7] J. W. Schooler, D. Ariely, and G. Loewenstein, "The Pursuit and Assessment of Happiness Can Be Self-Defeating," in *The Psychology of Economic Decisions: Rationality and Well-Being,* eds. I. Brocas and J. Carillo vol. 1 (Oxford: Oxford University Press, 2003).

[8] K. N. Ochsner, et. al., "Rethinking Feelings: An fMRI Study of the Cognitive Regulation of Emotion," *Journal of Cognitive Neuroscience 14:* 1215–29 (2002).

[9] D. M. Wegner, R. Erber, and S. Zanakos, (1993). "Ironic Processes in the Mental Control of Mood and Mood-Related Thought," *Journal of Personality and Social Psychology 65:* 1093–1104 (1993); D. M. Wegner, A. Broome, and S. J. Blumberg, "Ironic Effects of Trying to Relax Under Stress," *Behaviour Research and*

Therapy 35: 11–21 (1997).

[10] D. T. Gilbert, et. al., "Immune Neglect: A Source of Durability Bias in Affective Forecasting," *Journal of Personality and Social Psychology 75:* 617–38 (1998).

[11] 同上。

[12] D. T. Gilbert, et al., "Looking Forward to Looking Backward: The Misprediction of Regret," *Psychological Science 15:* 346–50 (2004).

[13] M. Curtiz, *Casablanca,* Warner Bros., 1942.

[14] T. Gilovich, and V. H. Medvec, "The Experience of Regret: What When, and Why," *Psychological Review 102:* 379–95 (1995); N. Roese, *If Only: How to Turn Regret into Opportunity* (New York: Random House 2004); G. Loomes and R. Sugden, "Regret Theory: An Alternative Theory of Rational Choice Under Uncertainty," *Economic Journal 92:* 805–24 (1982)，和D. Bell, "Regret in Decision Making Under Uncertainty," *Operations Research 20:* 961–81 (1982).

[15] I. Ritov and J. Baron, "Outcome Knowledge, Regret, and Omission Bias," *Organizational Behavior and Human Decison Processes 64:* 119–27 (1998); I. Ritov and J. Baron, "Probability of Regret: Anticipation of Uncertainty Resolution in Choice: Outcome Knowledge, Regret, and Omission Bias," *Organizational Behavior and Human Decision Processes 66:* 228–36 (1996)，和M. Zeelenberg, "Anticipated Regret, Expected Feedback and Behavioral Decision Making," Journal of Behavioral Decision Making 12: 93–106 (1999).

[16] M. T. Crawford, et al., "Reactance, Compliance, and Anticipated Regret," *Journal of Experimental Social Psychology 38:* 56–63 (2002).

[17] I. Simonson, "The Influence of Anticipating Regret and Responsibilty on Purchase Decisions," *Journal of Consumer Research 19:* 105–18 (1992).

[18] V. H. Medvec, S. F. Madey, and T. Gilovich, "When Less Is More: Coun terfactual Thinking and

Satisfaction Among Olympic Medalists," *Journal of Personality and Social Psycholgoy 69:* 603–10 (1995)・和
D. Kahneman and A. Tversky "Variants of Uncertainty," *Cognition 11:* 143–57 (1982).
[20][19] D. Hakneman and A. Tversky, "The Psychology of Preferences," *Scientific American 246:* 160–73.
T. Gilovich and V. H. Medvec, "The Experience of Regret: What, When, and Why," *Psychological Review 102:* 379–95.
[21] T. Gilovich, V. H. Medvec, and S. Chen, "Omission, Commission, and Dissonance Reduction: Overcoming Regret in the Monty Hall Problem," *Personality and Social Psychology Bulletin 21:* 182–90 (1995).
[22] H. B. Gerard and G. C. Mathewson, "The Effects of Severity of Initiation on Liking for a Group: A Replication," *Journal of Experimenal Social Psychology 2:* 278–87 (1966).
[24][23] P. G. Zimbardo, "Control of Pain Motivation by Cognitive Dissonance," *Science 151:* 217–19 (1966).
亦參考：E. Aronson and J. Mills, "The Effect of Severity of Initiation on Liking for a Group," *Journal of Abnormal and Social Psychology 59:* 177–81 (1958); J. L. Freedman, "Long-Term Behavioral Effects of Cognitive Dissonance," *Journal of Experimental Social Psychology 1:* 145–55 (1965); D. R. Shaffer and C. Hendrick, "Effects of Actual Effort and Anticipated Effort on Task Enhancement," *Journal of Experimental Social Psychology 7:* 435–47 (1971); H. R. Arkes and C. Blumer, "The Psychology of Sunk Cost," *Organizational Behavior and Human Decision Processes 35:* 124–40 (1985)・和 J. T. Jost, et al."Social Inequality and the Reduction of Ideological Dissonance on Behalf of the System: Evidence of Enhanced System Justification Among the Disadvantaged,"*European Journal of Social Psychology 33:* 13–36 (2003).
[26][25] D. T. Gilbert, et al. "The Peculiar Longevity of Things Not So Bad," *Psychologial Science 15:* 14–19 (2004).
D. Frey, et al. "Re-evaluation of Decision Alternatives Dependent Upon the Reversibility of a Decision and the Passage of Time," *European Journal of Social Psychology 14:* 447–50 (1984); D. Frey, "Reversible and Irreversible Decisions: Preference for Consonant Information as a Function of Attractiveness of Decision

Alternatives," *Personality and Social Psychology Bulletin 7:* 621–26 (1981).

[27] S. Wiggins. et al., "The Psychological Consequences of Predictive Testing for Huntington's Disease," *New England Journal of Medicine 327:* 1401–5 (1992).

[28] D. T. Gilbert, and J. E. J. Ebert, (2002). "Decisions and Revisions: The Affective Forecasting of Changeable Outcomes," *Journal of Personality and Social Psychology 82:* 503–14.

[29] J. W. Brehm, *A Theory of Psychological Reactance* (New York: Academic Press, 1966).

[30] R. B. Cialdini, *Influence: Science and Practice.* (Glenview, Ill. Scott, Foresman, 1985).

[31] S. S. Iyengar, and M. R. Lepper, "When Choice Is Demotivating: Can One Desire Too Much of a Good Thing?," *Journal of Personality and Social Psychology 79:* 995–1006 (2000)，和B. Schwartz, "Self-Determination: The Tyranny of Freedom," *American Psychologist 55:* 79–88 (2000).

[32] J. W. Pennebaker, "Writing About Emotional Experiences as a Therapeutic Process," *Psychological Science 8:* 162–66 (1997).

[33] J. W. Pennebaker, T. J. Mayne, and M. E. Francis, "Linguistic Predictors of Adaptive Bereavement." *Journal of Personality and Social Psychology 72*: 863–71 (1997).

[34] T. D. Wilson, et al. "The Pleasures of Uncertainty: Prolonging Positive Moods in Ways People Do Not Anticipate," *Journal of Personality and Social Psychology 88*: 5–21 (2005).

[35] B. Fischoff, "Hindsight =/= foresight: The Effects of Outcome Knowledge on Judgment Under Uncertainty," *Journal of Experimental Psychology: Human Perception and Performance 1:* 288–99 (1975); C. A. Anderson, M. R. Lepper, and L. Ross, "Perseverance of Social Theories: The Role of Explanation in the Persistence of Discredited Information," *Journal of Personality and Social Psychology 39*: 1037–49 (1980).

[36] B. Weiner, "'Spontaneous' Causal Thinking," *Psychological Bulletin 97:* 74–84 (1985)，和R. R. Hassin, J. A. Bargh, and J. S. Uleman, "Spontaneous Causal Inferences," *Journal of Experimental Social Psychology 38:*

515–22 (2002).
[37] B. Zeigarnik, "Das Behalten erledigter und unerledigter Handlungen," *Psychologische Forschung 9:* 1–85 (1927); and G. W. Boguslavsky, "Interruption and Learning," *Psychological Review 58:* 248–55 (1951).
[38] Wilson et al. "Pleasures of Uncertainty."
[39] J. Keats, Letter to Richard Woodhouse, 27 October 1881, in Selected Poems and Letters by John Keats, ed. D. Bush (Boston: Houghton-Mifflin, 1959).

第10章：可靠的記憶犯了三個錯

[1] D. Wirtz et al. "What to Do on Spring Break? The Role of Predicted, Online, and Remembered Experience in Future Choice," *Psychological Science 14:* 520–24 (2003); and S. Bluck et al. "A Tale of Three Functions: The Self-Reported Use of Autobiographical Memory," *Social Cognition 23:* 91–117 (2005).
[2] A. Tversky and D. Kahneman, "Availability: A Heuristic for Judgment Frequency and Probability," *Cognitive Psychology 5:* 207–32 (1973).
[3] L. J. Sanna and N. Schwarz, "Integrating Temporal Biases: The Interplay of Focal Thoughts and Accessibility Experiences," *Psychological Science, 15:* 474–81 (2004).
[4] R. Brown and J. Kulik, Flashbulb Memories, *Cognition 5*: 73–99 (1977)，和P. H. Blaney, "Affect and Memory: A Review," *Psychological Bulletin 99:* 229–46 (1986).
[5] D. T. Miller and B. R. Taylor, "Counterfactual Thought, Regret and Superstition: How to Avoid Kicking Yourself," in *What Might Have Been: The Social Psychology of Counterfactual Thinking,* eds. N. J. Roese and J. M. Olson (Hillsdale, N.J.: Lawrence Erlbaum, 1995), 305–31，和J. Kruger, D. Wirtz, and D. T. Miller,

"Counterfactual Thinking and the First Instinct Fallacy," *Journal of Personality and Social Psychology 88:* 725–35 (2005).

[6] R. Buehler and C. McFarland, "Intensity Bias in Affective Forecasting: the Role of Temporal Focus," *Personality and Social Psychology Bulletin 27:* 1480–93 (2001).

[7] C. K. Morewedge, D. T. Gilbert, and T. D. Wilson, "The Least Likely of Times: How Memory for Past Events Biases the Prediction of Future Events," *Psychological Science 16:* 626–30 (2005).

[8] B. L. Fredrickson and D. Kahneman, "Duration Neglect in Retrospective Evaluations of Affective Episodes," *Journal of Personality and Social Psychology 65:* 45–55 1993，以及D. Ariely and Z. Carmon, "Summary Assessment of Experiences: The Whole Is Different from the Sum of Its Parts," in *Time and Decision,* eds. G. Loewenstein, D. Read, and R. F. Baumeister (New York : Russell Sage Foundation, 2003), 323–49.

[9] W. M. Lepley, "Retention as a Function of Serial Position," *Psychological Bulletin 32:* 730 (1935); B. B. Murdock, "The Serial Position Effect of Free Recall," *Journal of Experimental Psychology 64:* 482–88 (1962)，和T. L. White and M. Treisman, "A Comparison of the Encoding of Content and Order in Olfactory Memory and in Memory for Visually Presented Verbal Materials," *British Journal of Psychology 88*: 459–72 (1997).

[10] N. H. Anderson, "Serial Position Curves in Impression Formation," *Journal of Experimental Psychology 97*: 8–12 (1973).

[11] D. Kahneman et al., "When More Pain Is Preferred to Less: Adding a Better Ending," *Psychological Science 4:* 401–5 (1993).

[12] J. J. Christensen-Szalanski, "Discount Functions and the Measurement of Patients' Values: Women's Decisions During Childbirth," *Medical Decision Making 4:* 47–58 (1984).

[13] D. Holmberg and J. G. Holmes, "Reconstruction of Relationship Memories: A Mental Models Approach,"

in *Autobiographical Memory and the Validity of Retrospective Reports,* eds. N. Schwarz and N. Sudman (New York: Springer- Verlag, 1994), 267–88，和C. McFarland and M. Ross, “The Relation Between Current Impressions and Memories of Self and Dating Partners,” *Personality and Social Psychology Bulletin 13:* 228–38 (1987).

[15][14] William Shakespeare, *King Richard II,* act 2, scene 1 (1594–96; London: Penguin Classics, 1981).
D. Kahneman, (1999). “Objective Happiness,” in *Well-Being: The Foundations of Hedonic Psychology,* eds. D. Kahneman, E. Diener, and N. Schwarz (New York: Russell Sage Foundation, 1999), 3–25.

[16] 參考 “Well-Being and Time,” in J. D. Velleman, *The Possibility of Practical Reason* (Oxford: Oxford University Press, 2000).

[17] E. Diener, D. Wirtz, and S. Oishi, “End Effects of Rated Quality of Life: The James Dean Effect,” *Psychological Science 12:* 124–28 (2001).

[18] M. D. Robinson and G. L. Clore, “Belief and Feeling: Evidence for an Accessibility Model of Emotional Self-Report,” *Psychological Bulletin 128*: 934–960 (2002)，以及L. J. Levine and M. A. Safer, “Sources of Bias in Memory for Emotions.” *Current Directions in Psychological Science 11:* 169–73 (2002).

[19] M. D. Robinson and G. L. Clore, “Episodic and Semantic Knowledge in Emotional Self-Report: Evidence for Two Judgment Processes,” *Journal of Personality and Social Psychology 83:* 198–215 (2002).

[20] M. D. Robinson, J. T. Johnson, and S. A. Shields, “The Gender Heurristic and the Database: Factors Affecting the Perception of Gender-Related Differences in the Experience and Display of Emotions,” *Basic and Applied Social Psychology 20:* 206–19 (1998).

[21] C. McFarland, M. Ross, and N. DeCourville, “Women’s Theories of Menstruation and Biases in Recall of Menstrual Symptoms,” *Journal of Personality and Social Psychology 57:* 522–31 (1981).

[22] S. Oishi, “The Experiencing and Remembering of Well-Being: A Cross-Cultural Analysis,” *Personality and*

Social Psychology Bulletin 28: 1398–1406 (2002).

[23] C. N. Scollon et al., (2004). “Emotions Across Cultures and Methods,” *Journal of Cross-Cultural Psychology 35:* 304–26 (2004).

[24] M. A. Safer, L. J. Levine, and A. L. Drapalski, “Distortion in Memory for Emotions: The Contributions of Personality and Post-Event Knowledge,” *Personality and Social Psychology Bulletin 28:* 1495–1507 (2002)，和S. A. Dewhurst and M. A. Marlborough, “Memory Bias in the Recall of Pre-exam Anxiety: The Influence of Self-Enhancement,” *Applied Cognitive Psychology 17:* 695–702 (2003).

[25] T. R. Mitchell, et al., “Temporal Adjustments in the Evaluation of Events: The ‘Rosy View,’” *Journal of Experimental Social Psychology 33:* 421–48 (1997).

[26] T. D. Wilson et al., “Preferences as Expectation-Driven Inferences: Effects of Affective Expectations on Affective Experience,” *Journal of Personality and Social Psychology 56:* 519–30 (1989).

[27] A. A. Stone, et al., “Prospective and Cross-Sectional Mood Reports Offer No Evidence of a ‘Blue Monday’ Phenomenon,” *Journal of Personality and Social Psychology 49:* 129–34 (1985).

第11章：你的幸福不該被他人定義

[1] J. Livingston and R. Evans, (1956). *“Que Sera, Sera.”*〈引用自傳統知識〉

[2] W. V. Quine and J. S. Ullian, *The Web of Belief,* 2nd ed. (New York: Random House, 1978), 51.

[3] 在一九九五至二〇〇〇年這五年期間，有半數的美國人曾經搬遷，這表示美國人平均每十年會搬遷一次，見B. Berkner and C. S. Faber, U. S. Bureau of the Census, *Geographical Mobility, 1995 to 2000:* Bureau of the Census (Washington, D.C., 2003).

[4] 嬰兒潮時期出生的美國人在十八至三十六歲期間，平均換過十份工作，這表示美國人平均一生

中至少做過十份工作。請見Bureau of Labor Statistics, Number of Jobs Held, Labor Market Activity, and Earnings Growth Among Younger Baby Boomers: Results from More Than Two Decades of a Longitudinal Survey, Bureau of Labor Statistics news release, U.S. Department of Labor (Washington, D.C.: 2002).

[5] 美國人口普查局預估在未來幾年，美國人之中有一〇%將永遠不婚、六〇%只會結一次婚、三〇%至少結兩次婚。請見R. M. Kreider and J. M. Fields, *Number, Timing, and Duration of Marriages and Divorces, 1996:* U.S. Bureau of the Census, (Washington, D.C., 2002).

[6] B. Russell, The Analysis of Mind (New York: Macmillan 1921), 231.生物學家理查・道金斯（Richard Dawkins）把這種信念稱為迷因（meme）。請見R. J. Dawkins, The Selfish Gene (Oxford: Oxford University Press, 1976)。亦參考：S. Blackmore, The Meme Machine (Oxford: Oxford University Press, 2000).

[7] D. C. Dennett, *Brainstorms: Philosophical Essays on Mind and Psychology* (Cambridge, Mass.: Bradford/MIT Press, 1981), 18.

[8] R. Layard, (2005). *Happiness: Lessons from a New Science* (New York: Penguin, 2005); E. Diener and M. E. P. Seligman, "Beyond Money: Toward an Economy of Well-Being," *Psychological Science in the Public Interest 5:* 1–31, (2004); B. S. Frey, and A. Stutzer, *Happiness and Economics: How the Economy and Institutions Affect Human Well-Being* (Princeton, N.J.: Princeton University Press, 2002); R. A. Easterlin, (2001); "Income and Happiness: Towards a Unified Theory," *Economic Journal* 111: 465–84，以及D. G. Blanchflower and A. J. Oswald, "Well-Being Over Time in Britain and the USA," *Journal of Public Economics 88:* 1359–86 (2004).

[9] 如果把錢花在最不可能適應的事情上，邊際效應遞減的情形就會減緩。請見T. Scitovsky, *The Joyless Economy: The Psychology of Human Satisfaction* (Oxford: Oxford Uni- versity Press 1976): L. Van Boven and T. Gilovich, "To Do or to Have? That Is the Question," *Journal of Personality and Social Psychology 85:* 1193–1202 (2003)，以及R. H. Frank, "How Not to Buy Happiness," *Daedalus: Journal of the American*

Academy of Arts and Sciences 133: 69–79 (2004). Not all economists believe in decreasing marginal utility: R. A. Easterlin, "Diminishing Marginal Utility of Income? Caveat Emptor," *Social Indicators Research 70:* 243–326 (2005).

[10] J. D. Graaf et al., *Affluenza: The All-Consuming Epidemic* (New York: Berrett-Koehler, 2002); D. Myers, *The American Paradox: Spiritual Hunger in an Age of Plenty* (New Haven: Yale University Press, 2000); R. H. Frank, *Luxury Fever* (Princeton, N.J.: Princeton University Press (2000); J. B. Schor, *The Overspent American: Why We Want What We Don't Need* (New York: Perennial 1999)，以及P. L. Wachtel, *Poverty of Affluence: A Psychological Portrait of the American Way of Life* (New York: Free Press, 1983).

[11] Adam Smith, An Inquiry into the Nature and Causes of the Wealth of Nations (1776), book 1 (New York: Modern Library, 1994).

[12] 同上。The Theory of Moral Sentiments (1759).

[13] N. Ashraf, C. Camerer, and G. Loewenstein, "Adam Smith, Behavorial Economist," *Journal of Economic Perspectives 19:* 131–45 (2005).

[14] Adam Smith, *The Theory of Moral Sentiments* (1759; Cambridge: Cambridge University Press, 2002).

[15] 一些理論家認為社會呈現出一種循環模式：人們確實意識到金錢買不到幸福，但一個世代之後又會忘記這個教訓。參見A. O. Hirschman, *Shifting Involvements: Private Interest and Public Action* (Princeton, N.J.: Princeton University Press, 1982).

[16] C. Walker, "Some Variations in Marital Satisfaction," in *Equalities and Inequalities in Family Life,* eds. R. Chester and J. Peel (London: Academic Press, 1977), 127–39.

[17] D. Myers, The Pursuit of Happiness: Discovering the Pathway to Fulfillment, Well-Being, and Enduring Personal Joy (New York: Avon, 1992), 71.

[18] J. A. Feeney, "Attachment Styles, Communication Patterns and Satisfaction Across the Life Cycle of

Marriage," *Personal Relationships 1,* 333–48 (1994).

[19] D. Kahneman, et al. "A Survey Method for Characterizing Daily Life Experience: The Day Reconstruction Method," *Science 306:* 1776–80 (2004).

[20] T. D. Wilson, et al., "Focalism: A Source of Durability Bias in Affective Forecasting," *Journal of Personality and Social Psychology 78:* 821–36 (2000).

[21] R. J. Norwick, D. T. Gilbert, and T. D. Wilson, "Surrogation: An Anti- dote for Errors in Affective Forecasting" (unpublished manuscript, Harvard University, 2005).

[22] 同上。

[23] 同上。

[24] 這也是預測未來行為的好方法。例如：人會高估自己做善事的可能性，卻能夠正確估計別人做善事的機率。這表示，如果我們從別人的行為來預測自己的行為，我們的預測就會非常準確。參見N. Epley and D. Dunning, "Feeling 'Holier Than Thou': Are Self-Serving Assessments Produced by Errors in Self- or Social Prediction?," *Journal of Personality and Social Psychology 79:* 861–75 (2000).

[25] R. C. Wylie, *The Self-Concept: Theory and Research on Selected Topics,* vol. 2 (Lincoln: University of Nebraska Press, 1979).

[26] L. Larwood and W. Whittaker, "Managerial Myopia: Self-Serving Biases in Organizational Planning," *Journal of Applied Psychology 62:* 194–98 (1977).

[27] R. B. Felson, "Ambiguity and Bias in the Self-Concept," *Social Psychology Quarterly 44:* 64–69.

[28] D. Walton and J. Bathurst, "An Exploration of the Perceptions of the Average Driver's Speed Compared to Perceived Driver Safety and Driving Skill," *Accident Analysis and Prevention 30:* 821–30 (1998).

[29] P. Cross, "Not Can but Will College Teachers Be Improved?," *New Directions for Higher Education 17:* 1–15 (1977).

[30] E. Pronin, D. Y. Lin, and L. Ross, "The Bias Blind Spot: Perceptions of Bias in Self Versus Others," *Personality and Social Psychology Bulletin 28:* 369–81 (2002).

[31] J. Kruger, (1999). "Lake Wobegon Be Gone! The 'Below-Average Effect' and the Egocentric Nature of Comparative Ability Judgments," *Journal of Personality and Social Psychology 77:* 221–32 (1999), 221.

[32] J. T. Johnson et al. "The 'Barnum Effect' Revisited: Cognitive and Motivational Factors in the Acceptance of Personality Descriptions," *Journal of Personality and Social Psychology 49:* 1378–91 (1985).

[33] J. Kruger, (1999). "Lake Wobegon Be Gone! The 'Below-Average Effect' and the Egocentric Nature of Comparative Ability Judgments," *Journal of Personality and Social Psychology 77:* 221–32 (1999), 221.

[34] E. E. Jones and R. E. Nisbett, "The Actor and the Observer: Divergent Perceptions of the Causes of Behavior," *Attribution: Perceiving the Causes of Behavior,* eds. E. E. Jones et al. (Morristown, N.J.: General Learning Press, 1972)・和R. E. Nisbett and E. Borgida, "Attribution and the Psychology of Prediction," *Journal of Personality and Social Psychology 32:* 932–43 (1975).

[35] D. T. Miller and C. McFarland, "Pluralistic Ignorance: When Similarity Is Interpreted as Dissimilarity," *Journal of Personality and Social Psychology 53:* 298–305 (1987).

[36] D. T. Miller and L. D. Nelson, "Seeing Approach Motivation in the Avoidance Behavior of Others: Implications for an Understanding of Pluralistic Ignorance," *Journal of Personality and Social Psychology 83:* 1066–75 (2002).

[37] C. R. Snyder and H. L. Fromkin, "Abnormality as a Positive Characteristic: The Development and Validation of a Scale Measuring Need for Uniqueness," *Journal of Abnormal Psychology 86:* 518–27 (1977).

[38] M. B. Brewer, The Social Self: On Being the Same and Different at the Same Time," *Personality and Social Psychology Bulletin 17:* 475–82 (1991).

[39] H. L. Fromkin, "Effects of Experimentally Aroused Feelings of Undistinctiveness Upon Valuation of Scarce

and Novel Experiences," *Journal of Personality and Social Psychology 16:* 521–29 (1970); H. L. Fromkin, "Feelings of Interpersonal Undistinctiveness: An Unpleasant Affective State," *Journal of Experimental Research in Personality 6:* 178–85 (1972).

[40] R. Karniol, T. Eylon, and S. Rish, "Predicting Your Own and Others' Thoughts and Feelings: More Like a Stranger Than a Friend," *European Journal of Social Psychology 27:* 301–11 (1997); J. T. Johnson, "The Heart on the Sleeve and the Secret Self: Estimations of Hidden Emotion in Self and Acquaintances," *Journal of Personality 55:* 563–82 (1987)，以及R. Karniol, "Egocentrism Versus Protocentrism: The Status of Self in Social Prediction," *Psychological Review 110:* 564–80 (2003).

[41] C. L. Barr and R. E. Kleck, "Self-Other Perception of the Intensity of Facial Expressions of Emotion: Do We Know What We Show?," *Journal of Personality and Social Psychology 68:* 608–18 (1995).

[42] R. Karniol and L. Koren, "How Would You Feel? Children's Inferences Regarding Their Own and Others' Affective Reactions," *Cognitive Development 2:* 271–78 (1987).

[43] C. McFarland and D. T. Miller, "Judgments of Self-Other Similarity: Just Like Other People, Only More So," *Personality and Social Psychology Bulletin 16:* 475–84 (1990).

後記：一塊錢的心理漲幅

[1] 事實上，白努利對「效益」並沒有明確的定義，所以學者對這個概念的意義已經爭論了三個半世紀。早期使用這個詞的人顯然是在討論一個商品是否能為消費者帶來正向主觀體驗。例如在一七五〇年，義大利經濟學家費迪南多・加利亞尼（Ferdinando Galiani）就把「效益」定義為「一樣事物使我們獲得幸福的能力」(F. Galiani, *Della moneta* [*On money*] [1750])。而在一七八九年，哲學家邊沁則將它定義為「任何事物所具有的特性，藉由這個特性能夠產生利益、優勢、快樂、

好處或幸福」(J. Bentham, in An *Introduction to the Principles of Morals and Legislation,* eds. J. H. Burns and H. L. A. Hart [1789; Oxford: Oxford University Press, 1996]）。現代經濟學家大多避談那些定義——不是因為他們有更好的定義，而是因為他們不喜歡談論主觀體驗。因此，「效益」就成了關於「哪些選擇屬於衡量標準」的假設性抽象概念。如果你認為那只是個華而不實的概念，那你不是唯一這樣想的人。歷史上針對此概念的討論，請見N. Georgescu-Roegen, (2004). “Utility and Value in Economic Thought,” *New Dictionary of the History of Ideas,* vol. 4, (New York: Charles Scribner's Sons, 2004), 450–58和D. Kahneman, P. P. Wakker, and R. Sarin, “Back to Bentham? Explorations of Experienced Utility,” *Quarterly Journal of Economics 112:* 375–405 (1997)。

[2] 現代經濟學家大多不同意這個說法，因為經濟學一度熱衷於心理學家半世紀前就拋棄的假設：人類行為科學只需著重在一個人的行動，不須考量其想法和言論。

[3] D. Bernoulli, “Exposition of a New Theory on the Measurement of Risk,” *Econometrica 22:* 23–36 (1954)（原始出處為：“Specimen theoriae novae de mensura sortis” *in Commentarii Academiae Scientiarum Imperialis Petropolitanae,* vol. 5 [1738], 175–92.）

[4] 同上，p. 25。

一起來　思 032

哈佛最受歡迎的幸福練習課

識別幸福盲區，讓快樂找對施力點

Stumbling on Happiness

作　　　者　丹尼爾・吉爾伯特 Daniel Gilbert
譯　　　者　郭曉燕
主　　　編　林子揚
責 任 編 輯　林杰蓉

總　編　輯　陳旭華 steve@bookrep.com.tw
社　　　長　郭重興
發 行 人 兼 出 版 總 監　曾大福
出 版 單 位　一起來出版／遠足文化事業股份有限公司
發　　　行　遠足文化事業股份有限公司 www.bookrep.com.tw
23141 新北市新店區民權路 108-2 號 9 樓
電話｜ 02-22181417　傳真｜ 02-86671851
法 律 顧 問　華洋法律事務所　蘇文生律師

封 面 設 計　周家瑤
內 頁 排 版　宸遠彩藝
印　　　製　通南彩色印刷有限公司
初 版 一 刷　2022 年 4 月
定　　　價　450 元
I S B N　9786269539628（平裝）
9786269539611（EPUB）
9786269539659（PDF）

國家圖書館出版品預行編目（CIP）資料

哈佛最受歡迎的幸福練習課：識別幸福盲區，讓快樂找對施力點 / 丹尼爾・吉爾伯特（Daniel Gilbert）著；郭曉燕譯 . -- 初版 . -- 新北市：一起來出版：遠足文化事業股份有限公司發行 , 2022.04
352 面 ; 14.8×21 公分 . --（一起來思 ; 32）
譯自：Stumbling on Happiness
ISBN 978-626-95396-2-8（平裝）

1. 幸福　2. 生活指導

176.51　　110018841